AF557574

Roswitha Gruber

Sommererde

Roswitha Gruber

Sommererde

Eine Kindheit als Magd

rosenheimer

3. Auflage

www.rosenheimer.com

Titelbild: © Bundesarchiv, Bild 183-2005-0823-514
Fotograf: Krieger-Neubauer
Lektorat und Bearbeitung: Christine Weber, Dresden
Satz: SATZstudio Josef Pieper, Bedburg-Hau
Druck und Bindung: GGP Media GmbH, Pößneck
Printed in Germany

ISBN 978-3-475-54716-4

Inhalt

Die Vorgeschichte

Vor einigen Jahren bekam ich einen Anruf von Mizzi, einer Frau aus Ruhpolding, die mein Buch »Lena, eine Südtiroler Bergbäuerin« vor allem deshalb sehr beeindruckt hatte, weil sie selbst Südtiroler Wurzeln besaß.

Über ihre Vorfahren, insbesondere ihre Mutter, habe sie einiges aufgeschrieben, berichtete sie und fragte, ob ich mir das einmal ansehen wolle. Was sie mir telefonisch als Kostprobe bot, machte mich neugierig. Also saß ich einige Tage später bei ihr in der Stube und blätterte aufmerksam die Seiten durch, die sie über ihre Familie zu Papier gebracht hatte. Die ältesten zusätzlich von ihr gesammelten Dokumente reichten zurück bis ins Jahr 1610, also bis in die Zeit vor dem Dreißigjährigen Krieg.

Schon bald stand für mich fest: Über diese Familie musst du ein Buch schreiben! Ehe ich aber damit beginnen konnte, besuchte ich Mizzi noch ein paar Mal und ließ mir von ihr erzählen. Meine Fragen während des Schreibens veranlassten sie, erneut in ihren Unterlagen und Erinnerungen zu kramen und noch eine Menge interessanter Dinge zutage zu fördern. Das alles reichte mir aber nicht aus. Deshalb fuhr ich mit ihr für ein paar Tage nach Südtirol, um mich an den Orten des Geschehens umzusehen. Dabei lernte ich viele Verwandte von Mizzi kennen und erfuhr von ihnen weitere interessante Details über viele Generationen dieser weitverzweigten Familie. Im vorliegenden Buch beschränke ich mich jedoch darauf, hauptsächlich über die vier mittleren Generationen zu berichten.

Darüber hinaus war ich beeindruckt von der Herzlichkeit und Gastfreundschaft, die mir Mizzis Südtiroler Verwandtschaft entgegenbrachte. Hiermit möchte ich mich bei allen ausdrücklich dafür bedanken.

Nun wünsche ich Ihnen viel Freude
beim Wandeln auf Mizzis Spuren.

Roswitha Gruber

Meine Nandl

Diese Geschichte soll von meiner Mutter Hanni Asper handeln, der ich sehr viel zu verdanken habe. Und wenn ich über sie spreche, komme ich nicht umhin, über ihre Mutter, die Maria Asper, geborene Angerer, also meine Großmutter, zu reden.

In Südtirol wird die Großmutter in der Kindersprache als »Nandl« und der Großvater als »Nene« bezeichnet.

Am 6. Januar 1872 kam Maria, meine Nandl, im Vinschgau, einer äußerst armen Gegend in einem 300-Seelen-Dorf mit dem schönen Namen Lichtenberg zur Welt. Sie war das erste Kind der Bauersleute Amalia und Blasius Angerer, die hoch oben am Berg einen kleinen Hof bewirtschafteten. Da ihr Vater Blasius hieß, wurde sie zeitlebens im Dorf nur die Blasi-Maria genannt. Die Freude des jungen Paares über das rundum gesunde Mädchen war sehr groß.

Zwei Jahre später lag wieder ein Kind in der Wiege. Diesmal fiel die Freude des Bauern verhaltener aus, denn das Kleine war wieder ein Mädchen. Es bekam den Namen Anna. Anderthalb Jahre später wurde eine dritte Tochter auf dem Angererhof geboren. Als man dem Vater auf dem Feld die Kunde brachte, machte er sich noch nicht einmal die Mühe, nach Hause zu gehen. Erst am Abend, als es eh Zeit war, heimzukehren, stattete er seiner Frau im Wochenbett einen Besuch ab. Das Kind aber würdigte er keines Blickes.

»Willst du dir die kleine Johanna nicht wenigstens anschauen?«, versuchte Amalia, seine Aufmerksamkeit auf das Neugeborene zu lenken.

Verneinend schüttelte er den Kopf. »Das hätt's nicht gebraucht, schon wieder ein Madl! Wozu soll ich das anschauen? Davon wird's auch kein Bub.«

»Blasius, Blasius, versündige dich nicht an dem Kind«, ermahnte ihn die Wöchnerin, der es ob seiner ablehnenden Haltung weh ums Herz war. »Wenn uns der Herrgott wieder ein Mädchen schickte, dann hat er sich gewiss etwas dabei gedacht«, lautete ihr letzter vergeblicher Versuch, ihren Mann für das unschuldige Kind einzunehmen.

Der Winter 1875/76 war ein besonders strenger. Schon im November pfiff der Wind durch alle Ritzen des armseligen, aus Balken grob zusammengezimmerten Bauernhauses. So gut die Kleinen auch zugedeckt wurden, nach kurzer Zeit waren alle drei Töchter schwer erkältet. Es gab nicht viel an Mitteln, die man dem entgegensetzen konnte, und den Doktor konnte sich die Familie schon gleich gar nicht leisten. Das Einzige, womit sie den kleinen Patientinnen Linderung verschaffen konnte, war ein Tee aus Kräutern, die der Blasius im Sommer eigenhändig gesammelt hatte. Die beiden älteren Mädchen waren bald wieder auf den Beinen, bei der Jüngsten aber zog sich der Husten hin, und sie wurde immer apathischer.

In ihrer Sorge um die kleine Johanna ließ Amalia schließlich doch den Arzt kommen. Da war es bereits zu spät. Nachdem er das Kind abgehorcht hatte, lautete seine Diagnose: »Lungenentzündung. Dagegen lässt sich nichts machen. Wir werden es nicht durchbringen.«

Nach einigen Tagen des Betens und Bangens verlosch das kleine Leben, gerade einmal neun Monate alt, am 2. Dezember 1875. Als Blasius am Grab seiner Jüngsten stand, leistete er ihr unter bitteren Tränen stumme Abbitte. Am Abend drückte er seiner Frau gegenüber seine reuevollen Gedanken aus: »Ich ganz allein bin an dem Unglück schuld! Weil ich das Kind nicht gewollt habe, hat es sich der Herrgott zurückgeholt.«

Amalia bewegten ähnliche Überlegungen, diese äußerte sie aber nicht. Sie wollte ihn nicht noch tiefer in seine Schuld drücken. Sie fand aber auch keine Worte, die sein schlechtes Gewissen hätten entlasten können. Zu dieser Zeit war sie schon wieder in anderen Umständen, ohne davon zu wissen. Sieben Monate nach dem Tod der kleinen Johanna brachte sie ihre vierte Tochter zur Welt, ein kräftiges Kind.

Blasius bestand darauf, dass dieses ebenfalls den Namen Johanna bekam, weil er in ihr gewissermaßen ein Ersatzkind sah. Er nahm sich vor, die Kleine von ganzem Herzen zu lieben.

Als mit Paula und Resi die fünfte und sechste Tochter in der Familie ankamen, fühlte er zwar Enttäuschung, enthielt sich aber jeglicher negativen Äußerung. Seine Frau registrierte das mit Dankbarkeit. Sie war ja ebenfalls enttäuscht, weil sie ihm den so ersehnten Sohn, den er für den Hof dringend brauchte, bisher nicht geschenkt hatte.

Das siebte Mädchen, die kleine Martha, war ein sehr schwächliches Kind. Vermutlich hatte es nicht viel an Lebenskraft mitbekommen, weil es nur elf Monate nach Resi geboren worden war. Nach einer Woche hauchte sie ihre kleine Seele aus. Ihre Eltern waren nicht besonders traurig darüber, sie hatten ja genug damit zu tun, ihre anderen Kinder satt zu kriegen.

»Jetzt lässt du dir aber ein bisschen Zeit«, ermahnte die Bäuerin den Blasius. »Mein Körper muss erst wieder zu Kräften kommen. Vielleicht wird dann das nächste Kind endlich der Bub.«

Das achte wurde aber wieder nicht der Stammhalter, obwohl dieses Madl, die Rosa, erst zwei Jahre nach der kleinen Martha geboren wurde. Die Entbindung verlief nicht ohne Komplikationen. Weil das Kind groß und kräftig war, tat es sich besonders schwer, aus dem Mutterleib herauszukommen. Deshalb wagte die Bäuerin danach an ihren Mann eine zaghafte Anfrage: »Meinst nicht, Blasius, jetzt hätten wir genug Kinder?«

»Nein, nein«, antwortete der. »Wenn du dich einigermaßen erholt hast, probieren wir's noch mal.«

»Ja, um Gottes willen!«, rief sie entsetzt aus. »Wie lange willst noch weitermachen?«

»So lange, bis der Bub da ist«, gab er ungerührt zur Antwort. »Du weißt doch, dass ich für den Hof einen Erben brauche.«

»Ach, Unsinn«, antwortete die geschundene Frau. »Ein Madl kann den Hof ebenso gut übernehmen. Bei sechs Töchtern wird sich schon ein Schwiegersohn finden, der gern einheiratet.«

»Das lass ich nicht zu. Einen fremden Namen will ich nicht auf dem Hof. Ich habe mir in den Kopf gesetzt, den Namen Angerer weiterzugeben. So ist das seit Jahrhunderten bei uns Brauch.«

Gegen dieses Argument kam die arme Bäuerin nicht an.

Mittlerweile gingen die beiden Ältesten schon zur Schule. Von dort brachten sie eines Tages eine schlimme Krankheit mit: Diphterie. Bevor man das aber erkannte und die Erkrankten isolieren konnte, waren bereits alle Geschwister angesteckt. Wieder musste der Doktor ins Haus kommen, was die wenigen Ersparnisse verschlang. Obwohl die Bäuerin nach seiner Anweisung immer wieder Wadenwickel machte, um das Fieber zu senken, und obwohl sie allen Kindern viel Kräutertee einflößte, damit sie nicht austrocknen, war nicht allen Mädchen zu helfen. Die beiden Jüngsten, Resi und Rosa, die offensichtlich nicht genügend Widerstandskräfte besaßen, nahm der unerbittliche Schnitter mit.

Bald schon aber wurde der Familie Trost zuteil, es kam das neunte Kind, das man Sophia nannte, und das zehnte bekam den Namen Amalia.

Nachdem die elfte Tochter, Berta, und die zwölfte, Mathilda, geboren waren, erhob Amalia erneut Einspruch. Ihr Mann aber gab zurück: »Ein Hoferbe muss her. Irgendwann muss er doch kommen! Vorher höre ich nicht auf, Kinder zu machen.«

Gesagt, getan – tatsächlich war seine Frau bald ein dreizehntes Mal guter Hoffnung. Mit erst siebenunddreißig Jahren war ihr Körper durch die vielen dicht aufeinanderfolgenden Schwangerschaften und Geburten und die harte Arbeit vorzeitig verbraucht. Niemand hatte je Rücksicht darauf genommen, ob sie in anderen Umständen war oder gerade erst eine Entbindung hinter sich hatte. Sie musste nicht nur ihren Stall voll Kinder versorgen, sondern auch bis zum letzten Moment immer mit aufs Feld und in den Kuhstall.

Als die ersten Wehen auftraten, rief der Blasius sogleich die Hebamme herbei und blieb an ihrer Seite, um zu assistieren. Diesmal ging es ziemlich schnell. Als ihm die Geburtshelferin seinen jüngsten Sprössling in den Arm legte, glaubte er, seinen Augen nicht zu trauen. Das dreizehnte Kind wies genau das Teil auf, das er bei allen anderen vermisst hatte. »Na, also«, rief er, »es geht doch!« Dann machte er vor Freude mitsamt seinem Stammhalter auf dem Arm einen Luftsprung und stieß dabei so etwas Ähnliches wie einen Jodler aus.

»Halt! Nicht so stürmisch!«, warnte die Hebamme, »sonst derdruckst ihn noch!« Er reichte den Kleinen seiner Frau und bedankte sich mit einer Umarmung bei der Hebamme.

»Bei mir brauchst dich nicht zu bedanken«, wehrte diese bescheiden ab. »Bedank dich lieber bei deiner Frau.«

Zufrieden lächelnd lag Amalia in den Kissen, ihren Sohn im Arm, und nahm es selig entgegen, dass Blasius ihr die Hand drückte. »Ich dank dir schön für den Buben, Mala. Wir werden ihn Kassian nennen – nach meinem Großvater.«

»Ist mir recht«, antwortete sie mit matter Stimme. »Jetzt hast du deinen Buben, und nun ist Schluss.

Ich möchte meine Ruhe haben, ich kann nicht mehr. Unsere Familie ist ja nun mehr als vollständig.«

»Ist schon recht, Mala. Endlich hab ich, was ich wollte, jetzt werd ich dich nicht mehr anrühren. Das verspreche ich dir.« Dass er dieses Versprechen für immer einhalten sollte, konnte er zu dem Zeitpunkt nicht ahnen.

Nach diesem kurzen Gespräch schloss die Wöchnerin die Augen. Der Ehemann und die Geburtshelferin dachten, sie wolle nach den Strapazen der Entbindung etwas schlafen, und verhielten sich still. Während die Hebamme den Stammhalter versorgte, beobachtete der Bauer jede ihrer Handbewegungen. Er konnte sich nicht sattsehen an seinem Sohn.

Bevor die weise Frau nach der üblichen Wartezeit das Haus verließ, schaute sie noch einmal nach der Wöchnerin. Bei ihrem Anblick erschrak sie jedoch. Kreidebleich war Amalias Gesicht, und sie schien nicht mehr zu atmen. Die Hebamme tastete nach dem Puls. Nichts mehr!

»Bauer, deine Frau …« Mehr brachte sie nicht heraus.

»Was ist mit ihr?«, fragte er beunruhigt.

»Amalia atmet nicht mehr.«

»Was? Heißt das …?«

»Ja, sie ist tot.«

»Wieso? Was ist passiert?« Seine Stimme überschlug sich. »Es ist doch alles so gut gelaufen! Bisher hat sie doch jede Entbindung gut überstanden!«

»Wahrscheinlich ist sie innerlich verblutet.«

»Kann man denn nichts mehr machen?«, versuchte Blasius, sich an einen Strohhalm zu klammern.

»Nein, Blasi, nichts mehr.«

Aus der himmelhohen Freude, in die ihn die Geburt seines Sohnes versetzt hatte, stürzte er ab in tiefste Verzweiflung. »Jetzt habe ich meinen Stammhalter, aber um welchen Preis! Meine Frau hat sterben müssen, und ich stehe mit neun unmündigen Kindern allein da.« Tränen liefen ihm über die von Sonne und Wind gegerbten Wangen.

Die Hebamme, eine resolute Frau, die sich gut in ihre Mitmenschen hineindenken konnte, überließ ihn eine Weile seiner Trauer. Dann unterbreitete sie ihm einen Vorschlag: »Du musst die Maria heimrufen. Sie ist alt und verständig genug, um den Haushalt zu machen und ihre Geschwister aufzuziehen.«

»Ja, schon«, gab er zu. »Die Idee ist nicht verkehrt. Aber es wird einige Tage dauern, bis sie hier sein kann.«

»Gewiss, in der Zeit musst halt sehen, wie du mit deinen Kindern klarkommst. Wenn die Größeren ein paar Tage nur Mus kriegen, wird's schon gehen. Das Problem ist nur das Neugeborene.«

»Wieso? Das ist doch noch das geringste Problem. Die Anna kann ihm die Flasche geben. Wir haben doch genügend Kühe im Stall, da werden für meinen Sohn gewiss ein paar Tröpferl Milch abfallen.«

»Um Gottes willen! Kuhmilch darfst ihm vorerst nicht geben«, warnte die Geburtshelferin. »Damit würdest den Buben glatt umbringen.«

»Ja, was soll ich denn machen?« Erneut ergriff die Verzweiflung Besitz vom Blasi.

Nach kurzem Besinnen schlug die Hebamme vor: »Weißt was? Am besten nehme ich den Kleinen mit hinunter ins Dorf. Die Loisi-Hilda hat vor drei Tagen entbunden. Die hat Milch für zwei.«

Ihm passte es zwar nicht so recht, dass er seinen Sohn schon so bald wieder aus dem Haus geben sollte, noch dazu zu Leuten, die er kaum kannte. Doch Blasi sah ein, dass er in seiner Situation keine Wahl hatte. Er fügte sich ins Unabänderliche, zumal ihm die Geburtshelferin in Aussicht stellte, er könne den Kleinen wieder heimholen, sobald seine älteste Tochter eingetroffen sei. »Wieso das?«, fragte er skeptisch. »Ich denke, er braucht Muttermilch.«

»Nur die ersten Tage sind bei der Ernährung eines Säuglings besonders kritisch. Nach ein paar Tagen kann die Maria ihn mit Ziegenmilch aufziehen.«

»Mit Ziegenmilch?« Sein Gesicht spiegelte blankes Entsetzen. »Mein Sohn hat doch was Besseres verdient!«

»Kuhmilch ist zu fett für seinen jungen Magen. Glaub mir, bei Ziegenmilch wird dein Stammhalter bestens gedeihen.« Wie jeder andere Bauer hatte auch der Blasius zwei Ziegen im Stall, diese mussten auf der Weide die Pflanzen fressen, die von den Kühen verschmäht wurden.

Blasis Älteste, die meine Nandl werden sollte, war zu der Zeit, als ihre Mutter im Kindbett starb, gerade einmal vierzehn Jahre alt und befand sich in Dornbirn in Vorarlberg in der Lehrerinnen-Bildungsanstalt. Um Volksschullehrer zu werden, ging man damals noch nicht auf die Universität. Maria hatte sich in der Schule von Anfang an durch großen Fleiß und hohe Intelligenz hervorgetan. Deshalb hatten der Herr Pfarrer und der Lehrer, als das

Mädchen die sechste Klasse besuchte, den Blasius bearbeitet, er solle es studieren lassen.

»Liebend gern«, hatte er damals geantwortet. »Aber wovon soll ich das bezahlen? Ich weiß doch kaum, wie ich die vielen kleinen Mäuler satt kriegen soll!«

»Da werden wir Mittel und Wege finden«, antwortete der Kirchenmann, und der Schulmeister hatte hinzugefügt: »Es wär eine Sünd' und eine Schand', wenn man diese Begabung nicht fördern würde.«

»Und was, bittschön, soll sie nach Eurer Meinung studieren?«

»Sie sollte Lehrerin werden«, darin waren sich der geistliche Herr und der Schullehrer einig. Von Letzterem kam noch die Erklärung: »Sie hat nicht nur eine hohe Intelligenz, sondern auch ein erstaunliches Geschick, mit Kindern umzugehen. Davon konnte ich mich mehrfach überzeugen, wenn ich sie damit betraute, sich der Erstklässler anzunehmen, während ich die älteren Jahrgänge unterrichtete.«

Kein Wunder, hatte ihr Vater damals gedacht. Daheim war sie ja seit jeher geübt darin, sich um kleine Kinder zu kümmern. In seiner Bescheidenheit sagte er das aber nicht.

Der geistliche Herr konnte es tatsächlich durchsetzen, dass Maria ein Stipendium vonseiten der Kirche bekam, und hatte sie nach Dornbirn vermittelt, wo sie mit großer Begeisterung ihr Studium aufnahm.

Als sie die Kunde vom Tod der Mutter erreichte, brachen für das junge Mädchen mehrere Welten zusammen. Nicht nur, dass sie den Verlust der geliebten Mutter zu beklagen hatte, sie wurde auch aus ihren lieb gewordenen Studien herausgerissen. Schweren

Herzens, doch ohne Zögern, kam sie der Aufforderung des Vaters, sofort nach Hause zu kommen, um die acht kleinen Geschwister zu versorgen, nach.

Diese Aufgabe überstieg schier ihre Kräfte, zumal ein Neugeborenes zu versorgen war. Nicht nur, dass sie den gesamten Haushalt führen musste und an den kleinen Geschwistern Mutterstelle vertrat, sie musste auch in Feld und Stall mitarbeiten wie eine Erwachsene. Ihr Glück war, dass die Mutter ihre nächste Tochter, die zwölfjährige Anna, schon so weit zu den Arbeiten herangezogen hatte, dass sie mit allem bereits einigermaßen vertraut war. Anna wurde für ihre Schwester eine unentbehrliche Hilfe.

Maria war schlau genug, diese Schwester so einzuweisen, dass sie nach einem Jahr, wenn sie ihre Schulzeit beendet hätte, in der Lage sein würde, sie im väterlichen Haushalt abzulösen. Sie hatte sich nämlich in den Kopf gesetzt, ihre Studien in Vorarlberg sobald wie möglich fortzusetzen. Es galt nur noch, den Vater davon zu überzeugen, dass Anna ihre Sache ebenso gut machte wie die große Schwester.

Der Blasi zeigte sich mit dieser Lösung einverstanden. Für Anna, die Zweitgeborene, war die Sache schon ein wenig leichter. Es gab ein Kind weniger zu versorgen, und alle waren mittlerweile ein Jahr älter und verständiger geworden. Natürlich hatte es Maria nicht versäumt, Hanna, die Nächstgeborene, auch schon anzulernen, damit Anna in ihr eine Hilfe habe.

Blasius stand also dem Glück seiner Ältesten nicht im Wege. Abgesehen davon, war er stolz darauf, dass er eine »studierte« Tochter haben würde. Damit konnte sie gewissermaßen eine Familientradition fortsetzen, denn schon sein Schwiegervater war Lehrer gewesen.

Mit großer Begeisterung kehrte Maria in die Lehrerinnen-Bildungsanstalt zurück, vollendete ihr Studium und legte ein glänzendes Examen ab. Zu ihrer großen Freude wurde sie umgehend als Schulfräulein eingesetzt und verdiente endlich Geld. Ihre erste Stelle war aber nicht in ihrer Heimatgemeinde Lichtenberg, sondern im Nachbarort Berg Lichtenberg. Diese kleine Gemeinde lag, wie der Name schon sagt, hoch oben auf dem Berg. Sie zählte zwar nur siebzehn oder achtzehn Häuser, aber jede Familie hatte um die zehn Kinder. Diesen wollte man den weiten Schulweg von über einer Stunde nach unten ins Dorf nicht zumuten. Deshalb hatte man schon vor Jahren eine eigene Schule für sie errichtet, in der sich auch eine kleine Wohnung für die Lehrperson befand. In dieser kleinen Schule unterrichtete Maria mit Leib und Seele. Sie liebte ihre Schüler, und diese liebten sie.

Zu jener Zeit zählte die kleine Berggemeinde knapp zweihundert Seelen und wurde vom Lichtenberger Pfarrer mitverwaltet. Dieser Seelsorger, der Maria zum Studium verholfen hatte, schätzte ihren wachen Verstand sehr, und immer, wenn er eine wichtige Entscheidung zu treffen hatte, stieg er hinauf nach Berg Lichtenberg und holte den Rat der jungen Lehrerin ein.

Sie hatte bereits ein paar Jahre mit Begeisterung und Erfolg in ihrer einklassigen Schule gewirkt, da begegnete ihr das Glück – oder sollte man sagen, das

Pech? – in Gestalt des Asper-Josef. Der Sepp, ein Zimmermann aus der kleinen Gemeinde, der einige Jahre in der Schweiz gearbeitet hatte, war nach Hause zurückgekehrt.

Als er Maria das erste Mal auf dem Pausenhof erblickte, entbrannte er sofort in heißer Liebe zu ihr. Doch schüchtern, wie er war, und aus lauter Respekt vor ihrem Stand wagte er es lange Zeit nicht, sie anzusprechen. Er wusste es aber immer wieder so einzurichten, dass er »zufällig« am Schulhaus vorbeikam, wenn die Kinder Pause hatten und das Fräulein sie beaufsichtigte. Da es öfter einmal vorkam, dass Leute am Schulhof vorbeigingen, nahm sie von ihm keinerlei Notiz. Nachdem er sie ein ganzes Jahr lang still und mit brennendem Herzen beobachtet hatte, fasste er sich endlich ein Herz und sprach sie an. Über etwas Belangloses muss er mit ihr geredet haben, vermutlich übers Wetter. Sie sprach so freundlich und unbefangen mit ihm, dass sein Verlangen nach ihr immer stärker wurde. In der Folgezeit verwickelte er sie jedes Mal in ein Gespräch, wenn er sie auf dem Pausenhof erblickte.

Ihr machte es ebenfalls Freude, mit dem feschen jungen Mann zu plaudern. Doch ihr Herz hielt sie fest in der Hand. Sie kannte nämlich die Bestimmungen genau. Diese besagten, dass eine Lehrerin nicht verheiratet sein durfte. Am Tag der Hochzeit hätte sie aus dem Schuldienst ausscheiden müssen. Ihren Beruf liebte sie aber so sehr, dass sie ihn nicht wegen eines Mannes aufzugeben gedachte. Wenn sie also als Lehrerin nicht verheiratet sein durfte, lohnte es sich erst gar nicht, sich zu verlieben. Doch Sepp ließ nicht locker. Er machte ihr immer öfter den Hof. Und schließlich, wie das Leben so spielt, verliebte sie sich doch in den Burschen, ohne dass sie sich dessen zunächst bewusst war. Sie erkannte es daran, dass ihr etwas fehlte, wenn er sich mal einige Tage nicht blicken ließ. Wenn er endlich wieder erschien, strahlte sie ihn an, und ihr Herz begann heftig zu klopfen.

Da dem jungen Asper das Strahlen in ihren Augen nicht entging, wagte er endlich, sich ihr zu erklären: »Ich hab dich *so viel* gern! Willst du mich heiraten?«

Obwohl sie über sein Geständnis mehr als erfreut war und ein solches längst erwartet hatte, blieb sie kühl und sachlich: »Sepp, dein Antrag ehrt mich, doch als Lehrerin darf ich nicht verheiratet sein.«

»Das weiß ich. Aber keine Angst, wenn du Frau Asper bist, werde ich dich ernähren.«

»Das ist nicht meine Sorge. Nach dem langen mühsam erkämpften Studium hänge ich so sehr an meinem Beruf, dass ich ihn nicht aufgeben möchte.«

»Bedeutet das vielleicht, dass ich als Zimmermann dir nicht gut genug bin?«, fragte er gekränkt.

»Aber geh, Sepp, red keinen Schmarrn! Dass du ein Zimmerer bist, stört mich nicht im Geringsten. Wie du weißt, bin ich selbst eine Bauerntochter, deshalb kenn ich keine Standesdünkel.« In diesem Zusammenhang erfuhr sie, dass ihr Verehrer als Bub viel Zeit auf dem Bauernhof seines Großvaters verbracht hatte und daher der Landwirtschaft sehr zugetan war. Zu seinem Bedauern hatte aber nicht sein Vater dieses Anwesen geerbt, sondern dessen Bruder.

Nach diesem war dessen Sohn der Herr auf dem alten Familienhof geworden. Als Sepp ihr in diesem Zusammenhang gestand, dass er liebend gern Bauer geworden wäre, meinte das Schulfräulein: »Darüber könnte man reden. Wenn du etwas Geeignetes findest, wäre ich durchaus bereit, mit dir einen Hof zu bewirtschaften.«

Diese Aussage freute den jungen Zimmerer sehr. »Das bedeutet also, du willst mich heiraten?«

»Das ist damit noch nicht gesagt, ich meine nur, man kann den Gedanken ja mal durchspielen.«

Also spielte der Zimmerer weiter: »Wenn wir uns einen Bauernhof leisten, kann das aber nur ein sehr kleiner sein.«

»Das macht nichts«, entgegnete sie. »Unser Sachl daheim ist auch sehr klein und hat zeitweilig neun Kinder ernährt.«

»Das hört sich gut an«, antwortete der Sepp erfreut. »So viele müssen es bei uns ja nicht gleich werden, mit einem halben Dutzend tät ich mich durchaus zufriedengeben«, wobei er spitzbübisch lachte. »Also, sag schon Ja!« Doch dazu konnte sich Maria immer noch nicht durchringen. Deshalb fuhr er andere Geschütze auf: »Gell du magst mich net? Ich gefall' dir net?«

»Doch, doch. Du gefällst mir sogar sehr«, gestand sie ihm, wobei sie sanft errötete. »Und wenn ich schon heirate, dann wüsst ich keinen, der mir lieber wäre als du.«

»Gut, dann kann ich also das Aufgebot bestellen?«

»So eilig hast du's?«, sie lachte. »Dann muss deine Lieb ja wirklich groß sein.«

»Die ist so groß, dass ich's dir gar nicht beschreiben kann«, versicherte er ihr.

»Also gut«, ließ sie sich schließlich erweichen. »Ich werde dich heiraten. Das Aufgebot brauchst aber nicht gleich zu bestellen. Ein Jahr möchte ich schon noch im Schuldienst bleiben.«

»Warum denn das?«, fragte er irritiert. »Sei doch froh, wenn du dich nicht mehr mit fremden Kindern abplagen musst.«

»Sepp, das siehst du falsch. Das ist für mich kein Abplagen! Für mich ist es die größte Freude, wenn ich Kindern etwas beibringen darf. – Außerdem«, fügte sie nach einer kurzen Pause hinzu, »fühle ich mich der Kirche gegenüber verpflichtet.«

»Wie meinst du das?«, wollte der verliebte Zimmermann wissen.

»Damit ich überhaupt studieren konnte, hat der Pfarrer veranlasst, dass die Kirche viel Geld in mein Studium investiert. Deshalb sehe ich es als meine Pflicht und Schuldigkeit an, davon einiges in der Form zurückzugeben, dass ich noch eine Weile unterrichte.«

Das sah der Asper-Sepp ein. Er geduldete sich noch ein ganzes Jahr, dann wiederholte er seinen Antrag.

»Sei mir nicht böse, Sepp«, wich die Braut erneut aus. »Ich hab so lange studiert, um Lehrerin zu werden. Das soll doch nicht alles für die Katz gewesen sein. Sei so gut, und gönne mir noch ein Jahr.«

Bevor sie womöglich ganz Nein sagen würde, gestand er ihr noch ein weiteres Jahr zu. Doch nach diesem präsentierte sie ihm ein weiteres Argument, um nicht mit ihm zum Pfarramt gehen zu müssen: »Schau, Sepp, von daheim habe ich keinerlei Mitgift zu erwarten. Als Lehrerin aber verdiene ich ganz ordentlich. Da ich sparsam lebe, hab ich mir schon ganz schön was beiseitelegen können. Und wenn ich jetzt weiterarbeite und weiterhin Schilling um Schilling weglege, habe ich im nächsten Jahr ein stattliches Sümmchen beisammen. Das können wir sehr gut brauchen als Anzahlung für unseren Bauernhof.«

Diese Ausführung machte den gutmütigen Josef Asper für ein weiteres Jahr weich. Als er meinte, nun könne er seine Maria endlich zum Altar führen, sah er sich jedoch getäuscht.

»Schau, Sepp, ich hab da ein paar Schüler, die habe ich als Erstklässler aufgenommen. Die haben nur noch ein Jahr Schule vor sich. Sie sind mir so ans Herz gewachsen, dass ich sie noch ihr letztes Jahr begleiten möchte.«

»Das ist ja alles gut und schön«, zeigte sich der Zimmerer einsichtig, »Aber im nächsten Jahr fällt dir wieder etwas anderes ein. Dann ist es vermutlich der nächste Jahrgang, den du noch die letzte Klasse begleiten musst. Und dann wieder einer und noch einer. Nein, das mache ich nicht mehr mit!«

Diese Worte taten der übereifrigen Lehrerin weh. Sie durfte Sepps Geduld nicht überstrapazieren. »Dieses eine letzte Jahr noch«, flehte sie. »Das verspreche ich dir, dann wird wirklich geheiratet. Außerdem wird uns das unserem Ziel vom eigenen Bauernhof ein Stück näher bringen, wenn ich noch ein Jahr verdiene.«

Sie hatte ja recht, gestand er sich insgeheim ein. Was sollte er machen? Er war so verliebt, dass er sie nicht verlieren wollte. Also stimmte er zu.

Nachdem auch diese zwölf Monate vergangen waren und die Kinder der siebten Klasse, an denen sie so gehangen hatte, ins Leben entlassen worden waren, erklärte sich Maria tatsächlich bereit, mit ihm zum Widum, dem Pfarramt, zu gehen, um das Aufgebot zu bestellen. Doch was geschah? Der Bräutigam erschien pünktlich zur vereinbarten Zeit im Pfarrhaus, wer aber fehlte, war die Braut.

»Sie hat ihren eigenen Kopf«, konstatierte der Pfarrer. »Jetzt solltest du endlich ein Machtwort sprechen, sonst tanzt sie dir weiterhin auf der Nase herum.«

Der Sepp suchte sie umgehend in ihrer Wohnung auf. Und als sie ihr Sprüchlein anfing: »Ach, Sepp, ein Jahr noch –«, schnitt er ihr rigoros das Wort ab: »Kein Jahr mehr, Maria. In diesem Sommer wird geheiratet. Du bist jetzt dreiunddreißig. Wenn du noch länger wartest, nur weil du an fremden Kindern hängst, wirst du nachher zu alt sein, um noch eigene Kinder zu kriegen. Und für mich mit meinen zweiundvierzig wird es auch höchste Zeit, wenn ich meine Nachkommen noch heranwachsen sehen will, obwohl wir auch kein halbes Dutzend mehr schaffen werden.«

Da endlich gab die Maria nach. Sie ging umgehend mit dem Sepp zum Pfarrhof, und die beiden bestellten das Aufgebot.

Am 6. Juni 1905 stand sie als glückliche Braut mit ihrem strahlenden Hochzeiter vor dem Altar von

Lichtenberg. Dies war vermutlich das einzige Mal, dass es dem Sepp gelungen war, sich gegenüber seiner Frau durchzusetzen.

Bei der anschließenden Hochzeitsfeier lernte sie endlich seine Angehörigen kennen. Dazu gehörte seine Schwester Anna, die in eine Familie auf einem einsamen Berghof eingeheiratet hatte, ungefähr eine Wegstunde von Berg Lichtenberg gelegen. Sepps Bruder Jörg hatte nach Glurns geheiratet, in ein hübsches mittelalterliches Städtchen, etwa anderthalb Stunden Fußmarsch von Lichtenberg entfernt. Hans, der zweite Bruder betätigte sich im Winter in Lichtenberg als Schuster und verbrachte seine Sommer als Senn für seinen Cousin auf der Lichtenberger Alm. Sie alle kamen zur Hochzeit, auch alle Cousinen und Cousins mitsamt Familien – schließlich waren sie ausgesprochene Familienmenschen. Eine Hochzeit war stets eine willkommene Gelegenheit, sich wiederzusehen. Vonseiten der Braut kamen auch alle, die es irgendwie einrichten konnten, sodass eine recht große Hochzeitsgesellschaft zusammenkam. Man feierte, bis die meisten wieder zur Stallarbeit nach Hause mussten.

Schon lange vor der Hochzeit hatte der Sepp nach einem Bauernhof Ausschau gehalten, der zum Verkauf stand. Irgendwann war er fündig geworden, hatte es aber nicht gewagt, einen Kaufvertrag abzuschließen, weil sich seine Braut so lange zögerlich gezeigt hatte. Doch wenige Tage nach der Hochzeit marschierten sie gemeinsam zum Notar und machten den Kauf perfekt. Dabei kam ihnen das von Maria ersparte Geld sehr zustatten.

Es war ein kleiner Hof in den Bergen, und das Arbeiten dort eine ausgesprochen mühsame Angelegenheit. Die junge Ehefrau aber klagte nicht. Da sie von zu Hause harte Arbeit gewohnt war, stand sie ihrem Ehemann tapfer zur Seite. Gemeinsam gelang es ihnen, der Erde mehr an Ertrag abzutrotzen, als sie erwartet hatten. Doch der erhoffte Kindersegen blieb aus.

Von Monat zu Monat beobachtete der Sepp seine Frau mit wachsender Beunruhigung. Nach einem Jahr deutete noch immer nichts auf eine Schwangerschaft hin, obwohl er sich im Bett die größte Mühe gab. Ungeduldig geworden, wagte er die Frage: »Was ist, Maria? Bist du immer noch nicht in der Hoffnung?«

»Nein«, sagte sie, ebenso enttäuscht wie er. »Wenn es so wäre, würdest du es als Erster erfahren.«

»Vielleicht sind wir beide doch schon zu alt zum Kinderkriegen«, drückte er sich vorsichtig aus.

Dennoch hörte sie den Vorwurf heraus, dass sie mit der Heirat zu lange gewartet habe. Um ihm Mut zu machen und sich selbst auch, erwiderte sie: »Ach, das hat gar nichts zu sagen. Meine Mutter war bei der Geburt ihres letzten Kindes siebenunddreißig, und mein Vater sogar sechsundvierzig.«

»Davon sind wir nicht mehr weit weg«, seufzte der Bauer. »Aber wenn du meinst, dann probieren wir's halt weiter.«

Da sich nach einem weiteren Jahr in Sachen Nachwuchs noch immer nichts getan hatte, hielt der Sepp eine für seine Verhältnisse lange Rede: »Warum sollen wir uns weiterhin mit dem Hof abschinden, wenn wir's doch nicht zu einem Erben für ihn bringen? Was hältst du davon, wenn wir den Hof wieder verkaufen und ich in meinen alten Beruf zurückkehre? Da finde ich gewiss Arbeit, mit der ich uns beide ernähren kann, und du brauchst dich nicht mehr so plagen.«

»Hast recht, Sepp. Schade, dass ich nicht mehr in meinen Beruf zurückkann. Aber ich werde schon was anderes finden. Mir gefällt es nicht, untätig zu Hause rumzusitzen, während du dich plagst.«

Sie verkauften also ihren Berghof und erstanden von dem Geld ein bescheidenes Häuschen in Lichtenberg. Im etwa eine Stunde von Lichtenberg entfernten Prad fand die ehemalige Lehrerin eine Anstellung als Köchin in der Gaststätte »Alte Post«.

Kaum hatten beide ihre neue Arbeit angetreten, fühlte Maria, dass sie in anderen Umständen war. Ihr Mann wollte ihr das gar nicht so recht glauben.

»Doch, doch, ganz gewiss! Um sicherzugehen, war ich sogar schon bei der Hebamme. Als Geburtstermin hat sie mir den 27. Februar genannt.«

»Dann sollten wir uns mit dem Einrichten des Hauses beeilen. Vor allem das Kinderzimmer werd ich herrichten«, meinte der angehende Vater erfreut. »Mich wundert's, dass es auf einmal mit dem Kinderkriegen klappt«, sinnierte er. »Wir haben es doch nicht anders gemacht als bisher.«

»Zu diesem Thema hab ich die Hebamme auch befragt«, gab Maria zurück. »Sie meinte, die Bauernarbeit könnte für mich zu schwer gewesen sein. Deshalb hat mein Körper gestreikt. Anderseits wären wir nun vielleicht unverkrampfter gewesen. Mit dem Verkauf des Hofes haben wir ja wirklich den Gedanken aufgegeben, unbedingt einen Erben in die Welt setzen zu müssen.«

»Na, egal wie, Hauptsache wir kriegen endlich ein Kind!«, freute sich der Sepp und verbrachte fortan jede freie Minute damit, das Haus für einen würdigen Empfang des Kindes vorzubereiten.

Kaum war Anfang Januar 1908 alles fertig, setzten bei seiner Frau die Wehen ein, obwohl die neun Monate noch gar nicht herum waren. Eilig holte der werdende Vater die Hebamme herbei.

»Ja, was machst für Sachen, Maria!«, begrüßte sie die in Wehen Liegende. »Du bist doch noch gar nicht dran.«

»Wie es aussieht, doch! Die Schmerzen, die ich seit Stunden habe, müssen Wehen sein, so wie du mir das beschrieben hast.«

Elisabeth, die Geburtshelferin, machte sich sogleich daran, die Gebärende zu untersuchen.

»Hast recht, Maria. Das Kind ist schon auf dem Weg. Sepp, richte schon mal heißes Wasser her.«

Es dauerte gar nicht lange, da wurde ein winziges Mädchen geboren, es wog knapp fünf Pfund. Die frisch gebackene Mutter nannte es spontan Johanna und atmete erleichtert auf. Für sie als »alte Erstgebärende« war es trotz der Zierlichkeit ihres Kindes eine sehr schmerzhafte Angelegenheit gewesen. Während die Hebamme die winzige Johanna badete, rief Maria: »Elisabeth, ich hab schon wieder Wehen! Schau mal nach! Ich glaub, da kommt noch eins.«

»Nur die Ruhe«, versuchte die Geburtshelferin, die Frau zu beruhigen. »Das sind Nachwehen.«

Für einige Minuten hörte man vom Bett her nichts mehr. Doch plötzlich schrie die Kreißende wieder auf: »Elisabeth, schnell, schnell! Da kommt ein Kind!«

»Reg dich nicht auf, Maria, das ist die Nachgeburt, ich komme gleich mit der Schüssel.«

Da sie gerade mit Wickeln fertig war, legte die Kleine in die bereitstehende Wiege, ergriff die Schüssel und eilte ans Bett ihrer Wöchnerin. In dem Moment machte sie erstaunte Augen, ließ die Schüssel fallen und breitete die Hände aus, um ein weiteres Menschlein aufzufangen.

»Maria, dein Fräulein Tochter hat sich tatsächlich Begleitung mitgebracht! Es ist ebenfalls ein Mädchen, und die beiden gleichen sich wie ein Ei dem anderen. Es müssen eineiige Zwillinge sein.«

Das zweite Kind bekam den Namen Berta.

Nun musste der glückliche Vater erneut Wasser herbeischleppen, seine zweite Tochter sollte ja ebenfalls blitzsauber sein. Als die beiden endlich wohlverpackt in der Wiege lagen, trat der stolze Vater an das Bett seiner Frau: »Maria, du musst aber nicht übertreiben. Wenn du in dem Stil weitermachst, haben wir das halbe Dutzend schneller voll, als uns lieb ist.«

»Das fürcht ich auch. Vor allem solltest du dich daran machen, zwei Betten zu bauen. Denn in der Wiege werden die beiden nicht lange Platz haben.«

Babywäsche und Windeln waren im Hause Asper ebenfalls knapp. Das, was Maria vor der Entbindung von Verwandten an Wäsche geerbt hatte, reichte kaum für eines der Winzlinge. Die Hebamme aber wusste Rat. Am nächsten Morgen erschien sie zur Wochenpflege mit einem ansehnlichen Paket. Darin befand sich eine komplette Baby-Ausstattung. Diese hatte sie sich von einer Frau ausleihen wollen, deren letztem Kind sie vor drei Jahren zum Licht der Welt verholfen hatte.

»Ach was«, hatte die Frau gesagt. »Meinetwegen kann die Blasi-Maria die Sachen behalten. Ich werde bald fünfzig, da wird sich gewiss nichts mehr tun. Und wenn doch, dann kann sie mir die Sachen wieder zurückbringen.«

Maria war glücklich über die »geliehene« Wäsche. So hatte sie genug zum Wechseln, ohne dass Kosten auf die arme Familie zukamen.

Es versteht sich von selbst, dass sie nach der Geburt der Zwillinge keine Zeit mehr hatte, sich in der »Alten Post« etwas hinzuzuverdienen. So musste an allen Ecken und Enden gespart werden, zumal bald weitere Kinder folgten.

Das halbe Dutzend wurde im Hause Asper zwar nicht ganz voll, aber meine Großmutter brachte es, obwohl sie so spät angefangen hatte, noch auf die stolze Anzahl von fünf Kindern. Sohn Seppl erblickte am 18. März 1910 das Licht der Welt und Tochter Maria am 2. August 1913, als ihre Mutter bereits die einundvierzig überschritten hatte. Als Schlusslicht kam Kassian am 27. Juli 1916 an, als seine Mutter schon gut vierundvierzig Lenze zählte.

Doch bevor es so weit war, beobachtete die Mutter voller Besorgnis, dass sich Hanni, wie ihre Älteste genannt wurde, mit dem Laufenlernen sehr schwertat, obwohl die Zwillinge schon zwei Jahre alt waren. Während Berta schon lange munter durch die Wohnung marschierte, krabbelte Hanni noch immer auf dem Boden herum, weil sie sich nicht auf den Beinen halten konnte.

Endlich entschloss sich Maria, mit dem Kind einen Arzt aufzusuchen. Der diagnostizierte Rachitis, allgemein bekannt unter dem Namen »Englische Krankheit«.

»Wie kommt meine Tochter denn daran? Und was bedeutet das?«, erkundigte sich Maria.

»Sie leidet an einem Vitamin-D-Mangel«, erklärte der Mediziner.

»Ja, wieso das? Ihre Zwillingsschwester ernähre ich auf die gleiche Weise, und die läuft wie ein Wiesel.«

»Erklären kann ich Ihnen das auch nicht. Aber seien Sie froh, dass wenigstens eins von den beiden Kindern gesund ist.«

»Und kann man dagegen etwas machen?«, zeigte sich die Zwillingsmutter besorgt.

»Gewiss, ich verschreibe Ihnen Vitamin-D-Tropfen. Davon müssen Sie dem Kind regelmäßig geben, dann läuft es auch bald wie ein Hase.«

Obwohl Maria ihrer Hanni die Tropfen genau nach Vorschrift des Arztes verabreichte, dauerte es noch gut zwei Jahre, bis die Kleine sich ebenso flott auf den Beinchen bewegte wie ihre Schwester. Nun war es Berta, die den Eltern Kummer bereitete. Immer wieder hatte das kleine Mädchen Probleme mit den Bronchien und litt häufig unter Atemnot. Daher musste sie sehr geschont werden, während man Hanni schon bald zu der einen oder anderen Arbeit heranzog. Mit der Ankunft jeden neuen Geschwisterchens wuchsen Hannis Aufgaben. Bei der Geburt des Jüngsten war sie immerhin schon achteinhalb Jahre alt und besuchte seit zwei Jahren die Schule.

Aus ihrem zweiten Schuljahr gibt es eine nette Geschichte zu berichten, wonach sie den Lehrer und die Mitschüler ganz schön erschreckte. Wie andere Kinder auch musste sie im Sommer ab ihrem sechsten Lebensjahr fremde Kühe hüten, um sich ihr Brot selbst zu verdienen. Wenn ihnen beim Hüten langweilig wurde, suchten die Mädels und Jungen auf der Wiese oft nach Mäusenestern. Ende Oktober endete der Hütesommer, denn am 2. November begann wieder die Schule.

Einige Tage vorher hatte Hanni ein Nest mit fünf halbwüchsigen Mäusen gefunden und diese nach Hause gebracht, wo sie ihnen heimlich in einer Kiste ein Nest baute und sie in der Scheune versteckte. Jeden Morgen und jeden Abend fütterte sie die kleinen Nager mit ein bisschen Milch und etwas Brot. Damit die Winzlinge nicht entwischen konnten, deckte sie die Kiste sorgfältig ab. Als nun die Schule wieder begann, waren die Mäuse so weit herangewachsen, dass man sie nicht mehr lange in Gefangenschaft halten konnte.

Hanni aber dachte nicht daran, sie einfach freizulassen. Sie wollte wenigstens noch ihre Gaudi mit ihnen haben. Jeder Maus band sie eine Schnur um einen Hinterfuß und befestigte die fünf Schnüre an einer weiteren, etwas längeren Schnur, bevor sie die Tierchen in ihrer Schürzentasche in den Klassensaal trug. Dass das Tierquälerei war, dessen war sich das kleine Mädchen nicht bewusst.

Kaum hatte der Unterricht begonnen, nahm sie die Mäusebande aus ihrer Schürzentasche und band sich das freie Ende der längeren Schnur ums linke Fußgelenk. So saß sie in der Bank, als ob sie kein Wässerchen trüben könne. Die Mäuse aber, überglücklich darüber, der engen Tasche entronnen zu sein, liefen hin und her, so weit eben die Schnüre reichten.

In Panik rief eines der Kinder: »Hilfe, eine Maus!«, und sprang mit einem Satz auf die Bank.

Schon schrien und quietschten alle Schüler wild durcheinander. Schnell hatte der Lehrer die Übeltäterin ausgemacht und nach vorn zitiert. Mit ihren fünf Nagetieren am Fußgelenk marschierte sie zum Lehrerpult. Der Schulmeister hielt ihr eine kurze Standpauke und drohte, wenn das nochmals vorkomme, werde er die Eltern benachrichtigen. Das aufgeweckte Kind aber beobachtete, dass sich der Herr Lehrer ein Grinsen dabei kaum verkneifen konnte. Dann musste Hanni mit den armen Tierchen hinaus und sie in die Freiheit entlassen.

Aus dieser Zeit gibt es eine weitere Geschichte über meine Mutter. Hanni war sechs oder sieben Jahre alt, da schwemmte der Bach Mur nach lang anhaltendem Regen große Mengen Holz an die Ufer. Viele Eltern sahen darin ein Geschenk des Himmels. Sie glaubten, auf diese Weise an kostenloses Heizmaterial zu kommen, und schickten ihre Kinder mit dem Rückkorb zur Mur, damit sie die Holzstücke einsammelten.

Während alle Kleinen mit Sammeln beschäftigt waren, stand plötzlich wie aus der Erde gewachsen ein Polizist am Bachufer. Mit Donnerstimme befahl er den Kindern, sich in Reih und Glied aufzustellen. Dann zückte er Notizblock und Stift und begann, die Namen der »Übeltäter« zu notieren.

Der Fuchs-Albert aber war ein ganz Gewitzter und machte seinem Namen alle Ehre. Als der Gesetzeshüter nach seinem Namen fragte, antwortete er, ohne mit der Wimper zu zucken: »Hupfstutzl-Ignaz.« Der Beamte notierte eifrig.

Nun kam meine Mama an die Reihe, die direkt neben »Ignaz« stand. Noch ehe sie den Mund aufmachen konnte, antwortete Albert spontan: »Das ist meine Schwester, die Hupfstutzl-Maria.« Der Staatsbeamte schrieb auch diesen Namen auf. Es war verwunderlich, dass kein einziges Kind widersprach, obwohl alle genau wussten, dass die Namen, die Albert angegeben hatte, nicht stimmten.

In den folgenden Tagen erschien der Polizist im Dorf und kassierte bei den Eltern der ertappten »Sünder« Strafgeld für das »gestohlene« Holz. So manch einem Familienvater fiel es schwer, das verlangte Geld aufzubringen. Im Hause Asper erschien der Gesetzeshüter jedoch nicht – sehr zur Erleichterung von Mutter Maria, denn es wäre ihr äußerst schwergefallen, das Strafgeld zu zahlen.

Im Dorf hatte der Beamte vergeblich nach Familie Hupfstutzl gefragt. Erstaunlicherweise hielten alle Kinder dicht, obwohl ihre Eltern das Geld berappen mussten, während die Familien Fuchs und Asper ungeschoren davonkamen.

Im Übrigen spielte der Bach Mur eine wichtige Rolle im Leben der Dorfbewohner, und nicht immer eine positive. Dieser brave Bach, an dem die Kinder so gern spielten, schwoll in manchen Jahren zur Zeit der Schneeschmelze zu einem rasenden Ungeheuer an, das Menschen, Tiere und Häuser verschlang. Deshalb ließ man in dieser Jahreszeit die Kinder nicht aus dem Haus. Verheerende Überschwemmungen muss es in den Jahren 1847, 1849 und 1855 gegeben haben.

Jedes Mal hatte das Hochwasser so viele Opfer an Menschen und Tieren gefordert, dass die Obrigkeit beschloss, das ganze Dorf umzusiedeln. Aber wohin? Südtirol gehörte damals zum Kaiserreich Österreich-Ungarn. Daher beschloss man, die Lichtenberger nach Ungarn auszusiedeln, dort hatte man Platz genug für alle. Es ist nur zu verständlich, dass sich daraufhin ein großes Wehklagen in der Bevölkerung erhob. Wer verlässt schon gern seine Heimat, und dann noch ins Ungewisse, so weit weg?

Hier ist Pfarrer Alois Grissemann zu loben. Er hatte eine großartige Idee. Um diese aber in die Tat umzusetzen, fehlte ihm das Geld. Er ersuchte seine Amtsbrüder in der näheren und ferneren Umgebung um Unterstützung. Diese verstanden es in mitreißenden Predigten, ihre Gemeindemitglieder derart zu motivieren, dass diese eifrig spendeten.

So kam genug Geld zusammen, mit dem man zwischen 1859 und 1861 eine gewaltige Schutzmauer in Lichtenberg errichten konnte. Nun vermochte das Hochwasser dem Dorf nichts mehr anzuhaben, und die Menschen konnten bleiben. Für seinen selbstlosen

Einsatz erhielt Pfarrer Grissemann von Kaiser Franz Josef I. das Goldene Verdienstkreuz.

Aber auch die Einwohner verstanden es, ihrer Dankbarkeit Ausdruck zu verleihen. Weil das Dorf von der geplanten Aussiedlung verschont geblieben war, benannten die Bewohner ihren später erbauten Erholungspark nach diesem Pfarrer und errichteten dort eine Gedenktafel zu seinen Ehren.

Noch eine Geschichte berichtete meine Mutter aus ihrer Kindheit, in der die Mur eine Rolle spielte. Ob der Regenschirm kaputt war, ob der Topf oder die Pfanne ein Loch hatten oder die Schere stumpf geworden war, nichts wurde weggeschmissen. Man hatte ja kein Geld, um etwas Neues zu kaufen. Alle defekten Sachen wurden an einer bestimmten Stelle im Haus gesammelt, das handhabte man in allen Haushalten so. Man wusste ja, dass zweimal im Jahr der Scherenschleifer ins Dorf kam und die kleinen »Wehwehchen« für einen geringen Preis reparierte.

Wenn der Pfannenflicker, wie er auch genannt wurde, im Anmarsch war, verbreitete sich das wie ein Lauffeuer. Obwohl die Kinder keinen Kalender hatten und obwohl der begehrte Mann nicht zu einem bestimmten Termin anrückte, hatten sie ein Gespür dafür, wann es für ihn wieder an der Zeit war. Aufmerksam beobachteten die lieben Kleinen die gerade Straße, die von Prad nach Lichtenberg führte, um möglichst frühzeitig zu entdecken, wenn sich jemand dem Dorf näherte.

Kaum hatte dieser Mann sein »Geschäft« auf dem Dorfplatz eröffnet, strömten die Hausfrauen von allen Seiten herbei, um ihre kaputten Gegenstände reparieren zu lassen. Die Kinder umringten ihn ebenfalls, um ihm begeistert bei der Arbeit zuzuschauen – eine der wenigen Abwechslungen, die es für sie gab.

Der fleißige Mann besaß einen Karren, den er von Dorf zu Dorf zog. In diesem lagen sein »Handwerkszeug« und sein Flickmaterial: Lötkolben, Zange, Hammer, ausgediente Schirme, von denen noch die eine oder andere Stange zu gebrauchen war, Schrauben, Nägel, Blechstücke. Die Dorfjugend schaute ihm gebannt auf die Finger, wenn er mit großer Geschicklichkeit Löcher in Töpfen oder Pfannen lötete oder Schirme reparierte.

Am interessantesten aber fanden sie es, wenn er Scheren schliff. Dazu benutzte er eine selbst gemachte Konstruktion, die er vorn an seinem Karren angebracht hatte. Diese bestand aus einem aufrecht stehenden runden Schleifstein und einem Rad, an dem sich rechts und links jeweils ein Pedal befanden. Das Rad war durch einen Lederriemen mit dem Schleifstein verbunden. Oberhalb hatte der Pfannenflicker einen Sitz befestigt, von dem aus er eifrig in die Pedale trat, sodass sich der Schleifstein drehte, während er die zu schleifende Schere fest gegen den Stein presste. Die Kinder hatten ihren besonderen Spaß daran, wenn die Funken nach allen Seiten stoben.

Meine Mutter mag sieben oder acht Jahre alt gewesen sein, als sie wieder einmal mit den Kindern in und an der Mur spielte. Es war in etwa die Zeit, in der man mit dem Kommen des Kesselflickers rechnete. Plötzlich schrie einer: »Der Scherenschleifer kommt!«

Wie elektrisiert sprangen alle auf und liefen auf die Landstraße. Tatsächlich, da bewegte sich jemand aufs Dorf zu, aber in einer ungewohnt hohen Geschwindigkeit! Die Kinder rieben sich die Augen. Dann rannten alle, so auch meine Mutter, aufgeregt nach Hause und riefen: »Der Scherenschleifer ist narrisch wor'n!«

»Wieso das?«, fragte meine Großmutter.

Atemlos berichtete Hanni: »Er kommt ganz schnell, aber ohne seine Karre. Er hat jetzt vorne und hinten ein Rad und sitzt über den beiden.«

Wie nicht anders zu erwarten, rafften die Mütter ihre reparaturbedürftigen Gegenstände zusammen und erreichten den Dorfplatz, noch ehe der »narrisch Gewordene« dort eingetroffen war.

Da das letzte Stück des Weges ganz schön bergauf führte, war er abgestiegen und schob sein Gefährt. Die Mütter machten ebenso erstaunte Gesichter wie ihre Kinder, als sie den vermeintlichen Kesselflicker mit dem höchst merkwürdigen fahrbaren Untersatz erblickten.

Als er so nah herangekommen war, dass man seine Gesichtszüge erkennen konnte, spiegelte sich in den Mienen der Hausfrauen leichte Enttäuschung. Es war nämlich nicht der erwartete Scherenschleifer, sondern ein Wildfremder. Das bedeutete, sie mussten die herbeigeschafften Gerätschaften wieder unrepariert mit nach Hause nehmen. Andererseits waren sie froh, dieses Erlebnis gehabt zu haben. Der Fremde erklärte ihnen bereitwillig, dass man dieses Ding »Fahrrad« nenne. Das war also das erste Fahrrad, das die Dorfbewohner zu Gesicht bekommen hatten. Den Besucher, der sich auf diesem Fahrzeug fortbewegte, würde man heute wohl als »Fahrrad-Touristen« bezeichnen.

Eine fromme Geschichte über meine Mutter ist ebenfalls überliefert. Schon als Schulanfängerin besuchte sie gern am Morgen vor dem Unterricht die heilige Messe. Aber nicht, um Blödsinn zu machen wie manch anderes Kind, sondern wirklich, um zu beten.

Das beobachteten zwei alte Fräulein, ebenfalls eifrige Messbesucherinnen, mit Wohlgefallen. Offenbar waren sie etwas Besseres. Sie lebten nämlich nicht mitten im Dorf in einem Bauernhaus oder in einem der bescheidenen Tagelöhner-Häuser, sondern ein Stück außerhalb in einer gelben Villa. Anfang Dezember sprachen sie nach dem Gottesdienst eines Tages meine Mutter an: »Hannerle, uns fällt es immer schwerer, ins Engelamt zu gehen. Wenn du für uns dahingehst und für uns betest, kannst du nach jedem Engelamt zu uns kommen, dann kriegst eine Scheibe Brot.«

Diesen Auftrag übernahm die kleine Hanni mit großer Gewissenhaftigkeit, obwohl das Engelamt zur damaligen Zeit bereits um fünf Uhr in der Früh begann und jeden Morgen in der Adventszeit stattfand. Von der ersten bis zur vierten Klasse besuchte das Kind im Advent täglich diese heilige Messe und holte sich anschließend seine Scheibe Brot ab. Nur um eine Scheibe trockenen Brotes zu bekommen, legte dass das Mädchen nach dem Gottesdienst jedes Mal den weiten Weg zur Villa der beiden Damen zurück. Brot war in Hannis Familie damals Mangelware. Zum Frühstück gab es immer nur ein Mus aus Maisgrieß, Polenta genannt, das mit gerösteten Kartoffelscheiben geschmacklich aufgebessert wurde. Dazu trank man ein Glas Ziegenmilch oder Malzkaffee.

Am Ende des vierten Schuljahres wurde eine der beiden Frauen krank. Als diese bald darauf starb, besuchte Hanni weiterhin gewissenhaft das Engelamt und bekam ihre Scheibe Brot. Erst als die zweite der beiden alten Schwestern die Augen für immer geschlossen hatte, fühlte sich das Mädchen von ihrem Auftrag entbunden, zumal ja auch kein Stück Brot mehr zu erwarten war.

Ab diesem Zeitpunkt hätte sie ihrer Pflicht auch gar nicht mehr nachkommen können, denn nach dem Besuch des Engelamtes hatte sie zu Hause eine Menge zu erledigen, bevor sie in die Schule trabte. Mit dem Ende der vierten Klasse endete Johannas Kindheit abrupt, und der Ernst des Lebens begann.

Eine Kindheit als Magd

In dem Häuschen von Maria und Sepp wurde es mit den fünf Kindern nicht nur eng und enger, auch die Lebensmittel wurden knapp. Obwohl der Vater von der Früh bis zum Abend unterwegs war, konnte er mit seiner Hände Arbeit nicht genug herbeischaffen, um die Kinder ordentlich satt zu kriegen. Dass seine Frau wieder zur Arbeit ging, war bei fünf kleinen Kindern undenkbar. Damit die Familie einigermaßen über die Runden käme, überlegten die Eltern, ob sie Hanni, die inzwischen zehn Lenze zählte, über die Sommermonate auf einen größeren Hof schicken sollten, damit wenigstens eines der Kleinen aus der Kost war. Am liebsten hätten sie beide Zwillinge weggeschickt. Das ging aber nicht, denn Berta war noch immer kränklich, und eine kränkliche Magd hätte niemand genommen. Außerdem hielt die Mutter es für nötig, dieses schwächliche Kind unter ihrer Aufsicht zu behalten. Zudem konnte sie eine Hilfe im Haushalt sehr gut gebrauchen. Wenn Hanni weg war, konnte Berta nach und nach deren Aufgaben übernehmen.

Noch bevor man aber dazu kam, für die Hanni eine Stelle zu suchen, erschien in dem kleinen Haus an einem Sonntag Anfang April 1918 Hans, Sepps Schwager. Die Eheleute Asper erkannten sogleich, dass dies keiner der üblichen Freundschaftsbesuche unter Verwandten war, sondern dass der Hans etwas von ihnen wollte. Also hieß es, wachsam sein.

Er kam auch gleich zur Sache. »Meine Frau, die Anna, ist krank«, klagte er. »Im Haushalt kann sie nichts mehr machen. Deshalb bleibt alles liegen. Ich bräuchte halt dringend eine Magd, die ihre Arbeiten übernimmt.«

»Warum erzählst uns das?«, fragte die Asperin verhalten.

»Eure Zwillingsmadln sind doch inzwischen alt genug, um anpacken zu können. Ich nehme an«, damit wandte Hans sich direkt an Maria, »du hast sie schon rechtzeitig angelernt.«

»Das auf jeden Fall«, antwortete die Gefragte nicht ohne Stolz. »Wenn du schon eine Magd brauchst, dann nimm gerne die Hanni. Sie ist gesund und kräftig. Berta hingegen ist leider ein bisschen schwächlich, hat es mit den Bronchien, wenn's nicht gar Asthma ist.«

In jener Zeit war es in Südtirol üblich, dass alle Schulkinder vom 1. Mai bis zum Feiertag Allerheiligen vom Unterricht freigestellt waren, damit sie in der Landwirtschaft eingesetzt werden konnten. Im Sommer arbeiteten sie entweder auf dem elterlichen Grund und Boden oder bei fremden Leuten. Damit die Bildung nicht zu kurz kam, hatten die Kinder dafür in den Wintermonaten Ganztagsschule.

Die Aspers freuten sich, dass sie so schnell und ohne langes Suchen für ihre Tochter einen Arbeitsplatz gefunden hatten, noch dazu bei Sepps Schwester. Das war ihnen wesentlich lieber, als das Mädel zu fremden Leuten schicken zu müssen. Schnell war man sich einig, die Männer schlossen den Arbeitsvertrag per Handschlag. Hanni wurde gar nicht gefragt, ob sie bei Onkel und Tante arbeiten wolle.

Am Tag des Abschieds packte die Mutter einfach ein paar Sachen für sie zusammen. Den Weg kannte die Kleine ja, da man schon öfter bei den Verwandten zu Besuch gewesen war. Dennoch wurde der kleinen Hanni das Herz schwer, als man sie am 30. April losschickte und sie mutterseelenallein über Berg und Tal wandern musste. Aber ihr blieb keine Wahl.

Die Mutter blieb ebenfalls schweren Herzens zurück. Ihr fiel es nicht leicht, ein Kind weggeben zu müssen, noch dazu dieses, das ihr schon am meisten unter die Arme greifen konnte. Doch auch ihr blieb keine Wahl. Zum einen war es Christenpflicht, der armen Tante zu helfen, zum anderen bedeutete ein Kind weniger am Tisch, dass für die übrigen Münder mehr blieb.

Nach anderthalb Stunden erreichte Hanni völlig erschöpft den abgelegenen Berghof. Außer der kranken Tante gehörte zum Haushalt des Onkels noch der erwachsene Sohn Hans, der einst den Hof übernehmen sollte.

Nachdem der Onkel der kleinen Magd ihre Schlafkammer zugewiesen, sie das Bündel abgelegt und ihr Sonntags- gegen das Arbeitsgewand ausgetauscht hatte, führte er Hanni an das Krankenbett seiner Frau.

Selbst das Kind erkannte, dass Tante Anna wirklich nicht gut dran war. Ihre Aufgabe würde es also sein, außer der Haushaltsführung auch die Krankenpflege zu übernehmen, obwohl sie davon keine Ahnung hatte.

Bevor sie irgendeine andere Arbeit in Angriff nahm, musste das Mädchen in der Küche zuerst den gewaltigen Abwaschberg erledigen, der sich neben dem Spülstein angesammelt hatte.

Die beiden Männer mussten immer nur neues Geschirr aus dem Schrank genommen und nicht ans Abwaschen gedacht haben, sinnierte Hanni im Stillen. Weil ihnen die Vorräte an Geschirr und Töpfen ausgegangen waren, musste der Onkel auf die Idee gekommen sein, eine Magd ins Haus zu holen.

Kaum war diese Arbeit erledigt, fragte der Hofbesitzer: »Kannst melken?«

»Wo soll ich das gelernt haben?«, fragte das Kind überrascht. »Wir haben doch keine Kühe!«

»Das lernst schnell«, gab sich Hans optimistisch und nahm die junge Magd mit in den Stall.

Das war aber noch nicht alles, wie sich bald herausstellte. Das Mädchen musste auch mit aufs Feld, um bei der Heuernte zu helfen. Dabei wurde sie gefordert wie eine Erwachsene. Im August setzte der Onkel sie bei der Getreideernte ein, und im September kam es noch schlimmer: Die Kartoffelernte stand an. Das Aufsammeln der Knollen bedeutete für das arme Mädchen stundenlanges Bücken, sodass sie jeden Abend von schrecklichen Kreuzschmerzen geplagt wurde.

Zusätzlich musste sie jede freie Minute, egal in welchem Monat, mit dem Onkel in den Wald gehen, um mit ihm Holz zu sammeln. Die Hälfte davon packte er in seinen Rückkorb, die andere in ihren. Wenn sie seiner Meinung nach beim Sammeln oder beim Heimtragen der schweren Last nicht schnell genug war, schrie er: »Muss ich mit der glühenden Eisenstange kommen und nachhelfen?« Onkel Hans war nämlich nicht nur Bauer, sondern auch Schmied.

Die arme Kleine fürchtete sich zusehends mehr vor ihm. Zu ihrem großen Leidwesen gab es niemanden, dem sie ihr Leid klagen und der sie beschützen konnte. Ihre einzige Zuflucht war das Gebet. Jeden Abend flehte sie unter Tränen: »Lieber Gott, mach, dass ich bald wieder zu Mama und Tata zurückkehren kann!«

Über das Essen in des Onkels Haus konnte sie nicht klagen. Es gab von allem reichlich. Das versöhnte sie immer wieder mit ihrer Lage. Und dass es ihr schmeckte, dafür trug sie selbst Sorge, weil sie ja alleinige Herrin über den Herd war. Jetzt zahlte es sich aus, dass ihr die Mutter rechtzeitig die Zubereitung einiger Gerichte beigebracht hatte.

Dennoch atmete die kleine Hanni auf, als sie am Allerheiligentag ihr Bündel schnüren und den Heimweg antreten durfte. Es tat ihr nur leid, dass sie die kranke Tante in der Obhut der Männer zurücklassen musste. Die waren gewiss nicht die geeigneten Pflegepersonen, dabei hätten sie im Winterhalbjahr Zeit genug gehabt, die Leidende ordentlich zu betreuen. Obwohl Hanni die Kranke wirklich liebevoll gepflegt hatte, ging es Tante Anna mittlerweile so schlecht, dass mit ihrem baldigen Ableben zu rechnen war. Deswegen konnte das Kind seinen

Aufenthalt nicht verlängern, es musste ja wieder in die Schule.

Die kleine Magd war erst wenige Wochen wieder zu Hause, da kam tatsächlich die Nachricht, die Tante sei verstorben. Die ganze Familie Asper nahm an der Beerdigung teil.

Doch zunächst war Hanni glücklich, wieder im Schoße der Familie zu sein, im Kreise ihrer Geschwister, wo sie sich geborgen fühlte. Wenn auch das Essen kärglich war im Vergleich zu dem in des Onkels Haus, aber sie war daheim! Arbeiten musste sie auch hier, doch nicht so schwer, dass sie befürchten musste, unter der Last zusammenzubrechen.

Wie genoss sie es, wieder in die Schule gehen und lernen zu dürfen! Sie war eine gute Schülerin, doch mit Bangen sah sie dem nächsten Sommerhalbjahr entgegen. Nachdem sie daheim von der Eisenstange erzählt und berichtet hatte, wie es ihr sonst auf dem Anwesen des Onkels ergangen war, versprach die Mutter ihr, dass sie nie wieder auf diesen Berghof zu gehen brauche. Dass Hanni sich aber ab dem Frühjahr wieder als Magd würde verdingen müssen, das stand fest. Wo würde sie diesmal landen?

An einem Sonntag Mitte März 1919 erschien ein anderer Onkel im Hause Asper, der auf der Suche nach einer Magd war: Georg, ein Onkel der Mutter, also ein Großonkel von Hanni. Ehe Maria ihm das Kind für ein halbes Jahr zusagte, rang sie ihm das Versprechen ab, dass es nicht zu hart arbeiten müsse. Aber wer wollte das kontrollieren?

Pünktlich am 30. April erschien Onkel Georg, um die junge Magd abzuholen. Er wanderte mit ihr nach Taufers zu einem uralten Bauernhof, wo vier unverheiratete Geschwister zusammenlebten: er, zwei Schwestern und ein weiterer Bruder. Sie alle waren noch gesund, sodass niemand von ihnen gepflegt werden musste, und allesamt in der Lage, leichte Arbeiten zu verrichten. Die schweren Aufgaben aber überließen sie der elfjährigen Magd. Das war es jedoch nicht, was dem Mädchen den Aufenthalt hier so unangenehm erscheinen ließ, sondern das Essen.

Jeden Mittag gab es eine Speckknödelsuppe, die eine der Schwestern kochte. Die Suppe wurde, wie das damals in allen Bauernhäusern üblich war, in einer großen Schüssel auf die Mitte des Tisches gestellt. Jeder löffelte dann daraus. Das allein wäre nicht weiter tragisch gewesen, Hanni war das bereits von klein auf gewöhnt. Auf der Suppe aber schwammen Würmer!

Die ersten vier Tage brachte das Mädchen es nicht fertig, auch nur einen Löffel davon zu nehmen, obwohl der Hunger in ihr nagte. Damit sie nicht völlig vom Fleische falle, denn Frühstück und Abendessen waren auch nicht gerade üppig, zwang man sie schließlich, von der Suppe zu essen, mit der Erklärung: »Die Würmer sind längst tot. Außerdem kommen sie vom Speck, das ist nichts Unechtes.«

Mit geschlossenen Augen schob sich das Mädchen den ersten Löffel Suppe in den Mund. Sie schmeckte tatsächlich nicht schlecht. Mit Heißhunger, wenngleich mit geschlossenen Augen, löffelte sie weiter. Mit der Zeit gewöhnte sich Hanni an diese Speise und vermochte sie auch mit offenen Augen zu essen.

Dennoch sehnte sie sich nach dem heimischen Mittagstisch, wenn der auch sehr bescheiden ausfiel.

Als das Sommerhalbjahr um war, musste sich die Jungmagd allein von Taufers nach Lichtenberg durchschlagen. Doch das Heimweh ließ sie den richtigen Weg finden. Als sie daheim von der Würmersuppe erzählte, versprach ihr die Mutter: »Zu diesem Onkel brauchst du auch nie wieder.«

Im Sommer 1919 war Hanni aber nicht das einzige von Marias Kindern gewesen, das sein Brot an einem fremden Tisch gegessen hatte. Die Mutter hatte es gewagt, nun auch Berta in fremde Dienste zu schicken, um den eigenen Esstisch zu entlasten. Berta diente aber nur im eigenen Dorf, und immer nur aushilfsweise. Die Nächte verbrachte sie stets zu Hause, sodass die Mutter jederzeit ein Auge auf sie haben konnte. Auf verschiedenen Höfen wurde sie als Kindermädchen eingesetzt, bei manchen auch als Hausmagd für alle anfallenden Arbeiten. Mit diesem Los war Berta eigentlich ganz zufrieden. Und da sich ihre Gesundheit im Laufe des Jahres wesentlich verbessert hatte, war es klar, dass sie im folgenden Jahr eine feste Stelle annehmen würde, ebenso wie ihre Zwillingsschwester.

Was wird im nächsten Jahr auf mich zukommen?, fragte sich diese bangen Herzens, als es auf Weihnachten zuging. Rechtzeitig, noch bevor ein Onkel aufkreuzen und um eine Magd ersuchen konnte, schaltete Mutter Maria einen »Arbeitsvermittler« ein, der einen guten Ruf hatte und sich zusätzlich erfolgreich als Heiratsvermittler betätigte. Dieser bot ihr nach kurzer Zeit gleich zwei Stellen zur Wahl an.

»Wir nehmen beide Stellen«, entschied Maria kurzentschlossen. »Berta geht nach Prad in die ›Alte Post‹. Dort habe ich mal als Köchin gearbeitet, die Wirtschaft ist in Ordnung. Außerdem hat sie es nicht weit, da kann ich im Notfall nach ihr schauen. Die Hanni nimmt die Stelle in der Schweiz an, in der Wäscherei in Schulz-Tarasp. Ich denke, das Mädel besitzt dazu genug Kraft.«

Am 1. Mai 1920 begleitete Maria ihre Tochter Berta persönlich nach Prad. Zur »Alten Post« gehörte auch eine Landwirtschaft, und die Kleine wurde als »Mädchen für alles« eingesetzt, auch bei der Getreideernte.

Nachdem sie schon einige Monate ihren Verdienst gespart hatte, schrieb Berta nach Hause: *Darf ich mir ein Paar Schuhe kaufen? Auf den Stoppelfeldern barfuß zu gehen, tut doch recht weh.*

Darauf schrieb die Mutter zurück: *In Prad gehen alle Kinder barfuß, auch du. Außerdem weißt du, dass wir jede Lira brauchen, um das Haus abzuzahlen.*

Die Hanni dagegen wurde vom Vater zu ihrer neuen Arbeitsstelle gebracht. Am 30. April um drei Uhr in der Früh marschierte Sepp mit seiner Ältesten los. Vor ihnen lag ein Weg von etwa fünfunddreißig Kilometern. Auf der alten Landstraße, die über Glurns und Taufers in die Schweiz führte, schritten sie rüstig voran.

Den ersten Teil des Weges hätte der Vater sogar in völliger Finsternis gefunden, denn er hatte ihn zu seiner Arbeit schon oft zurückgelegt. Zur Sicherheit nahm er jedoch eine alte Stalllaterne mit, die er aber nicht anzuzünden brauchte, denn der Halbmond strahlte mit den Sternen um die Wette und beleuchtete ihren Weg. Kaum dass sie Glurns passiert hatten, fing es schon an zu dämmern. Sepp hängte die Laterne an einen Baum. Warum sich weiterhin damit belasten? Auf dem Rückweg würde er sie wieder mitnehmen.

Nachdem sie an Taufers vorbei waren, legte der Vater seine Jacke ins Gras und ließ sich mit seiner Tochter darauf nieder, um zu frühstücken. Er öffnete sein Rucksackl, entnahm eine Flasche Ziegenmilch und zwei Barlbrote, und die beiden Wanderer hielten Vormess.

»Barl« geht auf das Wort »Paar« zurück und bezeichnete zwei kleine, runde, an einer Seite zusammengebackene Brote, kaum größer als Semmeln, aber flacher als diese, hergestellt aus dunklem Mehl. Dieses Brot ist trocken und hart und dadurch sehr lange haltbar. Deshalb brauchte man in den Bauernhäusern nur drei- bis viermal im Jahr zu backen, dann allerdings in großen Mengen.

Leider durfte Sepp seine Tochter nur bis zur Grenze begleiten, weil er kein Visum für die Schweiz besaß. Ein Visum kostete Geld, deshalb hatte er nur eines für seine Tochter ausstellen lassen. Bis zur Grenze konnte er wenigstens in seinem Rucksack ihr Bündel Wäsche tragen. Außer ein bisserl Unterwäsche enthielt es einen Rock, zwei Blusen und ein Nachtgewand.

Damit sich das arme Kind bei seiner weiteren Wanderung über Berg und Tal, über Stock und Stein nicht damit abplagen musste, deponierte der Vater das Bündel in einem Stadl, den ihm der Verschau, so hieß der Arbeitsvermittler, beschrieben hatte. Dieser hatte versprochen, er werde das Packerl in den nächsten Tagen zu Hannis Arbeitsplatz bringen, da er eh in die Schweiz müsse. Bevor sich der Vater verabschiedete, beschrieb er seiner Tochter den weiteren Weg und gab ihr zwei steinharte Barlbrote und einen kleinen Blechnapf mit, damit sie sich aus den Bächen am Wegesrand Trinkwasser schöpfen konnte. Weil er sein Kind einem ungewissen Schicksal überlassen musste, war ihm das Herz schwer, als er den Heimweg antrat. Selbst er hatte keine Ahnung, wie viel an Wegstrecke noch vor dem Madl lag.

Mutterseelenallein setzte Hanni, meine Mama, ihren Weg fort. Wenn die Angst in ihr aufstieg, betete sie zu ihrem Schutzengel, dass er sie begleiten möge. Die beiden Barlbrote und das Wasser aus dem Bach waren ihre einzige Nahrung auf dem stundenlangen Marsch.

Es war ihr unheimlich, zwischen den hohen Bergen und den dunklen Fichten auf den schmalen Pfaden so einsam zu wandern. Nicht eine Menschenseele begegnete ihr den ganzen Tag über. Einerseits registrierte sie dieses mit Erleichterung – sie brauchte sich vor niemandem zu fürchten –, andererseits kam sie sich ungemein verlassen vor. Da gab es keinen Einzigen, den sie hätte fragen können, ob sie sich noch auf dem richtigen Weg befand.

Als bereits die Abenddämmerung heraufzog, vernahm sie plötzlich von Ferne aus einem Wäldchen das Wiehern von Pferden. Sie dachte, wo Pferde sind, sind auch Menschen, und steuerte geradewegs auf den Waldesrand zu. Zu ihrer Überraschung erblickte sie einen jungen Mann und eine etwas ältere Frau – beide mochten Mutter und Sohn sein –, die damit beschäftigt waren, ein Fuhrwerk mit Baumstücken zu beladen. Normalerweise wäre das reine Männerarbeit gewesen. Hanni zeigte ihnen den Zettel, auf dem der Arbeitsvermittler ihre Zieladresse angegeben hatte.

»Oh mei, Kind«, staunte die Frau, »da hast ja noch einen ganzen Tag zu gehen!«

Da sie Erbarmen mit dem völlig erschöpften Mädchen hatte, durfte es sich hinten auf das Fuhrwerk setzen, und die Fremde bot Hanni an, über Nacht bei ihnen zu bleiben.

Ach, tat das Sitzen gut! Wenn sie auf dem unebenen Weg auch erbärmlich durchgeschüttelt wurde, es war immerhin besser als weiterhin einen Fuß vor den anderen zu setzen.

Nach der Ankunft auf dem Hof durfte Hanni mit Mutter und Sohn aus der großen Schüssel von der Kartoffelsuppe essen. Zur Freude der Hausfrau löffelte das Mädchen davon mit Heißhunger in sich hinein. Anschließend zeigte ihr die freundliche Schweizerin das Bett, das neben dem ihren stand, und erzählte: »In diesem Bett ist letzten Montag mein Mann gestorben.«

Zuerst bekam die Zwölfjährige einen ordentlichen Schreck, aber dann übermannte sie die Müdigkeit. Sie kuschelte sich in das Bett, fiel sogleich in einen bleiernen Schlaf und schlug erst am nächsten

Morgen, als es bereits hell war, die Augen wieder auf.

Die gute Frau bestand darauf, dass die Kleine das Haus nicht verließ, ohne eine große Tasse Milch getrunken und ein Butterbrot gegessen zu haben. Für die Wanderung gab sie ihrem Südtiroler Gast noch zwei Schnitten Brot ins Sackl und beschrieb ihr den weiteren Wanderweg.

Tatsächlich ging für diesen wieder der ganze Tag drauf, wie ihr das die gastfreundliche Schweizerin vorausgesagt hatte. Es dunkelte bereits, als das Mädchen in Schulz-Tarasp ankam.

Das Einzige, was man ihr zur Begrüßung in der Wäscherei sagte, war: »Bist auch endlich da?«

Man setzte ihr ein karges Abendessen vor, das sie allein und schweigend einnahm. Danach durfte sie ihr Lager aufsuchen, das sich in einem Raum befand, in dem bereits fünf weitere Mädchen nächtigten. Diese mochten in ihrem Alter sein, vielleicht ein oder zwei Jahre älter.

Am folgenden Morgen gegen fünf Uhr versammelten sich alle in der Gesindestube um den großen Tisch, wo ihnen die Hausfrau das Frühstück vorsetzte. Es fiel ebenso bescheiden aus wie das Nachtessen. Um sechs Uhr erschienen zwei erwachsene Frauen, die mit ihren Familien im Ort wohnten und froh waren, einen Arbeitsplatz zu haben. Von ihnen erfuhr die junge Magd aus Südtirol, dass in diesem Betrieb die Bett- und Tischwäsche für alle Hotels und Pensionen aus dem Ort und der näheren Umgebung gewaschen wurde. Denn seit einiger Zeit erlebte diese Region in der Sommersaison einen aufblühenden Fremdenverkehr.

Es war ein langer Arbeitstag, der auf die Mädchen zukam. Er begann um sechs in der Früh und endete nicht vor sieben Uhr am Abend. Allerdings gab es eine Stunde Mittagspause zum Einnehmen der spärlichen Mahlzeit.

Nach dem Frühstück nahm eine der Frauen mit Nachnamen Äschlimann die Hälfte der Mädchen, darunter auch Hanni, mit in die Waschküche im Souterrain. Frau Tschudi begab sich unterdessen mit den anderen Mädchen ins Bügelzimmer.

In der Waschküche, die riesige Ausmaße hatte, erblickte Hanni zwei große Waschkessel, die von unten zu befeuern waren. In allen Ecken lagen Berge weißer Wäsche, auf einem Regal waren einige Weidenkörbe gestapelt, und auf dem Boden standen mehrere Zinkwannen.

Hannis erste Aufgabe bestand darin, einen der Kessel anzuheizen, während ein Mädel namens Mena sich mit dem anderen abplagte. Von der Waschküche führte eine Tür direkt ins Freie, wo sich der Brunnen befand. Frau Äschlimann und ein Mädchen namens Sanna schafften von dort eimerweise Wasser heran und kippten es in die Kessel, bis diese zur Hälfte gefüllt waren. Dann streute die Frau Waschpulver in die Kessel und zeigte den Mädchen, wie die Wäsche einzulegen war.

Immer wieder mussten Hanni und Mena Holz hereintragen und nachlegen, damit die Wäsche ordentlich kochte und das Wasser brodelte. Von der anstrengenden Tätigkeit und der Hitze, die von den

Waschkesseln ausging, wurde allen so heiß, dass ihnen der Schweiß von der Stirn tropfte. Zusätzlich dampfte es aus den Kesseln so stark, dass man bald nicht mehr die Hand vor Augen sah. Da half es auch nicht viel, dass man die Tür zum Hof öffnete. Auch wenn es an den Kesseln unerträglich heiß war, die Wäsche musste immer wieder mit langen, dicken Buchenstöcken umgerührt werden. Hannis Kraft reichte dazu kaum aus, es gelang ihr nur, die großen Wäscheteile ein bisschen hin und her zu bewegen. Zwischendurch mussten Mena und sie die Zinkwannen mit Brunnenwasser füllen.

Als Frau Äschlimann den Eindruck hatte, die Wäsche habe lange genug gekocht, mussten die Mädchen alles mit den Stöcken herausfischen und in eine der Wannen werfen. Dadurch kühlten die Sachen so weit ab, dass man sie mit bloßer Hand herausangeln und auf langen Tischen auslegen konnte. Mit einer Wurzelbürste und Kernseife wurden die verbliebenen Flecken bearbeitet. Während zwei der Mädchen mit dieser anstrengenden Aufgabe beschäftigt waren, kümmerte das dritte sich weiterhin um das Feuer und das Herbeischaffen von Holz, während Frau Äschlimann bereits die nächste Portion Wäsche in die Kessel legte.

Nachdem alle Stücke sauber waren, ging es ans Spülen. Jedes Teil musste mehrfach durch eine der mit kaltem Wasser befüllten Wannen gezogen werden. Dadurch wurde nicht nur die Seifenlauge ausgespült, die Wäsche kühlte auch stark ab. Folglich empfanden die Mädchen den zweiten Schwenkdurchgang als wesentlich unangenehmer. Beim dritten fühlte sich das Wasser so eisig an, dass Hanni das Gefühl hatte, ihr würden die Finger abfrieren.

Von Hand auswringen brauchte man die Wäsche zum Glück nicht, der Betrieb war bereits mit einer modernen Wringmaschine ausgestattet. Ein Mädchen schob die Leintücher und Bezüge auf der einen Seite in die Maschine hinein, auf der anderen Seite nahm ein zweites Mädchen diese in Empfang und legte sie in einen der Waschkörbe. Das dritte musste eifrig die Kurbel drehen, damit die beiden Walzen in Bewegung blieben und das Wasser aus den Laken und Bezügen pressen konnten. Hanni hatte mal die eine und mal die andere Aufgabe zu übernehmen.

Da die Mädchen so viele Stunden tagtäglich diese Höllenarbeit erledigen mussten, geschah es hin und wieder, dass eines von ihnen umkippte. Kein Wunder, dass in der heißen, dampfigen Luft der Kreislauf schlappmachte. Die jungen Arbeiterinnen waren durch die karge Verpflegung und die harte Arbeit völlig überfordert.

War eine der jungen Wäscherinnen umgefallen – zum Glück landeten sie meist weich, da im Raum stets Berge von Schmutzwäsche lagen –, bekam sie eine Extraration zu essen. Danach wurde sie ins Bügelzimmer versetzt. Dort fiel die Arbeit jedoch nicht wesentlich leichter aus. Gewiss, es war nicht ganz so heiß und nicht gar so dampfig wie in der Waschküche, aber nicht minder anstrengend.

Hier wurde ein Herd dauernd in Gang gehalten, damit die jungen Mägde darauf die kleinen, flachen Bügeleisen, die man zum Bügeln der Rüschen an den Paradekissen brauchte, und die Bolzen erhitzen konnten, welche man in größere Plätteisen schob. Die dritte Art von Bügeleisen, die größten, »fütterten« sie mit glühenden Kohlen, die dem Ofen entnommen wurden. Waren die großen Plätteisen an sich schon schwer, so wurden sie noch schwerer, wenn die Büglerinnen den heißen Bolzen oder die glühenden Kohlen hineingaben. Das ständige Hin- und Herschieben der schweren Eisen auf den Wäschestücken und das notwendige Anheben gingen ganz schön in die Arme. Nach jedem Bügeltag hatte Hanni das Gefühl, der rechte Arm bräche ihr ab. Danach kam ihr das Arbeiten in der Waschküche fast wie eine Erholung vor.

Die Wäsche aufzuhängen und abzunehmen, gehörten zu den angenehmeren Aufgaben. Im Garten war man wenigstens an der frischen Luft und konnte richtig durchatmen. Für Schlechtwettertage gab es einen Dachboden, der nach drei Seiten hin offen war, damit der Wind durchblasen konnte. Es musste schließlich an jedem Werktag gewaschen werden, da konnte man nicht erst Schönwetterperioden abwarten.

An den Sonntagen aber hatten alle Mädchen frei. Hanni nutzte die Stunden, um die heilige Messe zu besuchen, wo sie Kraft für die neue Woche schöpfte. Wenn es nicht gerade regnete, wanderte sie am Nachmittag zum Friedhof, suchte sich ein einsames Plätzchen und sang leise vor sich hin:

»Verlassen, verlassen, verlassen bin i,
wia der Stoan auf da Staßn, so verlassen bin i.
Drum geh i zum Kirchlein weit aus,
da knia i mi nieda und woan mi halt aus.«

Als man ihr nach einem Monat den ersten Lohn auszahlte, kaufte sie sich Briefpapier, einen Bleistift und eine Briefmarke, damit sie ihren Lieben daheim endlich Nachricht geben konnte. In diesem Schreiben erwähnte sie, dass der Beutel mit ihrer Wäsche noch immer nicht eingetroffen sei.

Daraufhin stattete der Vater dem Verschau einen Besuch ab. Von diesem erfuhr er, dass dieser Hannis Bündel aus dem bewussten Stadl abgeholt und in einem anderen in der Nähe von Schulz-Tarasp abgelegt hatte. Er beschrieb dem Vater die genaue Lage des Heustadls, und dieser beschrieb sie seiner Tochter im Antwortbrief.

Nachdem Hanni diese Zeilen erhalten hatte, machte sie sich am folgenden Sonntag, statt auf den Friedhof zu gehen, auf die Suche nach dem Stadl. Sie fand ihn schon bald und entdeckte darin tatsächlich ihren Beutel. Der Verschau hatte nicht gelogen. Überglücklich, dass sie nun endlich Wäsche zum Wechseln hatte, verstaute sie ihn in dem bescheidenen Gemeinschaftsschlafzimmer.

Von Frau Äschlimann erfuhr Hanni nach und nach etwas über die Wäscherei und ihre Betreiber. Ursprünglich hatte Martin Stadler den von seinem Vater ererbten Bauernhof bewirtschaftet, der gerade so viel einbrachte, dass er mit seiner achtköpfigen Familie notdürftig davon leben konnte. Der aufgeweckte

Mann hatte rechtzeitig den »Zug der Zeit« erkannt und war voll darauf abgefahren. In seinem Wohnort und in der Umgebung waren durch den aufkommenden Fremdenverkehr viele Hotels und Pensionen entstanden. Diese Beherbergungsbetriebe benötigten eine Menge sauberer Wäsche, hatten aber nicht genügend Raum und Personal, um vor Ort waschen und bügeln zu lassen. Also entschloss sich Martin damals, seinen Hof in eine Wäscherei umzuwandeln. Dabei kam ihm der Umstand zugute, dass seine Frau, die vor ihrer Heirat in einem Spital als Waschmagd gearbeitet hatte, die nötige Erfahrung mitbrachte.

Der Wintersport hielt sich zu jener Zeit noch in Grenzen, deshalb genügte es im Winter, nur die beiden ortsansässigen Frauen und zwei junge Mägde in der Waschküche zu beschäftigen. Im Sommer aber, wenn die Städter und sogar Ausländer in das Land einfielen, um die Berge zu erwandern und zu erklimmen, musste Stadler sein Personal verdoppeln. Und um die Kosten für sich möglichst gering zu halten, ließ er von Anfang Mai bis Allerheiligen Schulmädel aus Südtirol einwandern. Die zeigten sich zufrieden mit dem geringen Lohn.

Während er alles koordinierte, oblag ihm auch das Einsammeln der schmutzigen Wäsche und die Auslieferung der frischen. Hierfür nutzte er einen Wagen, vor den er abwechselnd zwei Pferde spannte. Damit die beiden Gäule im Winter genug Futter hatten, beschäftigte er einen jungen Knecht. Dessen Hauptaufgabe bestand darin, im Sommer zu heuen und im Winter Holz zu hacken.

Stadlers Ehefrau war damit ausgelastet, für alle die Mahlzeiten zu richten und das Haus sauber zu halten. Im Winter aber, sollte in der Waschküche oder im Bügelraum mal mehr Arbeit anfallen, half sie auch dort mit.

Am Abend, wenn Hanni nach einem harten Arbeitstag gar so erschöpft und traurig war, schaute sie zum Himmel auf und dachte: *Derselbe Mond und dieselben Sterne leuchten jetzt in Lichtenberg.* Dann fühlte sie sich ihrer Familie ein bisserl näher.

Dennoch war sie heilfroh, als auch diese Sommersaison zu Ende ging. Wie in ihren bisherigen Diensten hatte sie auch hier nicht nur unter den Arbeitsbedingungen gelitten, sondern ebenso unter Heimweh, aber nicht nur nach ihren Eltern, sondern auch nach den Geschwistern, vor allem nach ihrer Zwillingsschwester.

Als die beiden Mädchen dreizehn Jahre alt und der Schule entwachsen waren, hatte sich Bertas Gesundheitszustand so weit stabilisiert, dass die Mutter es wagte, sie auch weiter weg in Dienst zu geben. Am liebsten wollten die beiden Schwestern nun gemeinsam in Stellung gehen.

Der bewährte Arbeitsvermittler Verschau schaffte es tatsächlich, für beide eine Beschäftigung im selben Gasthaus zu finden, nämlich in Marling bei Meran, wo ein nicht mehr ganz junges Pächterehepaar Hilfskräfte benötigte. Berta, die bereits Küchenerfahrung aus Prad mitbrachte, wurde in die Küche gesteckt, wo sie der Köchin zuarbeiten musste. Dadurch lernte sie mit der Zeit das Kochen. Hanni dagegen wurde als Schweinemagd eingesetzt.

Zum Gasthaus gehörte eine ansehnliche Landwirtschaft, und die Aufgabe der kleinen Magd bestand darin, sich um die sechzig Borstenviecher zu kümmern. Sie musste alle Tage das Futter für sie richten, die Ställe ausmisten und bei den ferkelnden Sauen Geburtshilfe leisten. Für die Pferde gab es den Rossknecht und für die Rindviecher den Kuhknecht. Diese erledigten natürlich auch das meiste an Feldarbeit.

Gab es im Schweinestall nichts zu tun, musste Hanni mit aufs Feld. Das war ihr aber wesentlich lieber, als in der Gaststube bedienen zu müssen. Sie war ja eine ausgesprochen schüchterne Person. Die Servicearbeit blieb Vroni vorbehalten, die seit ihrer Schulentlassung vor drei Jahren hier diente. Das Zimmermädchen Paula, zwei Jahre älter als die Zwillinge, war für die Betten der Gäste und die Sauberkeit im ganzen Haus zuständig.

Die Mägdekammern lagen im Erdgeschoss des Hauses, wo sich auch die Schlafkammer der Wirtsleute und die Gaststube befanden. Im ersten Stock gab es fünf Gästezimmer und unterm Dach die Kammern für die Knechte. Vroni und Paula schliefen in der einen Mägdekammer, und den Zwillingen wurde die andere zugewiesen.

Am ersten Abend schlüpften Vroni und Paula in das Zimmer ihrer neuen Kolleginnen, um sie über die Situation im Hause aufzuklären. »Madln, seid auf der Hut: Der Chef ist ein Schwein!«, flüsterte die Bedienung.

»Wie kannst du das behaupten?«, wollte Hanni wissen. »Er ist doch sehr nett.«

Nun sank Vronis Stimme zu einem Flüstern herab: »Lasst euch nicht täuschen. Anfangs tut er recht lieb, damit man Vertrauen zu ihm gewinnt.«

Auch Paula steuerte aus ihrem Erfahrungsschatz zur Aufklärung der Mädchen bei: »In Wirklichkeit ist er ein Wolf im Schafspelz. Davon kann ich auch ein Lied singen.«

Den aufmerksam lauschenden Neulingen rieten die beiden, stets darauf zu achten, nie mit dem Wirt allein zu sein. Rosa, die vorhergehende Schweinemagd, habe er vergewaltigt, und bei ihnen beiden hätte er es ebenfalls versucht.

Mit diesem Wort wussten die Zwillinge nichts anzufangen. Ihnen war aber klar, dass es nichts Gutes bedeuten konnte, wie sie aus den Mienen und den beschwörenden Stimmen der beiden Kolleginnen schließen konnten.

Vroni berichtete, er habe sie in der Speisekammer überfallen. Da hätte sie ihm das Gesicht dermaßen zerkratzt, dass er sich tagelang nicht mehr in der Gaststube sehen lassen konnte.

Paula hatte ihr Negativ-Erlebnis mit dem Wirt in einem der Gästeschlafzimmer gehabt: Sie war gerade dabei gewesen, die Betten zu beziehen, da habe er sie aufs Bett geworfen und ihren Rock hochgehoben. Vor Schreck habe sie so laut geschrien, dass es selbst die Wirtin in der Gaststube gehört hatte, die zu der Zeit damit beschäftigt gewesen war, den Kachelofen für den Abend herzurichten. Da die Herrin gerade den Schürhaken in der Hand hielt, war sie mit diesem nach oben gestürzt und hatte dem treulosen Ehemann damit eins übergebraten.

»Wieso hat euch der Wirt nicht rausgeschmissen, nachdem ihr ihm so übel mitgespielt hattet?«, wollte Berta wissen.

»Es war ja mitten in der Saison! Eine so tüchtige Bedienung und ein so geschicktes Zimmermädchen hätte er auf die Schnelle nicht gleich gefunden. Außerdem war nicht er für Einstellungen und Entlassungen zuständig, sondern seine Frau. Und da sie annahm, dass ihrem Mann nach diesen Vorkommnissen der Appetit auf uns vergangen war, schienen wir für sie zuverlässige Arbeitskräfte zu sein.«

»Und warum seid ihr nicht freiwillig gegangen?«, erkundigte sich Hanni.

»Warum sollten wir?«, fragte Vroni.

Die Paula fügte hinzu: »Hier haben wir gute Arbeitsstellen und sind nicht weit von unserem Zuhause entfernt. Dem Chef haben wir gezeigt, wo's langgeht. Der lässt uns jetzt in Ruhe.«

Vroni ergänzte noch, die Vergewaltigung der Rosa sei nicht ohne Folgen geblieben. Sobald die Wirtin gemerkt habe, dass die Magd ein Kind erwartete, habe sie diese hochkantig rausgeschmissen.

Erst als die Vroni das von dem Kind erwähnte, konnten sich die beiden Neulinge so ungefähr vorstellen, was unter einer Vergewaltigung zu verstehen war.

Für die Zwillinge war es wirklich ein Glück, dass die beiden Mitarbeiterinnen ihnen rechtzeitig etwas zugeflüstert hatten, sonst wären sie wahrscheinlich bös hereingefallen. Der Wirt zeigte sich tatsächlich von einer ausgesprochen liebenswürdigen Seite. Er lobte sie für jede Kleinigkeit und half auch mal mit, wenn etwas Schweres zu tragen war. Dabei drängte er sich auf unangenehme Weise dicht an das jeweilige Mädchen heran. Sowohl Hanni als auch Berta achteten sehr darauf, dass sie nie mit ihm allein waren.

Weil es zu ihrer Kammertür weder Schlüssel noch Riegel gab, fühlten sie sich besonders in der Nacht bedroht. Schon am zweiten Abend ließen sich die beiden Schwestern etwas einfallen, um sich vor eventuellen Übergriffen durch den Hausherrn zu schützen. Jeden Abend schoben sie ihre beiden Nachtkastl vor die Tür und stapelten die beiden Stühle darauf.

Der Wirt ließ wirklich nicht lange auf sich warten. Eines Abends, Hanni war gerade am Hinüberdämmern, hörte sie, deren Bett der Tür am nächsten stand, wie die Klinke heruntergedrückt wurde und jemand versuchte, die Tür aufzuschieben. Sofort war sie hellwach und zischte ihrer Schwester zu: »Berta, pass auf!«

Da die Möbelstücke ein deutliches Hindernis bildeten, musste der Eindringling schon ein bisschen Kraft aufwenden, um die Tür aufzuschieben. In dem Moment sprangen die beiden Schwestern aus dem Bett und rannten aufs Fenster zu, das sie am Abend immer einen Spalt offen ließen. Mit einem Satz hupften sie hinaus und landeten in einem Wassergraben, während hinter ihnen ein lautes Rumpeln und Krachen ertönte.

Aber nicht nur sie hatten das Getöse vernommen, sondern auch die Frau Wirtin. Mit dem Teppichklopfer bewaffnet stürzte sie herbei und gerbte ihrem Mann das Fell. »Hab ich dich erwischt! Du Taugenichts! Du Weiberheld! Du Hallodri!«, soll sie dabei geschrien haben, wie die Vroni den Zwillingen am nächsten Tag brühwarm berichtete. Denn nicht nur die Wirtin war von dem nächtlichen Möbelumsturz aufgewacht, sondern auch die beiden anderen Mägde, die neugierig nachsehen kamen und sodann mit größtem Interesse die nächtliche Szene verfolgten.

Fluchtartig hatte sich der verprügelte Ehemann aus der Gefahrenzone entfernt und die Nacht in einem freien Gästezimmer verbracht, wie vom Zimmermädchen anderntags zu erfahren war. Nur zu verständlich, dass er sich in dieser Nacht nicht mehr in sein eheliches Gemach getraut hatte.

Nach seiner Flucht aber war die Wirtin ans offene Fenster getreten und hatte den beiden Mädchen, die bis zu den Knien im Wasser standen und vor Kälte schlotterten, zugerufen: »Madln, ihr könnt wieder reinkommen, die Luft ist rein! Und morgen lass ich vom Schreiner einen Riegel anbringen, damit ihr eure Kammer absperren könnt.«

Trotz dieses Albtraums hielten die beiden ein ganzes Jahr durch. Dank des flugs angebrachten Riegels blieben sie forthin nachts unbehelligt, und auch tagsüber machte der Wirt seitdem einen großen Bogen um sie.

Den Eltern schrieben sie von diesem Vorfall nichts, um sie nicht zu beunruhigen. Nach einem Jahr aber erzählten sie ihnen davon und baten darum, dass die Mutter ihnen eine neue Stelle suche. Leider aber fand die Mutter diesmal nichts Geeignetes, wo sie zusammenbleiben konnten. Berta bekam eine Stelle im Hotel »Post« in der kleinen Ortschaft Gomagoi, wo sie eine richtige Ausbildung zur Köchin machte. Als solche wirkte sie zwölf Jahre in diesem Hotel.

Hanni dagegen landete in Meran in der Gaststätte »Roter Adler«, wo auch sie eine Lehre als Köchin absolvierte und viele Jahre als solche arbeitete.

Feuersbrunst

In Lichtenberg hat es öfter mal gebrannt. Meine Nandl erzählte mir von einer Feuersbrunst, der 1896 in ihrem Dorf ein Viertel der Häuser zum Opfer gefallen war. Menschen und Tiere seien glücklicherweise nicht zu Schaden gekommen. Die Leute hatten rechtzeitig ihre Häuser verlassen können und die Tiere sich eh nicht in den Ställen befunden, da es Hochsommer war und helllichter Tag, als das Feuer das Dorf heimsuchte. Die Kühe waren ständig auf der Alm, und die Ziegen und Schafe weideten tagsüber auf den niedriger gelegenen Bergweiden. Näheres konnte mir die Nandl dazu nicht berichten, da sie zu dieser Zeit bereits als Lehrerin auf dem Lichtenberger Berg wohnte.

Im Jahre 1914 brannte es in Lichtenberg erneut. Diesmal waren allerdings nur zwei Häuser betroffen. Auf dem Anwesen vom Brunner-Toni brach das Feuer aus und griff schnell höher droben auf das Haus der Familie Wieser über, das neben dem Haus meines Großonkels Kassian lag. Das nächste Haus weiter oberhalb war das Mühlmacher-Anwesen.

Katharina, die Bäuerin, ergriff ihre Madonnenstatue, lief damit vors Haus und flehte die Gottesmutter um Hilfe an. Das Feuer fiel tatsächlich in sich zusammen und richtete keinen weiteren Schaden an.

Aus Dankbarkeit errichtete die Bevölkerung zu Ehren der Gottesmutter eine Kapelle neben dem Pfarrgut, in dem diese Statue aufgestellt wurde. Alle Einwohner der Gemeinde halfen beim Bau tatkräftig mit oder spendeten Geld. In späteren Jahren musste die Kapelle der neuen Verkehrsführung weichen – man trauerte ihr jedoch nicht nach, denn sie war ziemlich baufällig geworden. Die bewusste Statue aber wurde hinübergerettet in den Pfarrhof, wo man sie heute noch anschauen kann.

Über das schlimmste Feuer aber, das in der Gemeinde gewütet hatte, konnte mir meine Großmutter aus eigener Erinnerung berichten. Da sie mittlerweile mit ihrer Familie im Dorf lebte, gehörte sie selbst zu den Betroffen. Es war im Mai 1918, da gellten durch das Dorf die Rufe: »Feuer! Feuer! Es brennt!«

Alles, was Beine hatte, lief auf die Straße. Der aufsteigende Rauch verriet schnell, wo der Brandherd zu finden war. Jeder rannte zurück in sein Haus und schleppte an Eimern und Kannen herbei, was er finden konnte. Vom Dorfbrunnen bis zu dem brennenden Haus war schnell eine Eimerkette gebildet, an der sich auch Frauen und ältere Kinder beteiligten. Die einen schöpften in aller Hast, die anderen reichten die Behälter weiter, so schnell sie konnten, und die kräftigsten Männer kippten das Wasser in die Flammen.

Doch der Löschtrupp konnte nicht viel ausrichten. Noch bevor die Flammen am ersten Haus eingedämmt waren, hatte der Funkenflug das nächste in Brand gesetzt. Da die Bewohner des dritten und vierten Hauses die Gefahr abschätzen konnten, gelang es ihnen gerade noch, das Notwendigste ins Freie zu schaffen, bevor das Feuer auch auf ihr Heim überging. Die Flammen griffen immer weiter um sich, obwohl die Leute Eimer um Eimer gegen das Flammenmeer kämpften, aber sie kamen nicht dagegen an. Bald brannten auch das fünfte, das sechste und das siebte Haus lichterloh. Auch die armselige Hütte meiner Großeltern wurde nicht verschont. Der durch das Feuer entstandene Wind trieb die Flammen unbarmherzig weiter. Die Menschen konnten nur noch kurz in ihre Häuser stürzen, um wenigstens ihre Papiere und etwas Kleidung zu retten. Dann blieb ihnen nur noch, zuzuschauen, wie die restliche Habe ein Raub der Flammen wurde. Das Feuer fraß sich weiter und weiter, obwohl die Leute bis zur totalen Erschöpfung dagegen ankämpften. Als es bereits das zwanzigste Haus erfasst hatte, lief eine Frau aus ihrem noch nicht betroffenen Haus mit dem Kreuz in der Hand ins Freie. Sie lief ein Stück den Berg hinauf, streckte das Kreuz gen Himmel und rief mit lauter Stimme: »Herrgott, hilf!«

In diesem Moment – so ist es überliefert – drehte der Wind. Da er nun in Richtung der bereits abgebrannten Häuser wehte, fanden die Flammen keine Nahrung mehr und fielen in sich zusammen. Ein Aufatmen ging durch das Dorf. Die total abgekämpften Menschen ließen sich dort zu Boden fallen, wo sie gerade standen.

Später, als sie endlich zum Nachdenken kamen, erhob sich unter den obdachlos gewordenen Menschen die Frage: »Wo sollen wir hin?«

Nun zeigte sich eine große Welle der Hilfsbereitschaft. Wer nicht bei Verwandten unterkam, wurde von Bekannten aufgenommen. Auch als man wenige Tage nach dem Unglück daranging, die Häuser wieder zu errichten, halfen alle zusammen. Alles musste aus eigener Kraft wiederaufgebaut werden, eine Brandversicherung hatte damals noch niemand im Dorf. Diejenigen, die das Feuer verschont hatte, beteiligten sich am Wiederaufbau ebenso wie jene, die ihre Häuser verloren hatten.

Unterdessen grübelte bald jeder darüber nach, wodurch das Feuer entstanden sein konnte. Sehr schnell fand man heraus, dass ein fünf und sechs Jahre altes Brüderpaar den Brand verursacht hatte. Der Vater dieser beiden nutzte seit geraumer Zeit mit einem Nachbarn zusammen einen Stadl, um den immer wieder ein Streit entbrannt war. In seiner Wut hatte der Vater eines Tages die verhängnisvolle Äußerung ausgestoßen: »Am gescheitesten wäre es, man schürte den Stadl an, damit es endlich Frieden gäbe!«

Diese Worte jedoch schnappten seine beiden Buben auf und kamen überein, dass sie dem Vater eine Freude bereiten würden, wenn sie diesen Zankapfel in Flammen setzten. Sie wussten, wo die Mutter die Zündhölzer aufbewahrte, stibitzten eine Schachtel und begaben sich in die bewusste Scheune. Wie sie später berichteten, hatten sie Strohhalme vom Boden zusammengescharrt, ein wenig Papier dazugegeben und ein brennendes Zündholz darangehalten.

Dass sich das Feuer so schnell ausbreiten würde, damit hatten die Buben nicht gerechnet. Auf dem am Boden liegenden Heu und Stroh fraß es sich so schnell weiter, dass die beiden Lausbuben durch die Flammen rennen mussten, um ihr Leben zu retten. Wie alle Kinder liefen sie im Sommerhalbjahr barfuß, deshalb zogen sie sich Verbrennungen an den Fußsohlen zu. Diese versuchten sie mit Wasser aus dem am Hauseck stehenden Regenfass zu kühlen. Anschließend schauten sie interessiert zu, wie das Streitobjekt in Flammen aufging, in dem wohligen Gefühl, dem Vater einen Gefallen getan zu haben.

Doch als sie sahen, dass das Feuer auf das Wohnhaus übergriff, bekamen sie es mit der Angst zu tun. Damit man sie nicht als Übeltäter entlarven sollte, versteckten sie sich zunächst hinterm Regenfass. Doch als das Feuer weiter wütete, fühlten sie sich dort nicht mehr sicher. Sie liefen hinaus aufs freie Feld und beobachteten von dort aus, was sie angerichtet hatten. Am Abend entdeckte die Mutter die Brandblasen an den Füßen der Kleinen und überführte sie somit als Täter. Froh, ihr Gewissen erleichtern zu können, legten sie ein lückenloses Geständnis ab. Dennoch belastete sie diese Geschichte ein Leben lang.

Zu der Zeit befand sich meine Mutter, die Hanni, im Hause von Onkel Hans und Tante Anna, wo sie als Magd diente. Sie erfuhr erst nach ihrer Heimkehr von dem Unglück, welches das Dorf und auch ihre Familie betraf. Ihre Eltern hatten plötzlich mit ihren anderen vier Kindern auf der Straße gestanden. Doch Verwandte im benachbarten Prad nahmen sie sofort auf.

Diesen fielen sie aber nicht lange zur Last. Noch ehe Hanni an Allerheiligen heimkehrte, hatte die

Familie wieder ein Dach über dem Kopf. Statt ihr eigenes Haus wiederaufzubauen, kauften sie die Hälfte eines Hauses, das den Flammen nicht zum Opfer gefallen war. Dieses Anwesen hatte das Geschwisterpaar Hilde und Johann erst kürzlich von seinen Eltern geerbt. Beide zeigten aber keinerlei Interesse an der Landwirtschaft. Hilde, der die untere Hälfte des Hauses gehörte, war mit ihrem Mann nach Landeck gezogen und nun froh, so schnell einen Käufer gefunden zu haben. Maria und Sepp erstanden das Erdgeschoss mit Stall und Scheune nebst dem dazugehörigen Land, obwohl sie sich dadurch stark verschuldeten.

Meinem Großvater, der schon immer Bauer hatte sein wollen, kam dieser Kauf sehr zupass. Zunächst stellte er sich eine Kuh in den Stall und ein paar Ziegen. Dann zimmerte er einige Ställe für Kaninchen und begann eine kleine Zucht. Das hinzugekaufte Land lieferte ihm genügend Futter für seine Tiere. Durch die Erträge dieser Kleinlandwirtschaft verbesserte er die Ernährungslage seiner Familie, ohne den eigenen Beruf zu vernachlässigen.

In der oberen Haushälfte blieb Hildes Bruder Johann wohnen. Damit er nicht durch die Wohnung der neuen Eigentümer stiefeln musste, baute er mit Großvaters Hilfe eine Außentreppe an. Als gelernter Maurer war das für ihn kein Problem. Auch die anderen Betroffenen konnten bald in ihren neu errichteten Häusern wohnen.

Die Katakomben-Lehrerin

Nach dem Ende des Ersten Weltkrieges fiel Südtirol an Italien. Damit brach eine schlimme Zeit für das ganze Land an. Im Oktober 1922, mit der Machtergreifung der Faschisten, wurde damit begonnen, das Land mit Gewalt zu italianisieren. In Bozen tat sich ein gewisser Tolomei, ein Mitglied der faschistischen Partei, besonders hervor. Im Jahre 1923 gab er einen umfangreichen Maßnahmenkatalog heraus, in dem er kundtat, auf welche Weise er den Italianisierungsprozess umzusetzen gedachte.

Alles Deutsche wurde verboten, die Sprache, die Kultur, die Bräuche, die Tracht. Alle Orts-, Straßen- und Landschaftsnamen wurden durch italienische ersetzt, selbst viele Familiennamen in italienische umgewandelt. Alle öffentlichen Ämter, ob bei der Post, bei der Bahn oder in den Rathäusern, wurden von Italienern übernommen, die Südtiroler Beamten dadurch arbeitslos oder nach Süditalien abgeschoben. Auch in allen anderen Bereichen entließ man nach und nach die Arbeiter und setzte an ihrer Stelle Italiener ein, die man zu Tausenden ins Land schickte, wodurch sie die einheimischen Arbeiter brotlos machten.

Insbesondere die Eingriffe ins Schulwesen fielen gewaltig aus. Man glaubte, wenn man mit den Kindern anfange, werde es ein Leichtes sein, alles

Deutschtum innerhalb kurzer Zeit auszurotten. Die einheimischen Lehrer wurden entlassen und stattdessen Italiener eingesetzt. Diese mussten fortan die Schüler unterrichten, obwohl viele von ihnen über gar keine entsprechende Ausbildung verfügten. Deutsche Schulen wurden verboten, und in den italienischen durfte kein Unterricht mehr in Deutsch stattfinden. Ja, die Kinder durften noch nicht einmal untereinander deutsch reden, darauf wurde strengstens geachtet. Selbst auf dem Schulweg wurden sie bespitzelt.

Zu Hause aber hinter verschlossenen Türen sprachen die Familien weiterhin ihre Muttersprache. Das genügte den Eltern jedoch nicht. Viele von ihnen legten Wert darauf, dass ihre Kinder auch im Lesen und Schreiben der deutschen Sprache mächtig sein und sich Wissen über die deutschen Dichter und die deutsche Kultur aneignen sollten. Deshalb baten sie entlassene oder wegen Heirat aus dem Dienst ausgeschiedene Lehrerinnen, den Jungen und Mädchen heimlich Deutschunterricht zu erteilen. Weil dieser sozusagen »im Untergrund« stattfand – so ähnlich, wie sich die ersten Christen in Rom heimlich in den Katakomben treffen mussten, um den Häschern des Kaisers zu entgehen –, nannte man diese Lehrpersonen »Katakomben-Lehrerinnen«.

In Lichtenberg fragten einige couragierte Eltern bei meiner Nandl Maria Asper an, ob sie den Kindern nicht Deutschunterricht erteilen wolle. Ohne sich lange zu besinnen, erklärte sie sich dazu bereit. Dass sie wieder unterrichten durfte, wenn auch nur in aller Heimlichkeit, machte sie glücklich. Natürlich mussten sowohl sie als auch die Eltern und die Schüler dabei äußerst vorsichtig zu Werke gehen, dieses Unterfangen war nämlich gefährlich. Hätte sie jemand angezeigt, wäre es schlecht um die Blasi-Maria bestellt gewesen.

Am Vormittag besuchten die Kinder treu und brav ihre italienische Schule und sprachen auch auf dem Heimweg gewissenhaft italienisch. Am Nachmittag aber schlich eines nach dem anderen zum Häuschen der Aspers, wo meine Großmutter sie im Keller unterrichtete. Natürlich musste ihr Mann, der Sepp, dieses »Spielchen« mitmachen. Für ihn war das ebenso gefährlich wie für seine Frau. Doch er stand voll und ganz hinter ihr und der Sache, und es war ganz in seinem Sinne, dass das Deutschtum erhalten blieb.

Im Sommer kamen die Kinder nur bei Regenwetter, ihre Mithilfe wurde ja so dringend auf den Feldern gebraucht. Im Winter allerdings erschienen sie täglich bei der Blasi-Maria und waren eifrig bei der Sache.

Es versteht sich von selbst, dass sie nicht alle zur selben Zeit eintreffen konnten, das wäre aufgefallen. In unregelmäßigen zeitlichen Abständen huschte immer wieder eins der Kinder ins Haus, das es auf ebenso leisen Sohlen wieder verließ. Auch der Pfarrer, der, wie wir wissen, die Lehrerin Maria Angerer gefördert und hochgeschätzt hatte und inzwischen alt und grau geworden war, kam immer wieder mal, um den Kindern Religionsunterricht in deutscher Sprache zu erteilen.

Zu Beginn ihrer »Katakomben-Zeit« waren Marias jüngere Kinder, Seppl, Maria und Kassian, noch schulpflichtig. Deshalb sah es für Außenstehende so aus, als kämen ihre Freunde sie besuchen. Als aber auch der Jüngste die Schule beendet hatte, war noch größere Vorsicht geboten. Die beiden älteren Kinder, Hanni und Berta, waren zu dieser Zeit schon längst aus dem Haus.

Selbst als man von Verhaftungen von Katakomben-Lehrerinnen hörte und sogar ein Fall bekannt wurde, dass eine Lehrerin im Gefängnis zu Tode gekommen war, ließ sich Maria nicht abschrecken. Sie blieb eine äußerst couragierte Person und voller Gottvertrauen. Zum Glück ist es damals immer gut gegangen. Vermutlich, weil alle im Dorf hinter ihr standen und es niemanden gab, der sie aus Missgunst oder Rachsucht angezeigt hätte. Um nur ja keinen Verdacht zu erregen, verlegte man die Unterrichtsstunden von Zeit zu Zeit in die Stube des Pfarrhofs oder wechselte immer mal wieder die Anfangszeiten.

Wie mir meine Nandl viele Jahre später erzählte, fühlte sie sich, als sie wieder unterrichten durfte, ganz in ihrem Element, obwohl sie für ihre Arbeit nie eine Lira – inzwischen war selbstverständlich auch die Währung umgestellt worden – erhalten hatte. Es ging ihr um die gute Sache, und es war für sie eine Genugtuung, nach so langer Zeit wieder unterrichten zu dürfen, wenn auch nur im Untergrund.

Begegnung am Grab

Nachdem die Zwillinge Berta und Hanni ihren Dienst in Marling aufgegeben hatten und Hanni im »Roten Adler« gelandet war, fühlte sie sich, obwohl sie eine gute Stelle hatte, oft recht einsam. Wie es schon in der Schweiz ihre Gewohnheit gewesen war, suchte sie auch in Meran an ihren freien Nachmittagen den Friedhof auf. In ihrer Einsamkeit fand sie dort immer wieder Trost. Jedes Mal besuchte sie ein anderes Grab und empfand eine stille Zufriedenheit darin, für die arme Seele zu beten.

Am Allerheiligentag 1932 nahm sie zur nachmittäglichen Gräbersegnung zwei Kerzen mit auf den Gottesacker, in der Absicht, diese auf ein Grab zu stellen, auf dem kein Lichtlein brannte. Als sie suchend durch die Reihen schritt, entdeckte sie bald ein anscheinend vergessenes Grab. Sie bohrte ihre Lichter in die weiche Erde, zündete sie an und betete für die Seelen der dort Begrabenen.

Ganz ins Gebet versunken, vernahm sie plötzlich eine Stimme neben sich: »Hast du die Leute gekannt?«

Erschrocken wandte sie sich um und blickte in das Gesicht eines jungen Mannes.

»N-nein, nein«, stotterte sie verlegen. Und sich gewissermaßen entschuldigend, fügte sie hinzu: »Mir hat es so leidgetan, dass heut auf diesem Grab kein

Lichterl brannte, deshalb hab ich die beiden Kerzen hingestellt.«

Der junge Mann erklärte, dass in diesem Grab seine Eltern lägen, er selbst arbeite und wohne in Bozen. Zur Gräbersegnung habe er pünktlich da sein wollen, doch der Zug hätte Verspätung gehabt. Nun zündete er seine beiden mitgebrachten Kerzen ebenfalls an und steckte sie neben die anderen in die dunkle Erde. Dann beteten die jungen Menschen gemeinsam am Grab seiner Eltern.

Das hinderte Hanni nicht daran, die Inschrift auf dem schmiedeeisernen Grabkreuz zu studieren. Nach einer Weile stellte sie fest: »Demnach heißt du Kofler?«

Er nickte. »Kofler, Rudolf.«

»Deine Eltern sind aber früh gestorben«, bemerkte sie als Nächstes.

»Ja«, er seufzte. »Ich war elf, als meine Mutter an Brustkrebs starb.«

»Ach, das tut mir leid«, zeigte Hanni echte Anteilnahme. »Und dein Vater starb bereits vier Jahre später.«

»Ja, er litt lange Zeit an Asthma, kein Arzt konnte ihm helfen.« Da Hanni ihn darum bat, erzählte er ihr seine Geschichte: »Als ich fünfzehn war, erlag mein Vater seinem Leiden. Da stand ich nun ganz allein auf der Welt. Mein Bruder Alois, der sieben Jahre älter ist als ich, war schon längst aus dem Haus, und auch mein Bruder Max, drei Jahre älter als ich, stand schon auf eigenen Füßen. Wohin aber sollte ich, als Jüngster? Der Herr Pfarrer wusste Rat. Nach der Beisetzung sprach er mich an und erzählte mir einiges über meine Familie, das ich bis dahin nicht gewusst hatte. Nicht nur das, er hatte auch gleich einen Vorschlag parat, wo er mich unterbringen könnte.«

Als Rudolf schwieg und mit trauriger Miene seinen Gedanken nachhing, bat die junge Köchin: »Willst du mir nicht davon berichten? Gewiss erleichtert es dich, wenn du's dir von der Seele redest.«

Er lächelte und sagte: »Vielleicht hast recht. Wenn du meine Geschichte hören magst, erzähl ich sie dir gern. Aber hier am Grab ist nicht der richtige Ort. Außerdem wird es zunehmend kälter und feuchter. Und im Stehen ist's auch nicht recht gemütlich. Wir sollten uns irgendwo hinsetzen und was Heißes trinken.«

Dieser Vorschlag gefiel der jungen Frau. Sie schlug den »Roten Adler« vor und verriet ihm, dass sie dort als Köchin arbeite.

Als sie in der gemütlichen Gaststube vor ihrem heißen Tee saßen, begann Rudolf: »Meine Mutter Maria Antonia stammte aus Wien. Sie war gelernte Schneiderin und muss ihr Handwerk sehr gut verstanden haben, denn sie arbeitete am ›Wiener Hof‹. In der Zeit hat sich ein hoher Herr an sie herangemacht, was ihr sehr schmeichelte. Als sie sich nach einigen Monaten in anderen Umständen befand, wollte der feine Herr nichts mehr von ihr wissen. Er sagte zwar, er liebe sie, aber in seinen Kreisen könne er nicht eine einfache Schneiderin als seine Gattin präsentieren. Es brach ihr fast das Herz, nicht nur weil sie ihn sehr liebte, sondern auch, weil sie entehrt war und nicht wusste, wo sie ihr Kind zur

Welt bringen und es danach lassen sollte, wenn sie ihrem Broterwerb nachging. Mehr als einmal dachte sie daran, von der Brücke in die Donau zu springen, um dem Leid ein Ende zu bereiten. Im letzten Moment schreckte sie immer wieder zurück. Endlich raffte sie ihren ganzen Mut zusammen, kündigte ihre Stelle und verließ den ›Wiener Hof‹, ehe ihre Schande sichtbar wurde. Da sie keine andere Möglichkeit sah, kehrte sie zerknirscht ins Elternhaus zurück. Zu ihrer Überraschung zeigten die Eltern mehr Verständnis, als sie erwartet hatte. Bei ihnen brachte sie ihr Kind, die Gretl, zur Welt. Ihre Mutter war bereit, das Enkelkind aufzuziehen, und Maria Antonia fand in Meran eine neue Anstellung als Schneiderin. Von dort aus besuchte sie, so oft es ging, ihre Eltern und das Kind. In Meran lernte sie bald den Kofler-Alois kennen, der als Geldträger bei der Sparkasse einem sicheren Beruf nachging. Er verliebte sich in das hübsche Mädchen und machte ihr schon bald einen Heiratsantrag. Mit ihrem Ja zögerte meine Mutter eine Weile, weil sie nicht recht wusste, wie sie damit umgehen sollte, dass sie ein lediges Kind hatte. Sollte sie es ihm gestehen und ihn fragen, ob sie es nach der Heirat zu sich nehmen dürfe? Sie befürchtete aber, der Alois werde von der Heirat Abstand nehmen, wenn er von dem Kind erfuhr. Schließlich entschloss sie sich, es unerwähnt zu lassen. Es war ja gut versorgt und so weit weg, dass es ihm nach menschlichem Ermessen nie über den Weg laufen würde. Die Heirat mit Alois schien ihr schließlich die beste Lösung, um von ihrer Vergangenheit loszukommen. Deshalb gab sie ihm im

Oktober 1901 in einer Kirche zu Meran das Jawort. Nach der Heirat überlegte sie immer wieder, ob sie ihm nicht endlich reinen Wein einschenken solle. Doch je länger sie damit wartete, umso unmöglicher erschien es ihr, ihm das ledige Kind zu gestehen. Was sie aber außer Acht gelassen hatte, war, dass bei ihr die Sehnsucht nach ihrer Tochter immer mehr wuchs, zumal sie nichts über sie erfuhr. Der Mutter hatte sie ausdrücklich verboten, in den Briefen etwas von dem Kind zu erwähnen, die könnten ja ihrem Mann in die Hände fallen. Immer wenn sie die Sehnsucht nach ihrer Kleinen übermannte, sang Maria Antonia traurige Wiener Lieder. Selbst als sie nacheinander drei Söhne geboren hatte, blieb die Sehnsucht nach Gretl, der Tochter, bestehen.

Doch eines Tages, als Gretl sechzehn war, stand sie plötzlich vor der Tür der Mutter. Ihre Großeltern waren kurz nacheinander gestorben und hatten das junge Mädchen mutterseelenallein zurückgelassen. In ihrer Not hatte sie sich an das Weiße Kreuz gewandt. Die hatten bald die Adresse ihrer leiblichen Mutter herausgefunden und die Arme nach Meran gebracht. Als das junge Mädchen vor der Tür stand, kam der Mutter gar nicht der Gedanke, dass dies ihre Tochter sein könnte, sie hatte diese ja nur als kleines Mädchen in Erinnerung. Als sich Gretl vorstellte, traf meine Mutter fast der Schlag. Gewiss, sie freute sich, ihre Tochter wiederzusehen, aber sie hatte große Angst davor, wie ihr Mann auf diesen Familienzuwachs reagieren würde. Der aber sah die Sache ganz locker. Er war geradezu glücklich, dass sich zu seinen drei Söhnen nun eine

Tochter gesellte. ›Warum hast mir das nicht eher gesagt?‹, tadelte er seine Frau. ›Dann hätten wir uns schon viel früher an dem Madl erfreuen können!‹ – Nun war es eigentlich schon zu spät, sich an der Tochter zu erfreuen, denn die musste sich ja ihren Lebensunterhalt verdienen. Bisher hatte sie das in Wien getan, indem sie in verschiedenen Haushalten als Dienstmädchen arbeitete. In der Zeit, als meine Halbschwester so plötzlich bei uns auftauchte, war ich noch zu klein, um das mitzubekommen, und wenig später war sie schon wieder verschwunden. Sie hatte sich in den Kopf gesetzt, Krankenschwester zu werden. Es waren aber noch zwei Jahre zu überbrücken, bis sie mit der Ausbildung anfangen konnte. Die Zeit, bis sie achtzehn war, arbeitete und wohnte sie in einem Haushalt in Meran. Als sie ihre Lehre im Meraner Krankenhaus begann, bekam sie ein Zimmer im Schwesternwohnheim. Inzwischen war der große Krieg ausgebrochen, und so lernte sie bereits im ersten Lehrjahr ihren Mann, den Franz, kennen. Der lag wegen einer Verwundung, die er sich im Kampf gegen die Italiener zugezogen hatte, im Lazarett, wo die junge Lernschwester Gretl eingesetzt war. Schon bald nach seiner Genesung heirateten die beiden und zogen nach Hohenems, Vorarlberg, und führten gemeinsam ein Elektrogeschäft. Franz war nämlich Elektriker. Im Jahr 1920 bekamen sie einen Sohn, den Franzl. Da ich nun 1924 plötzlich als Waise im Leben stand, benachrichtigte unser Herr Pfarrer meine Halbschwester, von der ich bis dahin nichts gewusst hatte. Gretl holte mich ab und nahm mich freundlich in ihre Familie auf.

Sie sorgte wirklich rührend für mich, deshalb bin ich ihr heut noch dankbar. Leider konnte ich dort nicht lange bleiben, ich sollte und wollte einen Beruf erlernen. In Hohenems standen die Aussichten allerdings schlecht. Meinem Schwager Franz hab ich's zu verdanken, dass ich in Meran eine Lehrstelle als Heizungsmonteur bekam. Meine Schwester brachte mich dort bei Freunden unter, bei denen ich mich richtig wohlfühlte. Nach Beendigung meiner Lehre wechselte ich über in einen großen Betrieb in Bozen, wo ich seitdem als Heizungsmonteur arbeite.« Erschöpft und durstig von der ungewohnt langen Rede, nippte er an seinem Tee, der inzwischen ziemlich abgekühlt war.

Hanni hatte sein Bericht sehr berührt. Nun wollte er aber auch ihre Lebensgeschichte hören, diese beeindruckte ihn ebenfalls. Schließlich war es für ihn an der Zeit, den Zug nach Hause zu nehmen. Als er sich verabschiedete, blieb die junge Köchin mit traurigem Herzen zurück.

Doch auch er, wieder daheim in Bozen, musste immer wieder an die hübsche Hanni denken. Eines Sonntags fuhr er kurzentschlossen wieder nach Meran, um das Grab seiner Eltern zu besuchen. Insgeheim hoffte er, »seine« Hanni auf dem Friedhof zu finden, falls nicht, dann wusste er ja, wo sie arbeitete.

Seine Hoffnung erfüllte sich: Hanni stand betend am Grab seiner Eltern. Ein Leuchten schien über ihr Gesicht zu huschen, als sie ihn erblickte. Trotz der Winterkälte machten sie einen ausgiebigen Spaziergang. Beim Abschied versprach er ihr, sie nun regelmäßig zu besuchen.

Nachdem sie sich ein Jahr lang kannten und man an Allerheiligen wieder gemeinsam am Grab seiner Eltern betete, machte er ihr einen Heiratsantrag mit den Worten: »Meine Eltern haben uns zusammengeführt, deshalb sollten wir uns auch an ihrem Grab verloben.«

Freudigen Herzens nahm meine Mutter diesen Antrag an. Im Sommer darauf, am 29. Juni 1934, also am Festtag von Peter und Paul, schritten sie in der Lichtenberger Kirche zum Traualtar. Natürlich waren Hannis Eltern und Geschwister anwesend, Rudolfs Brüder mit Familien, seine Halbschwester Gretl mit Mann und Sohn und noch zahlreiche andere Verwandte. Die anschließende Feier fiel bescheiden aus, da ja beide aus ärmlichen Verhältnissen stammten und es zudem eine kärgliche Zeit war. Das aber beeinträchtigte ihr Glück nicht.

Am Tag nach der Hochzeit – mein Vater wog nur 48 Kilogramm bei einer Größe von eins achtundsiebzig – äußerte sich meine Nandl besorgt ihrer Tochter gegenüber: »Dein Mann sieht aus wie ein Gerippe. Der ist gewiss krank.«

»Das glaub ich nicht«, antwortete meine Mutter. »Der hat bisher nur nicht gescheit zu essen gekriegt.« Nicht umsonst hatte sie im »Roten Adler« kochen gelernt. Sie war eine wirklich gute Köchin geworden, was sie spätestens dann unter Beweis stellte, als sie sich bemühte, ihren Mann aufzupäppeln. Ein Jahr nach der Hochzeit brachte er das stattliche Gewicht von 78 Kilogramm auf die Waage! Das erzählte sie uns Kindern immer wieder voller Stolz.

Das junge Paar bezog eine kleine Wohnung in Bozen und lebte glücklich und zufrieden. Doch mit der Zeit mischte sich ein Wermutstropfen in ihr Glück: Es verging Monat um Monat, ohne dass sich ein Kind ankündigte.

»Bei meiner Mutter hat es drei Jahre gedauert, bis sie endlich Nachwuchs bekam, und dann waren's gleich zwei auf einmal«, versuchte Hanni, ihren Mann zu trösten, wenn er gar zu niedergeschlagen wirkte.

»Ich weiß«, gab er zurück, »und dann ging's Schlag auf Schlag, bis sie fünf beisammen hatte. Das hat sie mir selbst erzählt.«

»Na also, dann sollten wir die Hoffnung nicht aufgeben«, lautete Hannis Kommentar.

»Also gut«, Rudolf lächelte wehmütig, »dann versuchen wir's halt weiterhin.«

Im vierten Ehejahr endlich konnte ihm seine Frau die freudige Mitteilung machen, dass sie Mutterfreuden entgegensehe. Er war überglücklich!

Am 22. September 1938 traten bei meiner Mutter erste Wehen auf. Damals waren Hausgeburten noch üblich, deshalb rief mein Vater gleich die Hebamme herbei.

Sie untersuchte die Schwangere und stellte fest: »Nur Geduld, es dauert noch eine Weile.« Am Abend hörten die Wehen wieder auf, und die Geburtshelferin ging nach Hause.

Anderntags holte mein Vater sie erneut herbei, weil meine Mutter wieder heftige Wehen verspürte. So zog sich das eine ganze Woche hin: mal Wehen, mal keine, Hebamme her, Hebamme weg. Schließlich verlor mein Vater die Geduld. Und das erwies sich als gut. Er konnte es nicht mehr mit ansehen, wie meine Mutter unter den immer wieder einsetzenden Wehen litt. Auch fürchtete er, das Kind könne Schaden nehmen, wenn sich die Geburt zu lange hinziehe. Also bestellte er ein Taxi und schaffte seine Frau ins Krankenhaus von Bozen.

Dort ging dann alles sehr schnell, weil man die Gefahr für Mutter und Kind erkannte. Per Kaiserschnitt holte man mich mühsam ans Licht der Welt. Das war am 29. September, dem Tag der Erzengel Michael, Gabriel und Raphael. Diese hatte meine Mutter immer wieder um Hilfe angefleht. Als Blaublüter sei ich auf die Welt gekommen, hat sie mir später oft erzählt. Das hatte aber nichts damit zu tun, dass die Koflers 1698 von Kaiser Leopold I. geadelt worden waren, sondern damit, dass ich während der sich so lange hinziehenden Geburt unter Sauerstoffmangel gelitten hatte. Ich muss wirklich blau gewesen sein wie eine Zwetschge, und jeden, der an der Entbindung beteiligt gewesen war, muss mein Anblick erschreckt haben. Niemand von ihnen konnte sich vorstellen, dass man mich durchbringt. Dennoch wartete man mit meiner Taufe bis zum nächsten Tag. Das hing damit zusammen, dass erst die Taufpatin anreisen musste: Maria, genannt Mizzi, die Frau von meines Vaters Bruder Alois, die in Lana wohnte. Bei der Taufe erhielt ich dann den klangvollen Namen Maria Friederike Antonia.

Den Namen »Maria« hatte meine Mutter ausgesucht, weil sie eine große Verehrerin der Gottesmutter war. Damit auch der Name der Patin zum

Kind passte, hatte sie ihre Schwägerin Maria für mich als Taufpatin ausgewählt. Meinen zweiten Vornamen, Friederike, hatte mein Vater beigesteuert, weil am Tag meiner Geburt die politische Gemeinde meiner Geburtsstadt Bozen den »Tag des Friedens« feierte.

Als mich meine Patin zur Taufe auf den Armen hielt und dem Geistlichen die gewählten Namen nannte, meinte er, es spräche nichts dagegen, dass man noch den Namen der Mutter hinzufüge. Er meinte natürlich den Namen meiner Mutter, also Johanna. Doch meine Patin, Tante Mizzi, hatte das missverstanden und schnell den Namen ihrer Mutter genannt: Antonia. Also hängte der Pfarrer diesen Namen an, noch ehe mein Vater einschreiten konnte.

Das arme Würmchen, also ich, bekam allmählich die rosige Farbe, wie sich das für ein Baby gehört. Mein Mündchen war jedoch so winzig, dass jeder normale Sauger zu groß für mich war. Im Spital hatte man mich mit der Flasche ernährt, weil meine Mutter wegen des Kaiserschnitts nicht stillen konnte. Auch hatte man befürchtet, dass ich gar nicht die Kraft hätte, an der Mutterbrust zu saugen. Als die junge Familie nach Hause kam, stiefelte der Papa also gleich los und erstand in der Puppenklinik einen Sauger für ein Puppenfläschchen. Dieser passte ganz genau für mich. Alle zwei Stunden flößte die Mama mir damit kleine Mengen von aufgelöstem Milchpulver ein. Dank dieser fürsorglichen Pflege entwickelte ich mich prächtig.

Nach meiner so dramatisch verlaufenen Geburt warnte der Frauenarzt im Bozener Spital meine

Mutter vor einer weiteren Schwangerschaft. Schon jetzt hatte ihr Leben auf Messers Schneide gestanden, einen zweiten Kaiserschnitt werde sie auf keinen Fall überleben.

»Wieso gehen Sie von einem zweiten Kaiserschnitt aus?«, fragte meine Mutter irritiert.

»Bei Ihrer Anatomie ist eine Geburt auf natürlichem Wege nicht möglich. Sie müssen als Kind eine Rachitis durchgemacht haben.«

»Das stimmt«, bestätigte Hanni. »Schade«, fügte sie resignierend hinzu. »Mein Mann hätte gewiss gerne noch einen Buben gehabt. Aber was nicht geht, geht nicht.«

Das Südtiroler Volk, das jahrelang von den faschistischen Machthabern unterdrückt worden war, brach in heimlichen Jubel aus, als es eines Tages hieß, der deutsche Führer Adolf Hitler wolle nach Rom reisen, um sich mit Mussolini zu treffen. Jeder bei uns erwartete nun, dass dieser Mann die Südtiroler endlich vom italienischen Joch befreien werde. Es wurde der genaue Tag und die genaue Stunde bekannt gegeben, wann Hitler in Bozen eintreffen werde. Alles, was Beine hatte und nicht verhindert war, pilgerte zum Bahnhof, um den »Retter des Vaterlandes« zu sehen und ihm zuzujubeln. Auch mein Vater mischte sich unter die Menge, die sich zur Begrüßung des »Befreiers unseres Volkes« eingefunden hatte. Meine Mutter blieb zu Hause, weil sie ja erst kurz zuvor unter so dramatischen Umständen entbunden hatte und es außerdem nicht wagte, mich allein zu lassen.

Von seinem Ausflug zum Bahnhof kam mein Vater ziemlich enttäuscht zurück. »Der Zug hat überhaupt nicht angehalten, und vom großen Hitler war noch nicht mal eine Spur zu sehen. Alle Abteilfenster waren verdunkelt.«

Leider war dies nicht die einzige Enttäuschung, die dieser Politiker dem Land Südtirol zufügte. Die erwartete Erlösung blieb aus, stattdessen wurde alles nur noch schlimmer. Er schloss mit Mussolini einen Vertrag, in dem er offiziell anerkannte, dass die Südtiroler nun Italiener seien und dass die Grenze am Brenner eine endgültige sei. So wurde Südtirol ein Opfer des Militärbündnisses, das den Namen »Achse Rom–Berlin« trug. Dieses handelte ihnen lediglich ein, dass die jungen Männer für Hitler in den Krieg ziehen mussten, in einen Krieg, der von langer Hand geplant war und der sechzig Millionen Opfer fordern sollte.

Mittlerweile hatten die Faschisten erkannt, dass sie es trotz ihres rigorosen Vorgehens nicht schafften, das Deutschtum in Südtirol auszurotten. Es mussten andere Maßnahmen her. Weil auch die aufgedrückte italienische Staatsbürgerschaft nicht den gewünschten Erfolg brachte, erhoffte man sich nun durch zwangsweise Umsiedlung nach Süditalien, aus den aufsässigen Südtirolern endgültig »echte Italiener« zu machen. Und wer das nicht wollte, sollte nach Deutschland abgeschoben werden.

Mussolini vertrat die Ansicht, man müsse die verschiedenen Volksstämme nur mischen, dann lasse sich eine einheitliche Nation daraus machen. Deshalb verpflanzte er hauptsächlich Sizilianer und

Kalabresen zunächst nach Bozen. Im Gegenzug wurden Südtiroler und Ladiner nach Sizilien und Kalabrien gesandt. Nachdem er nun den Vertrag mit Hitler geschlossen hatte, wollte er auch eine ganze Menge Südtiroler nach Deutschland schicken, vor allem die Widerspenstigen. Beim italienischen Außenminister Galeazzo Ciano, Mussolinis Schwiegersohn, lag bereits seit April 1938 ein entsprechendes Dekret in der Schublade. »Es wird gut sein, die Deutschen auf die Notwendigkeit hinzuweisen, ihre Leute, die Südtiroler, wiederaufzunehmen. Da Südtirol geografisch italienischer Boden ist und man Berge und Flüsse nicht versetzen kann, müssen die Menschen versetzt werden.«

Unter anderem fanden im Juni 1939 in Berlin im Hauptquartier der Gestapo diesbezüglich geheime Verhandlungen statt. Sie hatten zur Folge, dass noch am selben Tag ein Umsiedlungsabkommen geschlossen wurde. Dieses raubte den Südtirolern die letzte Hoffnung, doch noch in ihrer Heimat bleiben zu können.

Für die Bürger unerwartet, stand plötzlich die sogenannte »Option« im Raum. Nach den am 26. Oktober 1939 veröffentlichten Richtlinien über die Option musste sich jeder Südtiroler bis zum Ende des Jahres entscheiden, ob er die deutsche oder die italienische Staatsbürgerschaft wollte. Den Südtirolern, die sich für die deutsche Staatsbürgerschaft entscheiden würden, versprach man, sie würden möglichst geschlossen im Deutschen Reich angesiedelt werden und dort, sofern sie Bauern waren, prächtige Höfe bekommen. Für diejenigen aber, die für Italien optieren sollten, stand die »Drohung« im Raum, man werde sie in südliche Provinzen umsiedeln, nach Sizilien, nach Sardinien, nach Kalabrien und in die pontinischen Sümpfe. All jene, die nicht zur Abstimmung gehen würden, blieben automatisch italienische Staatsbürger.

Wer aber wollte schon in eine Gegend verpflanzt werden mit anderer Sprache, anderer Kultur und anderer Mentalität? Die Option ließ leider nur zwei Möglichkeiten zu, entweder nach Deutschland oder nach Süditalien zu gehen, eine dritte Alternative, nämlich die, in der Heimat bleiben zu dürfen, gab es nicht. Unter diesem Druck optierten tatsächlich bis zum 31. Dezember 1939 von den 247.000 Südtirolern und Ladinern 231.000 für das Deutsche Reich. Das waren 93 Prozent der Bevölkerung. Die restlichen sieben Prozent hatten ihre Stimme nicht abgegeben, weil sie die geheime Hoffnung hegten, doch noch in der Heimat bleiben zu können.

Man hatte nicht damit gerechnet, dass eine solche Menge für Deutschland optieren würde. Nun taten sich zwei Probleme auf. Erstens: Wie ließ sich eine solche Masse von Menschen außer Landes bringen? Zweitens: Wo sollte man in Deutschland schnell genug Orte finden, wo man sie ansiedeln konnte? Alle Bürger gleichzeitig außer Landes zu schicken, war also unmöglich.

Daher ging die Umsiedlung, die einer Deportation gleichkam, nur schleppend voran. Man musste Prioritäten setzen. Zunächst begann man damit, die Hauptstadt Bozen zu italienisieren. Dann sollten die Städte Brixen und Meran folgen und zum Schluss erst die Landbevölkerung. Allerdings gab es einige neunmalkluge Bauern, die konnten es gar nicht erwarten, bis sie an die Reihe kamen. Ihnen hatte man eine Auswanderung durch das Versprechen schmackhaft gemacht, in Deutschland bekämen sie Höfe, die viel größer und schöner seien als die, die sie in ihrer Heimat besaßen.

Davon ließ sich auch einer unserer Verwandten, der Vater meiner Schwägerin Christl, verlocken. Daheim bewirtschaftete er einen Hof, der seine stetig wachsende Kinderschar nur mit Mühe ernährte. Als seine Frau mit dem siebten Kind schwanger war, meldete er sich freiwillig zur Umsiedlung. Obwohl seine Frau sich sträubte und sich mit Händen und Füßen dagegen wehrte, ließ er sich von seinem Plan nicht abbringen. Schließlich nahm er die drei älteren Buben, sie waren zwischen acht und zwölf Jahren alt, und verließ mit ihnen das Land. Die Frau blieb weinend mit den kleineren Kindern auf dem Hof zurück und musste sich äußerst mühsam durchschlagen.

Es dauerte kein ganzes Jahr, da kehrte ihr Ehemann mit den Söhnen reumütig zurück, heilfroh, dass sein Weib unterdessen den Hof weiterhin erhalten hatte. Unter Tränen gab er seinen riesigen Fehler zu. Ihn hatte alles andere als ein »schöner Hof in Deutschland« erwartet. Man hatte ihn in die Tschechei verfrachtet, auf den Hof eines zwangsenteigneten Bauern.

Gewiss, das Anwesen war wesentlich größer als das seine, aber es war keineswegs »schön«. Die Gebäude waren total heruntergekommen, Äcker und

Wiesen verwahrlost. Der tschechische Bauer, den man enteignet hatte, musste als Knecht unter ihm arbeiten. Nur zu verständlich, dass bei dieser Konstellation kein angenehmes Arbeitsklima aufkam. Abgesehen davon, dass man sich sprachlich nicht verständigen konnte, man verstand sich auch menschlich nicht.

Da unser Südtiroler Bauer diesen Druck nicht länger aushalten mochte, hatte er sich wieder in die Heimat begeben. Nun war er dankbar, dass seine Frau den Hof weiter bewirtschaftet hatte, damit war ihm wenigstens eine Existenzgrundlage geblieben. Meine Schwägerin Christl, eines der kleinen Kinder, die bei der Mutter geblieben waren, hat die Geschichte hautnah miterlebt und sie mir berichtet.

Da es also mit der Aussiedlung logistische Probleme gab, ließ man ledige Personen vorerst noch bleiben, ebenso die Landbesitzer. Auch Betriebsbesitzer ließ man unverändert ihre Betriebe führen, und die Bauern durften weiterhin ihre Äcker bestellen.

Heimatlos

Hanni und Rudolf konnten ihr junges Familienglück nicht lange genießen. Meine Mutter hatte sich noch nicht richtig von den Strapazen der Entbindung erholt, da ereilte die Tragödie ihres Volkes auch unsere kleine Familie.

Ich war erst wenige Monate alt, da kam mein Vater mit der Nachricht nach Hause, man habe ihn entlassen.

»Das kann doch nicht sein!«, rief meine Mutter ungläubig aus. »Du bist doch ein so guter Arbeiter. Wieso wollen die auf dich verzichten?«

»Mich hat's nicht als Einzigen getroffen. Eine ganze Reihe von uns wurde schon vor einiger Zeit Knall auf Fall entlassen und durch Italiener ersetzt, mit Leuten, die von ihrem Handwerk überhaupt keine Ahnung haben.«

»Und was machen wir jetzt? Wovon sollen wir leben?«

»Mir bleibt nichts anderes übrig, als nach Österreich oder Deutschland zu gehen. Die suchen immer tüchtige Leute.«

»Du kannst doch nicht einfach ins Ausland gehen! Was soll dann aus mir und dem Kind werden?«, stellte meine Mutter eine weitere ängstliche Frage.

»Sobald ich Arbeit und Wohnung gefunden habe, lasse ich euch nachkommen.«

»Wir sollen unsere Heimat verlassen?«, fragte sie bestürzt.

»Über kurz oder lang wird uns nichts anderes übrig bleiben. Dann gehen wir doch lieber jetzt gleich, ehe wir dazu gezwungen werden.«

»Wieso gezwungen? Man kann uns doch nicht einfach aus unserer Heimat vertreiben!«

»Doch, man kann. Man spricht heimlich davon, dass unser ganzes Volk umgesiedelt werden soll, zum Teil nach Deutschland, zum Teil nach Süditalien.«

»Das kann doch nicht sein!«, entrüstete sich meine Mutter. »Südtirol ist doch unsere Heimat! Seit Generationen leben unsere Vorfahren hier und haben der Erde ihr tägliches Brot abgerungen. Man kann uns doch nicht einfach aus dem Land treiben.«

»Leider sind wir dagegen machtlos«, erklärte Rudolf mit Tränen in den Augen.

Nicht nur in dem Betrieb, in dem er arbeitete, wurde nach und nach die Stammbelegschaft entlassen, es war vorgesehen, dass es bald überall im Land so kommen sollte. Bozen war als Erstes betroffen.

Meinem Vater blieb keine Wahl. Wenn er weiterhin seine kleine Familie ernähren wollte, musste er nach Deutschland oder Österreich – das mittlerweile zum Großdeutschen Reich gehörte –, um Arbeit zu finden. Mit großem Eifer studierte er die Stellenanzeigen in einer österreichischen Zeitung.

Bald entdeckte er ein Inserat: *Heizungsmonteur nach Landeck gesucht.* Sofort bewarb er sich. Schon nach wenigen Tagen erhielt er eine Antwort. Man bedauere, aber die Stelle sei schon mit einem anderen

Südtiroler besetzt. Man hätte aber, sein Einverständnis vorausgesetzt, seine Papiere zum Bruder des Unternehmers nach Ruhpolding in Deutschland weitergeleitet. So kam es, dass mein Vater umgehend dorthin abreiste und meine Mutter mit dem Baby allein zurückließ.

Aufgrund seines guten Zeugnisses und des positiv verlaufenen Vorstellungsgesprächs wurde Rudolf nicht nur sofort eingestellt, der Chef bot ihm auch ein Zimmer in seiner Wohnung an. Dem Vater gefiel es in Ruhpolding, vor allem, weil es von schönen Bergen umgeben war, denn er war ein begeisterter Bergsteiger.

Nach überstandener Probezeit schrieb er seiner Frau, er werde nun nach einer Wohnung suchen, damit sie mit Klein-Mizzi nachkommen könne.

Meine Mutter, äußerst heimatverbunden, wollte gar nicht so recht aus Südtirol weg. Um sich Rat zu holen, oder genauer gesagt, um Unterstützung zu bekommen, reiste sie nach Lichtenberg und zeigte ihrer Mutter den Brief.

Die Nandl reagierte jedoch völlig anders, als meine Mutter erwartet hatte: »Natürlich musst du nach Ruhpolding, sobald dein Mann eine Wohnung gefunden hat, und sollte es auch nur ein kleines Loch sein. Du bist verheiratet, und eine Ehefrau gehört zu ihrem Mann.«

Viel lieber hätte Hanni gehört: »Bleib erst mal mit dem Baby bei uns.« Mit Tränen in den Augen kündigte sie ihre Bozener Wohnung, nachdem von ihrem Mann der Bescheid eingetroffen war, er hätte für sie alle eine Bleibe gefunden.

Die junge Mutter packte ihre Habe zusammen und ließ alles von einer Speditionsfirma zur Bahn bringen. Der Möbeltransport für Aussiedler war kostenlos. Weinend setzte sie sich mit mir in den Zug und verließ ihre Heimat. Einige Male musste sie mit Kind umsteigen, bis sie endlich den Zielbahnhof erreichte. Es war Ende November 1939, als sie in Ruhpolding aus dem Zug stieg, ich war gerade einmal vierzehn Monate alt.

Als Rudolf sie dort selig in die Arme schloss, wurde ihr etwas leichter ums Herz. Suchend schaute Hanni sich um. »Ach, hier hat's auch Berge, und Schnee liegt auch schon droben«, stellte sie erfreut fest. »Dann lässt sich's hier gewiss leben.«

Von Papas Chef und seiner Familie wurden wir herzlich aufgenommen. Wir durften vorerst in dem möblierten Zimmer meines Vaters bleiben, denn auf die Möbel mussten wir drei Monate warten. Die wurden wohl in einem Kohlenwagen durch halb Deutschland gekarrt, bis sie endlich Ruhpolding erreichten. Ganz schwarz und beschädigt kamen sie an. Aber Hauptsache, sie waren da, nun konnten meine Eltern endlich die kleine Wohnung einrichten und beziehen. In dem einen Zimmer beim Chef wurde es auf die Dauer doch recht eng für eine dreiköpfige Familie.

Die Wohnung war klein und bescheiden, wie nahezu alle Unterkünfte damals. Es gab eine geräumige Wohnküche, ein kleines Schlafzimmer und die Toilette im Treppenhaus. Aber Hanni war wieder mit ihrem geliebten Rudolf zusammen – nach einem halben Jahr der Trennung. Da erst wurde ihr bewusst, wie sehr er ihr gefehlt hatte.

Dennoch fiel es meiner Mutter schwer, sich in der neuen »Heimat« einzuleben. Allein die Sprache war eine ganz andere. Vor allem aber hatte sie keine Verwandten in der Nähe. Dabei war sie doch ein so familienbewusster Mensch! In ihrer ersten Zeit schrieb sie viele traurige Briefe an die Eltern, Geschwister, Onkel und Tanten, denn sie vermisste alle sehr.

Um meiner Mutter eine Freude zu machen und ihr in ihrem Heimweh ein bisschen Trost zu spenden, besuchte uns die Nandl zu Ostern 1940. Natürlich trieb auch die Neugier sie nach Ruhpolding. Sie wollte sehen, wohin es ihre Älteste verschlagen hatte. Nicht zuletzt mag sie auch ein bisschen die Sehnsucht nach ihrem ersten Enkelkind motiviert haben, die lange, umständliche Reise auf sich zu nehmen. An ihren Besuch erinnere ich mich verständlicherweise nicht, aber die Mama hat mir viel davon erzählt. Um Maria die Gegend zu zeigen, unternahmen meine Eltern mit ihr kleine Ausflüge in die Umgebung. Alles zu Fuß, versteht sich, motorisiert war man ja noch nicht.

Beim Aufstieg von Siegsdorf nach Maria Eck soll meine Großmutter beim Anblick des Klosters die Hände zusammengeschlagen und gerufen haben: »Weißenstein!«

Kloster Maria Eck erinnerte sie offenbar lebhaft an das Kloster Weißenstein, das oberhalb von Bozen liegt. Dass dieses tatsächlich Ähnlichkeit mit Maria Eck hat, davon konnte ich mich später überzeugen, es ist im gleichen Stil erbaut.

Zu meiner Mutter gewandt sagte die Nandl: »Kind, wenn dich das Heimweh packt, steig einfach auf zum Kloster Maria Eck, dann wirst gleich ein Heimatgefühl spüren. Und wenn du dann der Gottesmutter deine Sorgen und Nöte vorträgst, wirst du gewiss gestärkt und getröstet in dein neues Zuhause zurückkehren.«

Diesen guten Rat befolgte meine Mama, und tatsächlich, sie fühlte sich zusehends mehr zu Hause in Ruhpolding. Dennoch überfiel sie selbst nach Jahren immer wieder das Heimweh, besonders an Tagen, an denen in ihrem Dorf ein besonderes Brauchtum gepflegt wurde. Dann jammerte sie: »Heut würd ich zu gern in Lichtenberg sein, heute ist Scheibenschlag-Tag!«

Auf meine Frage, was es damit auf sich habe, erklärte sie mir, dass an diesem Tag, es war die Zeit des Winteraustreibens, die jungen Burschen auf den Berg stiegen, dort mit einem Stock auf eine runde Holzscheibe schlugen, dabei einen ganz bestimmten Spruch aufsagten und die Scheibe dann mit guten Wünschen für ihre Liebste ins Tal hinabrollen ließen.

Auch an Silvester seufzte Mama jedes Mal: »Heute ist bei uns Neujahrssingen. Wie schade, dass ich nicht dabei sein kann!«

Das Neujahrssingen muss sich folgendermaßen abgespielt haben: Die Mitglieder der Feuerwehr gingen von Haus zu Haus und sangen ein bestimmtes Lied, in dem sie für die Bewohner um Gottes Segen im kommenden Jahr baten. Da sie in Lichtenberg ebenso wie in Berg Lichtenberg ihre Auftritte hatten, mussten sie diese auf zwei Tage verteilen, nämlich auf den ›Silvester- und den Neujahrstag. In jedem Haus wurde ihnen etwas angeboten, entweder ein Schnaps, ein Glasl Wein oder eine Brotzeit.

Auch wenn die Fastnachtswoche anbrach, rief meine Mutter sehnsuchtsvoll aus: »Heute ist bei uns Altweibermühl, das würde ich gern mal wieder sehen!«

Sie erklärte mir, am Fastnachtdienstag werde auf dem Dorfplatz der vereinfachte Nachbau einer Getreidemühle aufgestellt. Junge Mädchen, die sich vorher durch Kleidung, Kopftuch und Schminke in alte Weiblein verwandelt hatten, stiegen eine Leiter hinauf und verschwanden in einem großen Trichter. Dann drehte unten ein Bursche heftig an einer großen Kurbel, und nach kurzer Zeit rutschte auf einer schiefen Ebene ein junges, knackiges Mädchen herunter.

Nach und nach lernte meine Mutter aber, die Sprache des »fremden« Landes gut zu verstehen. Bis sie diese auch sprechen konnte, dauerte es wesentlich länger, so ganz beherrschte sie diese aber nie. Mit der Zeit lernte sie auch einige Frauen in der Nachbarschaft kennen und schloss sogar einige Freundschaften.

Schwere Entscheidungen

Nach meiner Geburt hatte der Frauenarzt meine Mutter eindringlich vor einer neuen Schwangerschaft gewarnt. Eine weitere Entbindung werde sie nicht überleben. Nun war es aber geschehen: Im Frühjahr 1940 bemerkte Hanni, dass sie in anderen Umständen war. Mit diesem Problem den Hausarzt zu konfrontieren, schien ihr nicht ratsam. Der nächstgelegene Gynäkologe aber hatte seine Praxis in Traunstein. Also lieferte mich die Mutter bei einer Nachbarin ab, mit der sie sich mittlerweile angefreundet hatte, setzte sich in den Zug und fuhr in die Kreisstadt.

Nachdem sie dem Frauenarzt ihr Problem geschildert und der sie eingehend untersucht hatte, erklärte der: »In Deutschland ist ein zweiter Kaiserschnitt heutzutage kein Problem mehr.«

Überaus erleichtert fuhr meine Mutter nach Hause und vertraute ihrem Mann nach seiner Heimkehr am Wochenende nicht nur ihr neues Geheimnis an, sondern auch die positive Aussage des Arztes. Allerdings, so fügte sie hinzu, halte dieser es für notwendig, sie regelmäßig zu untersuchen. Wenn sie Ende des vierten Monats sei, solle sie sich erneut bei ihm vorstellen.

Diesmal fuhr ihr Ehemann mit. Nachdem der Gynäkologe meine Mutter abermals gründlich untersucht hatte, wiegte er den Kopf bedenklich hin und her. »Der Bozener Kollege hat doch recht gehabt«, erklärte er den werdenden Eltern. »Ein zweiter Kaiserschnitt würde für Sie ein lebensgefährliches Risiko bedeuten.«

»Und was nun?«, fragte mein Vater in großer Besorgnis um seine Frau.

»Das einzig Vernünftige in Ihrer Situation ist ein Schwangerschaftsabbruch.«

Dies war für meine tiefgläubige Mutter eine schreckliche Nachricht. Sie erbat sich einige Tage Bedenkzeit. In ihrer Verzweiflung sprach sie zu Hause die Situation mit ihrem Ehemann immer wieder durch.

Mein Vater riet ihr dringend zur Abtreibung mit dem Argument: »Es wird nicht mehr lange dauern, dann muss auch ich an die Front. Wenn mir da was passiert und du bei der Geburt stirbst, steht unser armes Mizzerle völlig allein in der Fremde.«

Diese Worte machten Hanni nachdenklich. Am Ende des fünften Monats fuhr das Ehepaar wieder gemeinsam zum Frauenarzt nach Traunstein.

Dieser untersuchte die Schwangere und fragte: »Na, wie haben Sie sich entschieden?« Hanni sagte gar nichts, das Reden überließ sie ihrem Mann.

»Ich denke, es wäre vernünftig, wenn Sie den Schwangerschaftsabbruch vornehmen.«

Als diese Worte an das Ohr meiner Mutter drangen, fing das Kind in ihrem Leib zu strampeln an. Hastig sagte sie: »Nein, wir dürfen das Kind nicht umbringen! Es will leben. Und wenn es Gottes Wille ist, überlebe ich diese Entbindung auch.«

In der Folgezeit betete sie viel und opferte der Muttergottes einige Kerzen.

Die Schwangerschaft schritt voran, und Hanni musste sich regelmäßig bei ihrem Gynäkologen vorstellen. Dessen Miene zeigte sich von Mal zu Mal besorgter, weil die junge Mutter nichts von dem Abbruch wissen wollte. Um Unterstützung vom Ehemann zu bekommen, erklärte er diesem noch drastischer, in welcher Gefahr sich seine Frau befinde. Mit vereinten Kräften redeten sie auf die werdende Mutter ein, wie gefährlich es für sie sei, das Kind auszutragen. Doch jedes Mal, wenn Arzt und Ehemann sie so weit hatten, dass sie dem Abbruch zustimmen wollte, strampelte das Kind so lebhaft in ihrem Bauch, dass sie dann doch beschloss: »Nein, es wehrt sich auf seine Weise. Es will leben.« Und sie verweigerte die Zustimmung.

Der Arzt entließ sie schließlich mit der Auflage, bei Einsetzen der Wehen unverzüglich ins Krankenhaus zu kommen, wo er den Kaiserschnitt persönlich vornehmen werde.

Am 20. November 1940, einen Monat vor der errechneten Zeit, setzten bei Hanni die Wehen ein. Ihr Mann befand sich, wie immer, die ganze Woche über auf Montage. Ihr blieb also nichts anderes übrig, als sich von der hilfsbereiten Nachbarin ein Taxi rufen zu lassen und mich bei ihr abzugeben. Der Fahrer brachte meine Mutter in relativ kurzer Zeit nach Traunstein ins Krankenhaus, doch ihr Gynäkologe war nicht da.

In der Nacht zuvor war der Münchener Hauptbahnhof bombardiert worden. Außer vielen Toten hatte es auch zahlreiche Verletzte gegeben. Deshalb waren Ärzte aus dem ganzen Umkreis dorthin beordert worden, selbst die aus dem Krankenhaus im entfernt liegenden Traunstein. Bei der Ankunft meiner Mutter in der Traunsteiner Klinik war überhaupt kein Arzt anwesend! Bei ihr musste aber dringend ein Kaiserschnitt vorgenommen werden, wenn Mutter und Kind überhaupt eine Chance haben sollten.

In einer dramatischen Notoperation – ein Medizinstudent in einem höheren Semester führte den Kaiserschnitt aus – kam Hannis zweites Kind zur Welt. Eine erfahrene Ordensschwester assistierte dabei. Da so schnell auch keine Hebamme erreichbar war, nahm die Schwester das neue Menschlein in Empfang, das gleich aus Leibeskräften schrie, nabelte es ab und badete es, während der Student den Bauch der Mutter wieder zunähte. Wie durch ein Wunder überlebten beide, Mutter und Kind.

Die Freude meines Vaters, als ihm die Kunde von dem geglückten Kaiserschnitt überbracht wurde, muss unbeschreiblich gewesen sein. Der Chef gab ihm sofort frei, damit er ans Wochenbett seiner Frau eilen konnte. Dies tat er jedoch nicht, ohne seiner geliebten Hanni einen Blumenstrauß mitzubringen.

Tränen liefen ihm über die Wangen, als er immer und immer wieder ihre Hand drückte, wobei er flüsterte: »Du hast recht gehabt mit deiner Entscheidung! Du lebst, und das Kind lebt auch, und noch dazu ein Bub! Einen Stammhalter haben wir – einen neuen Kofler-Rudolf! Deine Gebete und deine Opfer sind angekommen. Gott ist doch ein gütiger Gott. Ihm sei Dank!«

Bis zu diesem Zeitpunkt war mein Vater davor verschont geblieben, einrücken zu müssen. Das verdankte er der Tatsache, dass er an einem Projekt arbeitete, das offensichtlich kriegswichtig war. Seine Firma hatte ihn in das nördlich von Traunstein gelegene St. Georgen beordert, das heute den Namen Traunreut trägt. Dort wirkte er an der Verwirklichung eines der großen Pläne Hitlers mit. Den Arbeitern hatte man erklärt, es handele sich um eine Fernheizung für Berlin. Was aber wirklich dahintersteckte, erfuhr keiner von ihnen. Jedenfalls war der Vater immer die ganze Woche weg.

Mit dem Fahrrad strampelte er am Montagmorgen in aller Frühe los und kam am Samstag sehr spät heim. Nachdem er schon geraume Zeit an diesem Projekt beschäftigt gewesen war, vertraute er sich eines Tages meiner Mutter an, obwohl ihnen allen untersagt war, über ihre Arbeit zu reden. – Wieso, fragte sich jeder von den Beschäftigten, durfte man über eine Heizung nicht reden?

»Wir müssen genau nach den Plänen arbeiten. Aber eine Heizung wird das nie und nimmer. Ein Teufelswerk wird das, so seh ich das«, waren die Worte meines Vaters.

»Wie wird das nur enden?«, seufzte meine Mutter.

Zwischen Berchtesgaden und Berlin wurde in zweiundvierzig Abschnitten gearbeitet, wovon Papa einen der Trupps leitete. Ehrgeizig und gewissenhaft, wie er war, achtete er darauf, dass die Arbeiten zügig vorangingen und ordentlich ausgeführt wurden.

Kaum dass seine Arbeit an dieser »Fernheizung« im Herbst 1941 beendet war, bekam er seine

Einberufung zum Militär. In dem Moment begriff er, dass er einen großen Fehler begangen hatte. Wären die Arbeiten in seinem Abschnitt langsamer vorangegangen, hätte er länger zu Hause bleiben können. Nun war es für solche Überlegungen zu spät. Er musste fort, nach Frankreich.

Im Frühjahr darauf fuhr Hanni mit uns Kindern nach Prutz in Österreich, um mal wieder ihre Basl Mala zu besuchen. Von da aus war es nach Fließ nicht weit, wohin ihre Freundin Luise aus Lichtenberg geheiratet hatte. Also wollte sie auch dieser einen Besuch abstatten. Den kleinen Rudi, anderthalb Jahre alt, schob sie von Prutz in Richtung Fließ im Sportwagerl vor sich her, während ich, die »große« Tochter Mizzi, dreieinhalb Jahre alt, tapfer nebenher marschierte. Auf einmal erblickte die Mutter in einiger Entfernung einen Soldaten, der uns entgegenkam. »Schaut, Kinder«, machte sie uns auf ihn aufmerksam. »Da kommt ein Soldat. Der ist gewiss auf Heimaturlaub. Wo mag jetzt wohl euer Papa sein?«

Auf einmal ließ sie Wagen und Kind mitten auf der Straße stehen und rannte auf den Soldaten zu. Zum Glück war die Straße nicht abschüssig und Verkehr gab es auch keinen. Mit Staunen nahm ich wahr, dass die Mama dem Soldaten um den Hals fiel. Still hielt ich mich mit einer Hand am Kinderwagen fest, bis die beiden gemeinsam wieder auf uns zukamen.

»Mizzi, schau, dein Papa ist da! Er hat Urlaub!« Hanni sah mich freudestrahlend an.

Der Soldat hob mich hoch und küsste mich auf beide Wangen. Verwundert ließ ich es geschehen, obwohl mir die Person in der Uniform völlig fremd war. Schließlich hatte ich den Vater ein halbes Jahr lang nicht gesehen. Wenn die Mama sagte, das wär der Papa, dann hatte das wohl seine Richtigkeit. Dann nahm der Soldat den kleinen Rudi aus dem Sportwagen und herzte ihn ebenfalls. Den Besuch bei der Freundin ließ die Mama sausen. Wir kehrten um und nahmen den nächsten Zug nach Hause.

Dem Vater, der überraschend Fronturlaub bekommen und seine Familie in Ruhpolding nicht angetroffen hatte, war klar gewesen, dass er uns nur in Prutz finden konnte. Die Tage mit ihm genossen wir sehr. Leider musste er nach zwei Wochen schon wieder aufbrechen, um fürs Vaterland zu kämpfen, das eigentlich gar nicht das seine war.

Nach etwa einem Jahr kam bei meiner Mutter ein Schreiben an, mit eigenhändiger Unterschrift des Führers. Darin wurde Rudolf Kofler für seine Arbeit an der »Fernheizung« belobigt – mit dem Vermerk, dass von allen zweiundvierzig Partien seine die einzige sei, die ordnungsgemäß funktioniere.

Um ihrem Mann eine Freude zu machen, schickte Hanni dieses Schreiben sogleich nach Frankreich. Er hat es aber nie erhalten, denn zu der Zeit befand er sich schon auf dem Weg nach Hause, um einen vierzehntägigen Heimaturlaub anzutreten.

Diesmal konnte ich die Wochen mit Papa noch mehr genießen, denn inzwischen war ich verständiger geworden. Wir verbrachten wunderschöne Tage mit ihm. Er nahm sich viel Zeit für uns, und da sein

Urlaub in den Sommer fiel und wir herrliches Wetter hatten, unternahm er mit uns jeden Tag etwas anderes.

Noch lebhaft erinnere ich mich an unseren letzten gemeinsamen Ausflug. Der Vater führte uns an die Traun, am Ufer blühten blaue Blumen. Papa nahm mich zur Seite, bückte sich zu den Blumen und fragte: »Mizzerl, kennst du den Namen dieser Blumen?«

Ich schüttelte den Kopf. »Sie heißen Vergissmeinnicht«, belehrte er mich. »Immer wenn du diese Blumen siehst, sollst du an mich denken. Versprichst du mir das?«

»Aber ja, Papa, aber ja«, jauchzte ich übermütig.

In diesen Tagen hatte mein Vater mit uns auch den Fotografen aufgesucht und Bilder von der ganzen Familie machen lassen, als ob er geahnt hätte, dass dies unsere letzten Andenken an ihn sein würden.

Welche inneren Kämpfe er in seinen letzten Urlaubstagen durchgestanden hatte, konnte ich zu dem Zeitpunkt nicht ahnen. Davon erzählte mir die Mutter erst viele Jahre später. Nach seiner ersten Urlaubswoche war ein neuer Befehl für ihn eingetroffen. Er sollte nicht mehr zu seiner Einheit nach Frankreich zurückkehren, sondern an der russischen Front eingesetzt werden.

Diese Nachricht war für ihn niederschmetternd, für seine Begriffe kam sie einem Todesurteil gleich. Er beschrieb seiner Frau die Lage an der Ostfront und beendete seine Ausführungen mit dem Satz: »Dort ist die Hölle los!«

Hanni fragte: »Gibt es keine Möglichkeit, ihr zu entkommen?«

Daraufhin lag der Papa in der Nacht viele Stunden wach. Er grübelte und grübelte. Auf welche Weise ließe sich dieser Marschbefehl umgehen? Endlich braute sich in seinem Kopf ein Plan zusammen. Diesen unterbreitete er am Morgen seiner Frau. Am Tag der Abreise wollte er ganz normal den Zug nach München nehmen, sodass ihn jeder auf dem Weg zum Bahnhof oder im Zug sehen konnte. Nach einigen Stationen wollte er aussteigen und sich zu Fuß in die Berge begeben. Mit keinem anderen Gepäck als seinem Militärrucksack wollte er sich zunächst bis Prutz zur Basl Mala durchschlagen. Nach einem Tag Rast in ihrem Hause wollte er versuchen, bis Landeck zu kommen, und auch dort einen Tag bei Verwandten verbringen. Danach beabsichtigte er, bis Südtirol durchzukommen, in der Hoffnung, sich so lange bei Verwandten verstecken zu können, bis der Krieg vorüber war. Denn seiner Meinung nach konnte der nicht mehr allzu lange dauern. Für seine Wanderungen wollte er die Nacht nutzen, damit er von niemandem gesehen werde.

Meine Mutter hieß diesen Plan sehr gut. Doch zwei Tage, bevor der Vater ihn in die Tat umsetzen konnte, lasen sie in der Zeitung einen Artikel, der sie schockierte und beide vor eine schwierige Entscheidung stellte. In dem Bericht hieß es, eine Mutter mit ihren drei Kindern sei ins KZ gekommen, weil ihr Mann Fahnenflucht begangen habe.

»Das ist ja entsetzlich!«, hatte meine Mutter geflüstert.

»Ja, Sippenhaft nennt man das«, hatte mein Vater erklärt. Wieder verbrachte er eine schlaflose Nacht. Wieder musste er sich zu einer Entscheidung durchringen. Diese teilte er am nächsten Morgen seiner Frau mit: »Nein, Hanni, das kann ich dir und den Kindern nicht antun. Ihr sollt nicht ins KZ kommen, nur weil ich meine Haut retten will.«

»Die Gefangenschaft will ich gerne auf mich nehmen, wenn wir dadurch dein Leben retten können«, erklärte meine Mutter tapfer.

»Nein, Hanni, das kann ich von dir nicht annehmen, und von den Kindern erst recht nicht. Du hast ja keine Vorstellung, wie es in einem KZ zugeht. Es ist höchst fraglich, ob ihr das überleben würdet. – Außerdem ist die Gefahr groß, dass sie mich doch noch erwischen. Dann würde ich gehängt oder standrechtlich erschossen. Damit wäre euer Opfer völlig umsonst gewesen.«

Am folgenden Morgen begleiteten wir unseren Papa im Zug nach München. Für meine Mutter war es eine schreckliche Fahrt, aber auch für uns Kinder – ich war noch nicht ganz fünf und mein Bruder noch keine drei Jahre alt. Ich erinnere mich noch genau, welche Angst mich befiel, als sich mein Vater auf dem Bahnsteig in München von uns verabschiedete. Ja, selbst der kleine Rudi schien die Gefahr zu spüren. Weinend klammerte er sich an Papas Hosenbein.

Trotz meiner Traurigkeit nahm ich rundum weinende Frauen und Kinder wahr. Mein Vater umarmte und küsste uns immer wieder, wie ich es noch nie von ihm erlebt hatte. Schließlich riss er sich gewaltsam los, bestieg den Zug, trat ans Fenster und winkte uns mit Tränen in den Augen zu. Es war ein entsetzlicher Augenblick, als sich die Waggons in Bewegung setzten. Mit der einen Hand wischten wir uns die Tränen ab, mit der anderen winkten wir, bis der Zug unseren Blicken entschwunden war. Für uns Zurückbleibende wurde es eine sehr traurige Heimfahrt.

Auch daran erinnere mich noch gut: Wie die Augen meiner Mutter strahlten, wenn der Postbote mal wieder einen Feldpostbrief brachte! Zum Lesen zog sie sich mit diesem still in einen Winkel zurück.

Obwohl wir noch klein waren und sie es uns nicht verboten hatte, war uns klar, dass wir sie dabei nicht stören durften. Geduldig harrten wir in unserer Ecke aus, bis sie ans Ende der kurzen Nachricht gelangt war. Mittlerweile wussten wir ja, dass sie uns Papas letzten Satz vorlesen würde: *Liebe Hanni, umarme die Mizzi und den Rudi ganz herzlich und gib ihnen einen dicken Kuss von mir.* Das erledigte sie jedes Mal gewissenhaft. In diesen Momenten fühlte ich mich dem Vater ganz nah.

Zu Weihnachten 1943 erhielten wir die letzte Nachricht vom Papa. Ab Januar studierte die Mama täglich die Gefallenenlisten in der Zeitung. Wenn sie diese aus der Hand legte, atmete sie stets auf: »Gott sei Dank! Euer Papa ist nicht darunter.«

Es war Ende Januar 1944, wir Kinder waren ziemlich durchgefroren vom Schlittenfahren hereingekommen und saßen nach dem Abendessen am Küchentisch und malten, während die Mama wie immer strickte. Dabei plauderten wir munter. Auf dem Volksempfänger, etwa zwei Meter vom Tisch entfernt, standen zwei gerahmte Fotos, eines von Mutters Bruder Kassi, das andere von unserem Vater. Plötzlich, ohne dass jemand in ihre Nähe gekommen wäre, fielen sie zu Boden. Bei dem Bild von Onkel Kassi war nur das Glas kaputt, bei Papas Bild hatte das Glas auch noch das Bild angeschnitten. Wir erschraken sehr, vor allem Mama, und es wurde ganz still in unserer Wohnküche.

Nach einiger Zeit sagte die Mama: »Kinder, das bedeutet nichts Gutes.« Aus einer Schublade holte sie zwei Kerzen, zündete sie an und begann, mit uns zu beten.

Nach einer Weile schickte sie uns zu Bett, und warf, um sich zu vergewissern, ob wirklich unsere Bettzeit gekommen war, einen Blick auf die Küchenuhr. »Das kann doch nicht stimmen«, stellte sie erstaunt fest. »Es muss doch schon später sein!« Die Uhr zeigte 19:07 an. Um zu vergleichen, wie spät es wirklich war, schaute sie auf ihre Armbanduhr, schüttelte den Kopf und hielt sie ans Ohr. Diese tickte nicht mehr, und die Zeiger standen ebenfalls auf 19:07 Uhr! Das sah sie gleichfalls als schlimmes Omen an. Denn in Wirklichkeit war schon wesentlich später, wie sie durch die Zeitansage aus dem Radio erfuhr.

Im Juni traf ein Schreiben bei uns ein, das Mama nur zögerlich öffnete. Darin wurde ihr mitgeteilt, dass ihr Mann seit dem 30. Januar nach einer Schlacht südlich von Nikopol/Russland vermisst werde. Nach dem Lesen der wenigen Zeilen rief sie wie befreit aus: »Gott sei Dank! Euer Papa ist nur vermisst, nicht gefallen!«

Insgeheim hoffte sie, dass er im Getümmel der Schlacht eine Möglichkeit gefunden hatte, sich abzusetzen, und sobald der Krieg aus war – denn einmal musste dieses schreckliche Gemetzel ja zu Ende gehen –, plötzlich bei uns vor der Tür stehen würde. Doch diesen Gedanken verwarf sie schnell wieder. Wahrscheinlicher erschien es, dass er in russische Gefangenschaft geraten war und von dort früher oder später nach Kriegsende entlassen würde. Von all den Überlegungen der Mutter habe ich vieles mitbekommen – sie hatte ja sonst niemanden, mit dem sie darüber hätte sprechen können.

Alles Jammern und Klagen half nichts, das Leben musste irgendwie weitergehen. Für Mitte September 1944 stand meine Einschulung an. Ein paar Tage vor meinem ersten Schultag stellte meine Mama sich mit mir vor einer Metzgerei in einer langen Menschenschlange an. Auf der anderen Straßenseite erblickten sie eine ebenso lange Schlange vor einer Bäckerei. Auf einmal machte mich die Mama auf eine Frau in der Schlange aufmerksam: »Schau, Mizzerl, da drüben steht das Fräulein Niedermeier. Das wird vielleicht dein Schulfräulein.«

Ich hatte nichts Eiligeres zu tun, als über die Straße zu laufen und vor der bezeichneten Person einen artigen Knicks zu machen. Dabei zwitscherte ich: »Grüß Gott, Fräulein!«

Zu meinem Entsetzen reagierte die Angesprochene völlig anders, als ich erwartet hatte.

Wie eine Furie sauste die Lehrerin über die Straße und beschimpfte meine Mutter vor allen Leuten: »Was ist denn das für eine Erziehung, die Sie ihrem

Kind haben angedeihen lassen? Es beherrscht ja noch nicht mal den deutschen Gruß!«

Schutz suchend klammerte ich mich an meine Mutter, die wie ein begossener Pudel dastand. Nachdem sich die »Furie« wieder entfernt hatte, sagte ich mit Nachdruck: »Zu dem Fräulein geh ich nicht in die Schule!«

Am ersten Schultag ging ich von daheim mit dem Vorsatz los: *Ist das Fräulein Bichler meine Lehrerin, dann bleibe ich. Sollte es aber das Fräulein Niedermeier sein, kehre ich sofort wieder um.* Ich hatte Glück. Fräulein Bichler wurde meine Lehrerin, und das gleich für vier Jahre! Nachdem sie jedem Kind im Klassenraum seinen Platz zugewiesen hatte, verkündete sie: »Ab morgen lernen wir lesen, schreiben und rechnen, aber heute singen wir. Wer von euch kann uns etwas vorsingen?«

Es meldeten sich einige Kinder und sangen »Fuchs, du hast die Gans gestohlen«, »Alle meine Entchen«, »Hänschen klein«, alles Lieder, die mir aus dem Kindergarten bekannt waren. Das ermutigte mich, auch meinen Finger zu heben. Dann schmetterte ich aus voller Kehle: »Ich bin die Prater-Mizzi, der Liebling aller Herrn. Zu mir sagt jeder Stritzi, er habe mich so gern!«

Die Kinder klatschten vor Freude in die Hände, und die Lehrerin lachte recht fröhlich: »Dieses Lied hat dir aber ganz sicher nicht deine Mama beigebracht.«

»Nein, die Burgi, die bei uns in der Nachbarschaft wohnt. Sie ist schon achtzehn«, berichtete ich voller Stolz.

Fräulein Bichler muss wohl im Lehrerzimmer von meinem Gesangstalent geschwärmt haben, denn immer wieder kam eine Lehrperson – selbst der Herr Pfarrer! – in unsere Klasse und bat mich, ihnen den Schlager vorzusingen, was ich auch begeistert tat. Nur als das Fräulein Niedermeier ins Klassenzimmer trat, presste ich die Lippen fest aufeinander, und kein Ton kam aus mir heraus.

Meine Mutter war stets ein ausgesprochen pünktlicher Mensch. Sie hatte sich bis dahin noch nie verspätet, schon gar nicht, wenn es darum ging, ein öffentliches Verkehrsmittel zu erreichen. Am Bahnhof oder an einer Bushaltestelle stand sie meist schon eine Viertelstunde vor der Abfahrt. Am 18. April 1945 wollte sie wieder mal nach Prutz fahren. Da unser Gepäck ziemlich schwer war, kam sie gern auf das Angebot zurück, das ihr der Sohn unserer Hauswirtin gemacht hatte: ihre Koffer mit dem Handwagen zum Bahnhof zu bringen.

Woran es nun lag – ob er herumgetrödelt oder die Mutter sich in der Abfahrtzeit vertan hatte –, jedenfalls sah die Mama, als wir nur noch etwa hundert Meter vom Bahnhof entfernt waren, mit Schrecken, dass der Zug uns vor der Nase davonfuhr. Während wir wieder auf dem Heimweg waren, jammerte sie: »Dass mir so etwas passieren muss!«

Sie beruhigte sich bald aber wieder. Und was sie dann am folgenden Tag in der Zeitung las, veranlasste sie, auf die Knie zu sinken und Gott für seine weise Fügung zu danken. Hätten wir unseren Zug erreicht, wären wir vermutlich Opfer eines Bombardements geworden. Denn genau während der Zeit, in der wir in Traunstein auf den Anschlusszug nach Rosenheim gewartet hätten, war der Bahnhof dort bombardiert worden. Es hatte 380 Tote gegeben.

Weil meine Mutter die Vermutung geäußert hatte, der Papa werde nach dem Krieg aus der Gefangenschaft entlassen, marschierte ich nach Kriegsende fast jeden Nachmittag zum Bahnhof und verweilte dort stundenlang. Davon bekam die Mama nichts mit, weil sie bei fremden Leuten zum Arbeiten war. Allen Männern, die von den Zügen kamen, schaute ich genau ins Gesicht. Den Moment wollte ich auf keinen Fall verpassen, wenn der Papa den heimatlichen Bahnhof erreichte.

Nach einigen Wochen erzählte jemand der Mama, dass ich mich fast täglich auf dem Bahnhof herumtrieb. Sogleich fragte sie mich nach dem Grund, den ich ihr offen darlegte. Da erklärte sie mir, dass der Papa nicht einfach so ankomme, vorher würden wir vom Roten Kreuz benachrichtigt, dann könnten wir alle drei zusammen ihn abholen. Daraufhin stellte ich meine Bahnhofsbesuche ein.

Wenn ich über meinen Vater berichte, darf ich den treuen Freund aus seiner Junggesellenzeit, den Daprei-Peppi und dessen Frau Lena nicht unerwähnt lassen. Sie hatten ebenso plötzlich wie mein Vater ihre Heimat verlassen müssen und sich in Augsburg angesiedelt. In der folgenden schweren Zeit bedeuteten sie für meine Mutter eine ganz wichtige Hilfe. Für mich waren sie eine Quelle, aus der ich Wissen über meinen Vater schöpfen konnte, den ich ja kaum gekannt hatte.

Sie wussten nur Gutes über ihn zu berichten. Demnach muss er ein ganz lustiger, lebensfroher Mensch gewesen sein und ein guter Gesellschafter, der seine Gäste gern mit Wiener Liedern, Schrammeln und Gstanzln unterhielt, die er als Kind von seiner Mutter, der Wienerin, gelernt hatte.

Harte Jahre

Selbst nachdem der Krieg schon lange zu Ende war, gab meine Mutter die Hoffnung nicht auf, dass ihr Mann doch noch wiederkommen würde. Aufgrund der Tatsache aber, dass er »nur« als vermisst galt, bekam sie lange Zeit keine Kriegerwitwenrente. Von irgendetwas mussten wir aber leben.

Um unser täglich Brot zu verdienen, bot Mama ihre Dienste an. Bei einigen Leuten bekam sie eine Putzstelle, bei anderen durfte sie einmal im Monat waschen. Zum Zeitpunkt ihrer Heirat hatte sie sich nicht träumen lassen, dass sie mal mit diesen »Fertigkeiten«, die sie schon als kindliche Magd erlernt hatte, ihre Familie jahrelang über Wasser halten würde.

Für einen ganzen Waschtag bekam sie fünf Reichsmark. So musste sie allein schon fünf Tage im Monat waschen, um die Miete von 25 Mark für unsere zwei kleinen Räume aufzubringen. Diese Waschtage erinnerten sie an die Zeit, in der sie als Waschmagd im Alter von zwölf Jahren in der Schweiz gearbeitet hatte. Seitdem hatte sich auf diesem Gebiet nicht viel geändert. Noch immer wurde die Wäsche in einer dampfigen Küche gekocht, noch immer auf einem Tisch mit Bürste und Kernseife bearbeitet oder auf einem Waschbrett geschrubbt – nur dass es in den Ruhpoldinger Haushalten meist noch nicht einmal eine Wringmaschine gab, und wenn doch, dann eine wesentlich kleinere. Was die Mama an ihren Waschtagen besonders zu schätzen wusste und wir Kinder ebenfalls: Zusätzlich zum Lohn bekam sie eine kräftige Brotzeit, die sie mit nach Hause brachte und mit uns teilte.

Bevor die Mama morgens schweren Herzens aus dem Haus ging, empfahl sie uns immer der Obhut unseres Schutzengels. Es war für sie nicht einfach, zwei so kleine Kinder den ganzen Tag sich selbst zu überlassen. Einige Male habe ich sie wirklich in Angst und Schrecken versetzt, mein Bruder aber noch häufiger. Doch das ist ein anderes Kapitel.

Einmal kam die Mama heim, und ich war nicht wie üblich in der Wohnküche. Da sie mich auch im Schlafzimmer und bei den anderen Hausbewohnern nicht fand, suchte und rief sie ums Haus herum.

Das bekam ein Nachbarbub mit. »Ich weiß, wo die Mizzi ist«, machte er sich wichtig. »An der Traun hat sie gelbe Blümchen gepflückt, dabei ist sie hineingekippt.«

Meine Mutter geriet in Panik. Es war Frühling, und der Fluss tobte! Aufgrund der Schneeschmelze schoss eine riesige Menge braunen Wassers zu Tal! Am Ufer wuchsen tatsächlich Schlüsselblumen. Ein Nachbar, der das Gespräch zwischen meiner Mutter und dem Buben mitbekommen hatte, ließ sofort in Eisenärzt den Rechen sperren, damit man wenigstens den Leichnam des Kindes auffangen könne, falls er nicht schon weiter flussabwärts gerissen worden war. Wenig später wollte eine Nachbarin ihre Hühner einsperren, da fand sie Klein Mizzi schlafend im Heu!

Eine andere aufregende Geschichte ereignete sich im Winter. Munter wie alle anderen Kinder vergnügte ich mich beim Schlittenfahren. Einmal konnte ich nicht rechtzeitig bremsen und landete in einem kleinen Bach, einem Zufluss zur Traun. Er war nicht besonders tief, führte auch nicht viel Wasser und es bestand nicht die geringste Gefahr, dass er mich mit in die Traun reißen könne. Aber er war eisig kalt, und abgesehen von dem Schreck, waren meine Glieder im Nu wie erstarrt. Trotzdem gelang es mir, mich aus eigener Kraft ans Ufer zu retten. Zum Glück hatte ich es nicht weit bis zu unserer Wohnung. Dort tauschte ich sofort meine nassen Sachen gegen trockene und setzte mich neben den Ofen. Ich trug noch nicht mal eine Erkältung davon.

Mein nächstes Abenteuer lief nicht so glimpflich ab, es ereignete sich ebenfalls im Winter. Es lag wunderbarer Neuschnee, und es schneite unentwegt. Mit einigen Freundinnen spielte ich »Englein«: Wir warfen uns immer wieder rücklings in den Schnee und »zeichneten« mit unseren Armen Flügel hinein. Als ich zum wiederholten Mal im Schnee lag und meine Flügel fertig waren, wollte ich gar nicht aufstehen. Es war so schön, zuzusehen, wie die dicken Flocken auf mich fielen. Dabei wurde mir mit einem Male so angenehm warm, kurz darauf muss ich eingeschlafen sein.

Als mich meine Mutter am Abend voller Sorge laut rufend in der Nachbarschaft suchte, gab ihr Maria, eine meiner Freundinnen, die Auskunft, ich sei noch bei der Brandler-Leitn geblieben, als sich alle anderen auf den Heimweg begeben hatten. Sofort machten sich einige Nachbarn mit meiner Mutter auf den Weg. Mit Laternen und Stöcken suchten sie das Gelände ab. Schließlich fand man mich unter einer Schneedecke, halb erfroren. Dass ich darunter nicht erstickt bin, grenzte an ein Wunder. Obwohl ich umgehend ärztlich versorgt wurde, litt ich noch sieben Jahre lang unter diesen Erfrierungen.

In meiner Kindheit gab es jedoch nicht nur schreckliche Erlebnisse, es gab auch erfreuliche. Das beste Brot, das ich in meinem Leben gegessen habe, bekam ich von unserer Hauswirtin. Sie hatte es auch nicht leicht; ihr Mann war ebenfalls im Krieg geblieben, und sie musste sich mit ihren drei Kindern allein durchschlagen. Sie hatte es aber insofern leichter als meine Mutter, da sie ihr eigenes Haus bewohnte und, statt Miete zahlen zu müssen, noch Mieteinnahmen von uns und von Zimmerherren oder Zimmerfräulein bekam. Auch bezog sie eine Kriegerwitwenrente, da ihr Mann nachweislich in Russland gefallen war. Um ihr Haus herum war ein großer Garten angelegt, aus dem sie Gemüse, Obst, Honig und Eier bezog, da sie einige Bienenvölker und mehrere Hühner hielt.

Hinzu kam, dass sie mehrere Verwandte hatte, die eigene Bauernhöfe besaßen und ihr jede Woche landwirtschaftliche Produkte zukommen ließen. Diese Höfe lagen aber ziemlich weit entfernt, einer lag am Froschsee, ein anderer in Widmoos und der dritte in Chriesin.

Wenn Tochter Lisbeth zu diesen Verwandten ging, um sich ihr »Deputat«, also die zusätzlichen Lebensmittel, abzuholen, begleitete ich sie manchmal.

Nun kam ich einmal mit Lisbeth vom Froschsee, wo sie frische Butter bekommen hatte. Ihre Mutter hatte gerade Brot gebacken und der Sohn soeben Honig geschleudert. Für jedes ihrer Kinder und auch für mich bestrich unsere Hausfrau eine Scheibe Brot mit Butter und Honig. Vor lauter Freude bin ich mit meiner Schnitte Brot in den nahe gelegenen Wald gelaufen und habe mich dort versteckt, um dann ganz langsam und mit Hochgenuss dieses Butterbrot zu verzehren. Es schmeckte so unbeschreiblich gut, dass ich das nie mehr vergessen werde! In dieser Hungerzeit so etwas Gutes zu essen, kam mir wie ein wunderbares Geschenk vor.

Ein anderes schönes Erlebnis hatte ich, als wir im Sommer 1948 nach Augsburg zu Peppi und Leni Daprei fahren durften. Zuerst durfte ich für vierzehn Tage hin. Ein aufregendes Abenteuer für mich Landmädchen: das erste Mal ganz allein Zug fahren, und dazu noch in einer Großstadt ankommen!

Die Dapreis hatten in Augsburg einen Schrebergarten, in dem herrliches Gemüse und leckere Erdbeeren wuchsen, von denen ich nach Herzenslust naschen durfte. Nachdem man mir eine wunderschöne Zeit bereitet hatte, brachte mich Tante Leni per Zug wieder nach Hause und nahm den Rudi mit, den sie nach vierzehn Tagen ebenfalls wieder zurückbrachte. Die Bahnfahrt kostete sie nichts, da der Peppi bei der Bahn arbeitete.

Schon in dieser Zeit als Schulkind habe ich mir Taschengeld verdient. Für eine kranke Nachbarin ging ich einkaufen und säuberte ihre Wohnung. Ebenso putzte ich zwei Jahre lang bei meiner Handarbeitslehrerin. Für einige Leute, die meine Backkünste zu schätzen wussten, habe ich immer wieder mal Weihnachtsplätzchen und Kuchen gebacken. Auf der Müllhalde sammelte ich Flaschen und kassierte dafür beim Lumpenhändler einige Groschen. So hatte ich immer Geld, um meiner Mutter zu Weihnachten, zum Geburtstag und zum Muttertag ein kleines Geschenk zu kaufen.

Es ärgerte mich aber maßlos, wenn mein Bruder meine Verstecke entdeckte und plünderte, da er meine ersparten Pfennige als die seinen betrachtete. Gewiss, auch er hat Flaschen beim Lumpenhändler verkauft, aber wenn ein Fest anstand, zu dem man der Mutter eine Freude machen wollte, besaß er nie Geld. Was er verdient hatte, zerrann ihm immer unter den Fingern.

Wenn er einmal mein Geldversteck nicht fand, konnte er ganz lieb betteln: »Hast nichts für mich? Ich möcht der Mama doch auch eine Freude machen!«

Dann konnte ich natürlich nicht Nein sagen und gab ihm von meinen Ersparnissen ab. Sobald er ein Geschenk für die Mama erstanden hatte, kam er wieder zu mir, damit ich es verpacke. Wie es mich anschließend wurmte, dass unsere Mutter sein Geschenk mit Riesenfreude den Nachbarinnen zeigte und betonte, wie liebevoll er es doch verpackt hatte! Bei meinen Geschenken ließ sie sich nicht so überschwänglich aus.

Obwohl die Mama nach jedem Arbeitstag völlig zerschlagen heimkam, gönnte sie sich keine Ruhe, es war ja noch der Haushalt zu machen. Anschließend strickte und nähte sie für uns. Denn außer Essen brauchten wir alle schließlich auch Kleidung. Abgesehen davon, dass wir wenig Geld hatten, gab es nichts zu kaufen. Sie war glücklich, wenn sie von ihren »Herrschaften« mal einen abgelegten Mantel, einen Rock oder ein Kleid geschenkt bekam. Diese verstand sie so umzuändern, dass für sie oder uns passende, wie neu aussehende Kleidungsstücke entstanden. Auch besaß sie das Geschick, aus zwei Kleidern, die mir zu klein geworden waren, für mich ein neues zu fertigen, obwohl sie nie Nähen gelernt hatte.

Was unserer Mutter ebenfalls half, uns jahrelang ohne Rente über Wasser zu halten, war die Tatsache, dass wir unsere Sommerferien in Prutz verbringen durften – bei Basl Mala, eigentlich Amalia, Jahrgang 1882, einer Schwester meiner Großmutter aus Lichtenberg. Sie war ein so lieber und hilfsbereiter Mensch, wie man selten jemanden findet. Jedes Mal nahm sie uns freundlich auf, aber nicht nur uns. Zu ihr konnte jeder kommen, ob er mit ihr verwandt war oder nicht, egal welches Problem er hatte. Sie half jedem, und niemand ging ohne Trost oder materielle Hilfe von dannen. Ihr Humor ließ sie alle Schicksalsschläge, vor denen auch sie nicht verschont blieb, überstehen.

Wie ihre Schwester Maria, meine Nandl, hat sie ebenfalls gern gesungen. Kaum war sie mit der Arbeit fertig und hatte Besuch, sorgte sie für ein paar fröhliche sangesfreudige Stunden.

Nachdem sie im Jahre 1895 ihre Schulpflicht beendet hatte, brachte sie der Pfarrer von Lichtenberg zu seinem Studienkollegen nach Prutz im Oberinntal, damit sie dort der Pfarrerköchin unter die Arme greifen sollte. In dieser Zeit lernte sie Gottfried kennen, einen wohlhabenden Bauern, und heiratete ihn 1908.

Von da an war sie ihr Leben lang eine unschätzbare Hilfe für die ganze Verwandtschaft und zahlreiche weitere Südtiroler. Viele Soldaten aus Südtirol machten erst mal bei ihr Halt, bevor sie nach Italien weiterzogen. Selbst wenn jemand aus Lichtenberg und Umgebung Zahnprobleme hatte, war Basl Mala *die* Adresse, die Zahnärzte in Südtirol nahmen nämlich gepfefferte Preise. Daher sprach sich sehr schnell herum, dass ein Cousin von Gottfried Zahnarzt war, ein guter noch dazu, bei dem man seine Zähne wesentlich billiger gerichtet bekam. Die Basl konnte aber nur deshalb so großzügig und gastfreundlich sein, weil ihr Mann Gottfried sie in allem gewähren ließ. Onkel Gottfried war ein gutmütiger alter Mann und trug einen langen weißen Vollbart. Zu ihm hatte ich grenzenloses Vertrauen, denn so stellte ich mir Gottvater vor.

Als es Mutters Cousine Hanny, einer Tochter von Malas Schwester Johanna, in Innsbruck zu brenzlig wurde, verbrachte sie eine lange Zeit in Gottfrieds Haus, während ihr Mann an der russischen Front kämpfte. Sie war mit ihren drei kleinen Töchtern gekommen. In der Zeit, in der wir unsere Sommerferien dort verbrachten, erkrankte die Jüngste, die Antonia, ernstlich. Der Arzt konnte ihr nicht mehr helfen, nach wenigen Tagen musste man sie begraben. Diese Geschichte ist für mich deshalb unvergessen, weil ich zu diesem traurigen Anlass die Kerze tragen durfte.

Auf des Onkels Anwesen gab es Pferde, viele Kühe und Schweine und jede Menge Federvieh. Ausgedehnte Felder umgaben den Hof. Das alles machte natürlich viel Arbeit, und man konnte im Sommer jede helfende Hand gut gebrauchen. Aus diesem Grund war meine Mutter, die ja reichlich Erfahrung in der Landwirtschaft mitbrachte, eine gern gesehene Arbeitskraft. Während sie auf den Feldern arbeitete, besuchten wir mit den einheimischen Jungen und Mädchen den Kindergarten oder spielten mit ihnen auf der Straße.

Für uns Kinder war Prutz das Paradies. Wir genossen nicht nur das freie Landleben, sondern auch das gute und reichliche Essen. Jeden Morgen bekamen wir unsere kuhwarme Milch, echte Butter aufs Brot und ein frisches Frühstücksei – unsere bleichen Wangen wurden rosig und rund.

Mala hatte vier Töchter, von denen zu unserer Zeit aber nur noch zwei zu Hause lebten. Hanna, die Älteste, hatte nach Ehrwald geheiratet. Ihre Schwester Liesl war mit Hans, einem Cousin meines Vaters, verheiratet gewesen. Liesl starb viel zu früh an Lungentuberkulose, sie hinterließ zwei Kinder: den fünfjährigen Herbert und die dreijährige Monika. Witwer Hans und die beiden Halbwaisen blieben im Haus von Großmutter Mala.

Mathilde, die zweitgeborene Tochter von Mala, ereilte ebenfalls ein trauriges Schicksal. Als der Mala und dem Gottfried nacheinander vier Töchter beschert wurden, waren sie nicht wirklich enttäuscht, obwohl sie auch gern einen Sohn gehabt hätten. Als aber der Zweite Weltkrieg ausbrach, rief Mala: »Was bin ich froh, dass wir keinen Buben haben! Die Mädchen müssen wenigstens nicht in den Krieg.«

Tragischerweise wurde dann doch eine ihrer Töchter im Krieg schwer verwundet. Da man die Männer auf den Schlachtfeldern brauchte, setzte man für kriegswichtige Aufgaben im Hinterland Mädchen ein. So wurde Mathilde als Nachrichtenhelferin nach Holland geschickt.

Eines Abends, sie befand sich gerade mit der Straßenbahn auf dem Heimweg, erfolgte ein Fliegerangriff auf Amsterdam. Eine Bombe traf die Straßenbahn, sprengte sie auseinander und riss ein tiefes Loch in die Straße. Mathilda kam zwar mit dem Leben davon, aber eine Asphaltplatte landete mit solcher Wucht auf ihr, dass ihr rechter Arm und das rechte Bein so zerquetscht wurden, dass beide Gliedmaßen amputiert werden mussten. Das Bein wurde ziemlich weit oben abgetrennt, der Arm unterhalb des Ellenbogens.

Hedwig, die vierte Tochter, opferte sich regelrecht für die Familie auf. Seit sie erwachsen war, führte sie den großen Haushalt. Zu diesem gehörten außer ihren Eltern die kriegsversehrte Schwester, der Witwer ihrer Schwester Liesl und deren beide Kinder. Trotz allem war Hedwig stets gut gelaunt, und es wurde ihr nicht zu viel, wenn wir oder auch noch andere Gäste »einfielen«. In selbstloser Weise pflegte sie ihre Eltern, als diese alt geworden waren, bis zu deren Tod.

Jedes Mal, wenn wir uns in Prutz verabschiedeten, bekam die Mama reichlich an Naturalien mit, von denen wir daheim noch tagelang zehrten. Da unsere Mutter während der Wochen, die wir in Prutz verbrachten, unsere Lebensmittelmarken hatte sparen können, lebten wir auch noch eine Zeit lang nach unserer Rückkehr üppiger als sonst.

Im Jahre 1947, Mala war gerade fünfundsechzig Jahre alt, erkrankte sie schwer. Tagelang hatte sie keinen Appetit, fühlte sich müde und matt und war gar nicht die Person, die wir kannten. Als dann noch starke Leibschmerzen dazukamen, wollten die Töchter nicht mehr länger zusehen. Mit einem Taxi ließen sie die Mutter nach Zams ins Spital bringen. Gleich in der Frühe am nächsten Tag operierte man sie.

Am Nachmittag rief Tochter Mathilda im Spital an, um sich zu erkundigen, wie die Operation verlaufen sei. Der Arzt erklärte ihr, sie hätten die Bauchdecke zwar aufgemacht und einiges weggeschnitten. Das würde aber nicht viel bringen, denn der Bauchraum sei total verkrebst. Die Mutter würde die Nacht nicht überleben. Deshalb erteilte er ihr den Rat: »Lassen Sie die Patientin heute noch heimbringen. Der Transport im Krankenwagen ist billiger als die Überführung im Leichenwagen.«

Die Töchter ließen die Mutter tatsächlich noch am selben Tag per Krankenwagen nach Hause holen, aber nicht etwa, weil der Transport günstiger ausfiel, sondern weil sie ihre Mutter nicht länger in den Händen eines Arztes lassen wollten, der für ihr Leben nichts mehr gab. Sie übernahmen die Pflege selbst, so gut man das als Laie eben konnte. Für die medizinische Versorgung ließen sie den Hausarzt kommen.

Schon nach kurzer Zeit erholte sich die Basl sehr gut und war wieder für alle Menschen da, die bei ihr Hilfe suchten. Ihre Fröhlichkeit kehrte wieder zurück, und wir haben noch oft miteinander gesungen. Sie hat noch dreizehn Jahre gelebt, nachdem der Arzt sie quasi für tot erklärt hatte.

Grenzgängerinnen

Im September 1943 wendete sich das politische Blatt völlig überraschend. Italien wechselte die Fronten. Von italienischer Seite war es aus mit der Sympathie für Hitler, nun machte man gemeinsame Sache mit den Alliierten. Nicht nur, dass die Aussiedlung völlig gestoppt wurde, die Grenze nach Südtirol wurde auch dichtgemacht.

Konnte man bisher noch hüben und drüben Besuche machen, so war es damit plötzlich vorbei. Nur Briefe gingen noch eine Weile hin und her. Daher konnte es meine Mutter einige Male organisieren, dass ihre Eltern und einige andere Verwandte zur Grenze nach Reschen kamen, wo sie auf italienischer Seite hinter dem Schlagbaum stehen bleiben mussten. Wir anderen kamen von Prutz und mussten hinter dem österreichischen Schlagbaum verharren. Auf diese Weise konnten wir uns wenigstens gegenseitig sehen, uns zuwinken und erkennen, dass es denen auf der anderen Seite gut ging.

Einmal aber trafen wir auf einen sehr netten Grenzler. Der raunte meiner Mutter zu: »Warten S' noch eine Stund, dann ist Schichtwechsel, dann kann ich ein Auge zudrücken.«

Das tat er dann wirklich. Er ließ den Rudi, drei Jahre alt, und mich, fünf Jahre alt, hinüberlaufen zu Nandl, Nene und Tante Berta. Wir konnten ein

Brieferl hintragen und eines mit zurücknehmen. In diesen berichtete man sich gegenseitig das Nötigste. Das Schönste an diesem Grenzgang aber war, dass die Großeltern uns Barlbrote mitgaben, außerdem Speck, geräucherte Wurst und Zuckerl! Was für ein Erlebnis! Beim eiligen Zurücklaufen verlor Rudi einige der Würste. Ich konnte sie aber noch retten, indem ich sie hastig aus dem Straßenstaub aufsammelte.

Kurze Zeit nach diesem Ereignis war die Grenze komplett zu. Kein Besuch, kein Winken von Grenzzaun zu Grenzzaun, keine Post mehr. So blieb man völlig ohne Nachricht über die Lieben in Südtirol. Nur einmal, im April 1944, erlebten wir eine Ausnahme. Der Postbote brachte ein Telegramm, das vom Krankenhaus in Meran aufgegeben worden war.

Unsere Mama erschrak: »Mein Gott, ein Telegramm! Das hat nichts Gutes zu bedeuten.« Mit zitternden Fingern riss sie es auf und las vor: »Mutter liegt im Sterben. Magenkrebs-Operation. Möchte Hanni noch mal sehen.«

Da sie ihrer Mutter diesen Wunsch erfüllen und sie die Sterbenskranke ebenfalls gern noch ein letztes Mal sehen wollte, setzte sie alles daran, ein Besuchsvisum zu bekommen. Zunächst reiste sie mit diesem Telegramm nach München, obwohl die Fahrt teuer, umständlich und gefährlich war. Gefährlich insofern, als dass immer wieder Bombenangriffe auf Bahnhöfe und fahrende Züge erfolgten. Vom Münchner Hauptbahnhof aus kämpfte sich Hanni durch bis zur entsprechenden Behörde. Doch ihre Mühe war umsonst. Man verweigerte ihr das Visum rundweg.

Ein Beamter, der Mitleid mit ihr hatte, flüsterte ihr zu: »Ich würd Ihnen ja gern helfen, aber uns sind die Hände gebunden. Versuchen Sie es doch mal auf dem Konsulat in Innsbruck.«

Einigermaßen optimistisch kehrte Hanni nach Hause zurück, kleidete uns Kinder reisefertig an und fuhr mit uns nach Innsbruck. Leider hatte sie auch dort kein Glück. Völlig entmutigt, begab sie sich mit uns wieder zum Bahnhof. Einer plötzlichen Eingebung folgend, machte sie auf dem Absatz kehrt und marschierte mit uns zu ihrer Cousine Hanny, die eine Tochter von Nandls Schwester Johanna war. Wir kannten diese noch von unserem Besuch in Prutz, wo zwei Jahre zuvor ihre jüngste Tochter gestorben war.

Die couragierte Hanny wusste Rat: »Ich werde dich begleiten. Wir gehen über die grüne Grenze. Da kenn ich eine Stelle, wo das gut möglich ist. Schließlich will ich meine Tante auch noch mal sehen, bevor sie stirbt.«

Die beiden Frauen, mein Bruder und ich marschierten gemeinsam mit Hannys beiden Kindern eilig zum Bahnhof und bestiegen den nächsten Zug nach Prutz. Dort lieferte man uns Kinder bei Basl Mala ab, bei der guten Mala, die einem in allen Notfällen zur Seite stand. Die beiden Cousinen aber, Hanni und Hanny, nahmen den Bus bis Nauders. Den Rest des Weges legten sie zu Fuß zurück und überschritten irgendwo im Wald die Grenze.

Gerade als Hanny feststellte: »Jetzt kann nichts mehr passieren, wir sind auf italienischem Boden«, rief ein Finanzer: »Halt, oder ich schieße!«

Zu Tode erschrocken, blieben die beiden Frauen stehen, ließen ihre Taschen fallen und streckten die Hände in die Höhe. Der Zöllner legte ihnen Handschellen an und brachte sie zum Grenzhaus, wo man sie dem Schnellrichter vorführte. Zunächst wurden beide gründlich durchsucht. Außer ein paar Reichsmark war bei ihnen nichts zu finden – und das Telegramm natürlich.

Mit diesem konnte Hanni den Richter jedoch nicht beeindrucken. So sehr sie auch bat und flehte, er möge Gnade vor Recht ergehen lassen und ihr erlauben, an das Sterbebett ihrer Mutter zu eilen, er blieb einfach unerbittlich. Die Hanny verdonnerte man zu einer Strafe von 120 Reichsmark, meiner Mutter ersparte das Telegramm wenigstens die Geldstrafe. Sie musste lediglich unterschreiben, dass sie nie mehr den Versuch wagen werde, über die grüne Grenze zu gehen.

Bei allem hatten die Frauen noch Glück im Unglück. Da kein Bus mehr nach Prutz fuhr, brachte ein Jeep die beiden Grenzgängerinnen zurück.

Unterdessen wartete meine Großmutter vergeblich auf den Besuch ihrer Tochter Hanni.

Glücklicherweise erholte sie sich relativ schnell von dem schweren Eingriff und kehrte wieder nach Hause zurück.

Davon erfuhren wir aber ebenso wenig wie sie von dem Versuch ihrer Tochter, die Grenze illegal passieren zu wollen. Da in den folgenden Tagen aber kein weiteres Telegramm aus Südtirol bei uns eintraf, eines, das Nandls Tod mitgeteilt hätte, wurde meine Mutter allmählich zuversichtlicher. »Demnach scheint meine Mutter die Operation gut überstanden zu haben.« Diese Aussage wiederholte sie wieder und wieder, wahrscheinlich, um sich selbst Mut zuzusprechen. »Andererseits hat das gar nichts zu sagen. Vielleicht kommen jetzt noch nicht mal mehr Telegramme über die Grenze«, fügte sie dann recht schnell hinzu, wenn der Zweifel sie wieder übermannte.

Als der Krieg im Mai 1945 zu Ende war, hofften wir, nun werde es wieder leichter sein, nach Südtirol zu reisen. Aber nichts dergleichen geschah, die Grenze blieb hermetisch geschlossen bis Ende 1948.

Meine Erstkommunion

In der Nachkriegszeit war die Hungersnot in weiten Teilen der Bevölkerung noch größer als während des Krieges. Am Weißen Sonntag des Jahres 1948 sollte ich zur ersten heiligen Kommunion gehen. Doch je näher dieser Tag rückte, desto nervöser wurde meine Mutter. Sie fühlte sich verpflichtet, zu einem solchen Festtag einige Leute einzuladen. In ihrer Speisekammer herrschte aber eine solche Ödnis, dass sie nicht wusste, was sie den Gästen auftischen sollte. Und was sie als noch schlimmer ansah: Ich besaß kein weißes Kleid, das ich an meinem Ehrentag hätte tragen können.

In dieser aussichtslosen Lage entschloss sich meine Mutter endlich zu einer Hamstertour. Diese waren damals gang und gäbe und sicherten vielen Städtern das Überleben. Unsere Mama hatte aber bislang nicht den Mut dazu aufgebracht, sondern immer versucht, auch ohne Hamstern über die Runden zu kommen. Um jedoch ihrer Tochter einen ordentlichen Weißen Sonntag zu ermöglichen, sprang sie sogar über ihren eigenen Schatten.

Wie jeder andere wusste sie, dass man nicht mit leeren Händen zu den Bauern zu kommen brauchte. Mit Recht erwarteten diese eine Gegenleistung für ihre Lebensmittel. Geld brauchte man ihnen allerdings nicht anzubieten. Was hätten sie auch damit anfangen sollen? Es gab ja so gut wie nichts zu kaufen. Also kramte Hanni aus der Truhe die letzte Garnitur guter Bettwäsche hervor, nahm aus dem Kleiderschrank seufzend Papas besten Anzug und aus der Kommode eine selbst gestrickte Jacke.

Am Freitag vor dem Weißen Sonntag zog sie mit dieser Auswahl über dem Arm in aller Herrgottsfrühe los. In unserem Ort wagte sie es schon gar nicht, hamsternd an die Türen zu pochen. Sie wanderte zur Nachbargemeinde. Selbst dort kostete es sie große Überwindung, beim ersten Bauern an die Tür zu klopfen, noch mehr aber beim zweiten und dritten.

Tief enttäuscht und todmüde kehrte sie am Spätnachmittag mit ihrem Arm voll Tauschware zurück. Unter Tränen und völlig entmutigt, warf sie alles auf den Küchentisch. Von ihren Sachen hatte leider niemand etwas haben wollen.

»Gute Frau«, hatte man sie in allen Häusern abgespeist, »vor dir waren schon so viele da. Mittlerweile haben wir die Truhen voll von all dem Hamsterzeug, und umsonst hergeben können wir auch nichts.«

Kaum hatte sie uns das erzählt, klopfte es ans Küchenfenster. Wir erstarrten vor Schreck.

»Ich bin's«, rief unser Kaplan. »Macht mal die Tür auf!«

Er überbrachte uns eine gute Nachricht: Im Pfarrhof sei ein riesiges Care-Paket aus Südtirol für uns abgegeben worden. Wir konnten es kaum glauben! Während wir Kinder ganz aus dem Häuschen waren, dachte die Mutter gleich praktisch. Von unserer Hauswirtin lieh sie sich den Handwagen und schickte Rudi und mich mit diesem zum Pfarrhof. War das eine Freude, als wir das Paket erblickten! Es war so groß, dass es uns der Kaplan unmöglich hatte bringen können.

Er half uns, es auf das Wagerl zu laden. Zusätzlich gab uns der Pfarrer noch einen kleineren Karton mit. Dazu erklärte er: »Darin befindet sich ein Kommunionkleid für dich. Aber nur leihweise. Gib also gut Acht, dass nichts drankommt. Ich hab es für dich bei der Rosemarie erbettelt. Sechs Mal habe ich bei ihren Eltern vorsprechen müssen, bis sie endlich bereit waren, es herzuleihen.«

Die Rosemarie kannte ich. Sie war das einzige Kind des Bauern W. und schon ein Jahr vor mir zur Kommunion gegangen. In dem Paket befanden sich sogar ein Kranzl und ein weißer Umhang, also eine komplette Ausstattung für ein Kommunionkind. Hätte unser Seelsorger nicht so beharrlich für mich gebettelt, wäre ich am Erstkommuniontag das einzige Mädchen ohne weißes Kleid gewesen.

Nicht nur ich freute mich riesig über die Leihgabe, meine Mutter freute sich noch mehr. Zu Hause half sie uns, das große Paket vom Wagerl zu laden und ins Haus zu schaffen. Dann ging's ans Auspacken. Lauter begeisterte Rufe stießen wir aus. Was da alles zum Vorschein kam! Sogar Barlbrote! Die Lebensmittel reichten nicht nur aus, um am Weißen Sonntag ein Festessen zu machen, davon würde Mama sogar mehrere Mahlzeiten bestreiten können. Darüber war sie so glücklich, dass sie noch für denselben Abend ein paar ganz arme Frauen aus der Nachbarschaft einlud. Denen setzte sie eine Reissuppe vor, in die sie sogar zur Bereicherung eine Kaminwurz schnitt, eine Südtiroler Wurstspezialität, luftgetrocknet und daher recht hart und haltbar. Diese Frauen waren glücklich, dass sie sich einmal richtig sattessen konnten.

Am Tag der Erstkommunion erlebten wir erneut eine freudige Überraschung. Der Daprei-Peppi und seine Frau waren eigens aus Augsburg angereist und brachten uns eine Haferflockentorte mit – und einen Schweinsbraten von einem halben Kilo! Nein, so eine Freude! So wurde der Tag, an dem ich zum ersten Mal zum Tisch des Herrn ging, wirklich ein richtiger Festtag. Die Dapreis hatten mir auch noch ein ganz persönliches Kommunionsgeschenk mitgebracht: einen kleinen roten Ball. Es war der erste Ball meines Lebens.

Erst viel später erfuhren wir, dass im Herbst 1947 das Rote Kreuz in Südtirol einen Aufruf gestartet hatte, man solle den notleidenden Verwandten in Deutschland Lebensmittelpakete schicken. Diese Pakete durften aber keine leicht verderblichen Waren enthalten, weil sie vermutlich sehr lange unterwegs sein würden. Unser Paket hatte tatsächlich außergewöhnlich lange bis zu uns gebraucht. Einleuchtend, wenn man bedenkt, dass jedes Paket durch Grenzbeamte geöffnet und auf schriftliche Mitteilungen durchsucht wurde. Es war strengstens verboten, solche hineinzulegen.

Großmutter Maria Asper – also lebte sie noch –, von der dieses Paket stammte, war aber so schlau gewesen, winzige Zettel überall zu verstecken: im Reis, im Mais, im Mehl, im Zucker. Diese entdeckte meine Mutter nach und nach und erfuhr dadurch Neuigkeiten aus der Heimat – beispielsweise, wer krank oder gestorben war und wer ein Baby bekommen hatte. So las sie auch, dass ihr Bruder Seppl und noch einige andere aus der Verwandtschaft erst 1947 aus der Kriegsgefangenschaft entlassen worden waren. Von ihrem jüngsten Bruder, dem Kassi, wisse man aber nichts. Mit dreiundzwanzig war er eingezogen und schon bald nach Russland geschickt worden, von da an verlor sich seine Spur.

Wir wunderten uns, dass die Nandl uns ein so riesiges Paket hatte schicken können. Aus den Erzählungen meiner Mutter wusste ich doch, dass sie selbst immer in ärmlichen Verhältnissen gelebt hatte. Bei unserem ersten Besuch in Lichtenberg erfuhren wir, dass sie die ganze Verwandtschaft, ja sogar die Nachbarn angebettelt hatte, um ihrer Tochter, die sie in Not befindlich glaubte, so reichliche Gaben zukommen zu lassen.

Wie sich die Älteren noch erinnern, erfolgte Mitte 1948 die Währungsreform, die Reichsmark wurde von der D-Mark abgelöst. Das bedeutete, alle waren gleichermaßen arm, denn der eine bekam ebenso wenig wie der andere, nämlich 40 DM. Nur meine Mutter hatte noch weniger: Sie bekam gar nichts. Erst 1950 billigte man ihr, die ihren Ernährer dem Staat geopfert hatte, endlich eine bescheidene Witwenrente zu. Das waren für sie 25 DM im Monat und für jedes Kind weitere zehn, als Waisenrente.

Wenn sie auch mit dieser spärlichen Rente und ihrem Zuverdienst nur knapp über die Runden kam, brachte sie es doch nicht übers Herz, unseren Vater für tot erklären zu lassen. Hätte sie sich dazu entschließen können, wäre die Rente wesentlich höher ausgefallen. Da man auf dem Amt wusste, wie ärmlich wir lebten, legte man der Mama nahe, Sozialhilfe zu beantragen. Doch davon wollte sie nichts wissen. Irgendjemand hatte ihr zugeflüstert, diese müsse später von ihren Kindern zurückgezahlt werden. Das wollte sie uns aber nicht antun. Erst viele Jahre danach erfuhren wir, dass das gar nicht stimmte. Da unsere Mutter das aber geglaubt hatte, war sie weiterhin gezwungen gewesen, für unseren Lebensunterhalt zu waschen und zu putzen.

Einen Vorteil hatte es allerdings, dass die Mama ihren Mann nicht für tot erklären ließ: So wurde uns kein Vormund vor die Nase gesetzt, und sie konnte alle Entscheidungen für uns selbst treffen.

Inzwischen war ich so weit herangewachsen und von der Mutter so gut angelernt worden, dass ich ihr eine gehörige Portion der Hausarbeit abnehmen konnte. Wenn sie am Abend heimkam, war das meiste schon erledigt. Ich hatte geputzt, gekocht, gebügelt, nur das Waschen überließ ich ihr.

Zu meinen Pflichten gehörte es auch, dafür zu sorgen, dass der Bruder richtig aß und seine Hausaufgaben ordentlich erledigte. Bald schon musste ich anstelle von Mama im Lebensmittelladen, beim Bäcker und beim Metzger in der Schlange stehen, um das Bisschen, das einem auf Marken zugeteilt wurde, einzukaufen. Tagsüber hätte die Mama dazu gar keine Zeit gehabt.

Besuche in Lichtenberg

Anfang 1949 wurde die Grenze nach Südtirol etwas durchlässiger. Darüber freute sich meine Mutter sehr. Das eröffnete ihr endlich die Möglichkeit, ihre Lieben wiederzusehen. Doch bis es so weit war, ging einiges an Schriftkram und an Vorsprechen auf diversen Ämtern voraus. Endlich erhielt sie ein Besuchsvisum für uns drei für den ganzen August.

Am Monatsersten ging es los. Für die Mama bedeutete diese Fahrt eine Reise in die Vergangenheit. Sie würde nicht nur ihre geliebte Heimat wiedersehen, die sie zehn Jahre zuvor zwangsweise verlassen musste, sondern auch all ihre Verwandten, die sie seit sechs Jahren nicht mehr gesehen hatte. Vor allem aber freute sie sich, dass es ihr vergönnt war, die eigene Mutter noch einmal sehen zu dürfen. Damit hatte sie nicht mehr gerechnet, nachdem Jahre zuvor ihr Versuch kläglich gescheitert war, über die grüne Grenze an deren Sterbebett zu gelangen.

Auch wir Kinder waren voller Erwartung und freuten uns, endlich ins »Gelobte Land« zu kommen. Die Mutter hatte uns ihre Heimat immer wieder in den leuchtendsten Farben geschildert, sodass in mir eine richtige Sehnsucht entstanden war. Meine Erwartung beschränkte sich nicht auf das Land allein, ich freute mich auch riesig darauf, endlich ihre Verwandten kennenzulernen, die ja auch meine waren und von denen sie uns so viel vorschwärmte. Ich brannte darauf, mit ihnen zu reden, mit ihnen etwas zu unternehmen. Jahrelang hatte ich darunter gelitten, dass wir in Ruhpolding ohne Angehörige leben mussten.

Alle meine Mitschüler besaßen Verwandte im Ort oder zumindest in einem der Nachbardörfer. Voller Neid hörte ich zu, wenn sie berichteten, dass sie bei Oma, bei Tante, bei Opa, bei Cousinen gewesen waren, was sie mit ihnen unternommen und erlebt hatten. Nur ich hatte nie mitreden können. Daher fühlte ich mich als Außenseiter, wie ein unvollständiger Mensch. Gewiss, ich wusste, dass wir eine Menge Verwandte hatten, aber die waren so weit weg! Und da die Grenze jahrelang hermetisch abgeriegelt war, sah es für mich so aus, als würde ich sie niemals treffen können.

Besonders freute ich mich darauf, meine Großeltern endlich zu sehen und die Ferien bei ihnen verbringen zu dürfen. Denn als uns die Nandl Anfang der Vierzigerjahre besucht hatte, war ich noch zu klein gewesen. Auch daran, dass Tante Berta, Mutters Zwillingsschwester, zwischen 1940 und 1943 einige Male bei uns zu Besuch gewesen war, erinnerte ich mich nicht. Ebenso war die kurze Grenzbegegnung im Jahre 1943 längst verblasst.

Allein die Fahrt nach Lichtenberg bedeutete für uns ein Abenteuer. Am ersten Ferientag stiegen wir morgens um sieben in Ruhpolding in den Zug. Er brachte uns nach Traunstein, wo es den ersten Aufenthalt gab: Wir mussten auf den Anschlusszug nach Rosenheim warten. Auf dem Bahnhof in Rosenheim verbrachten wir erneut einige Zeit, bis wir den Kurswagen nach Meran besteigen konnten. Dieser an den Zug, der sich auf dem Weg nach Rom befand, angehängte Waggon sollte in Bozen an den Meraner Zug angekoppelt werden.

So weit waren wir aber noch lange nicht. In Kufstein gab es einen äußerst langen Aufenthalt. Grenzbeamte stiegen ein und schlossen alle Türen ab, sodass niemand hinaus- oder hineingelangen konnte. Nahezu fünf Stunden dauerte die gesamte Kontrollprozedur. Jeder einzelne Reisende wurde gründlich durchsucht: deutsche Passkontrolle, deutsche Zollkontrolle, österreichische Passkontrolle, österreichische Zollkontrolle.

Am Brenner gab es gar einen Aufenthalt von fast sechs Stunden: österreichische Passkontrolle, österreichische Zollkontrolle, italienische Passkontrolle, italienische Zollkontrolle. Jeder Koffer, jede Tasche wurde durchwühlt. Während dieser Formalitäten war es für uns Kinder stinklangweilig. Trotzdem tobten wir nicht herum. Wie Wachsfiguren blieben wir auf unseren Plätzen sitzen, um nur ja nicht die Zollbeamten zu verärgern, bis sich der Zug wieder in Bewegung setzte. Ab Brixen staunten wir über die Landschaft, die uns so anders vorkam. Wir erblickten die ersten Weinberge unseres Lebens, und die Berge waren hier viel höher und steiler als bei uns in Ruhpolding.

Um ein Uhr nachts erreichten wir endlich Meran. Da es um diese Zeit von dort aus kein Weiterkommen gab, empfing uns Tante Maria, die jüngste Schwester meiner Mama, am Bahnhof. Das hatte unsere Mutter schon lange vorher brieflich mit ihr ausgemacht. Ab 23 Uhr hatte die treue Seele auf dem Bahnhof ausgeharrt, um uns in Empfang zu nehmen. Man konnte damals ja nie wissen, wann ein Zug wirklich ankam. Sie war mit dem Fahrrad da, auf welches wir unser Gepäck luden, bis Meran-Untermais war es ja nicht weit. So verbrachten wir unsere erste Urlaubsnacht bei ihr und Onkel Andi, ihrem Mann.

Da Maria am nächsten Morgen in den »Roten Adler« musste, wo sie als Bedienung arbeitete, reisten wir per Bus nach Lana zu Onkel Alois, dem ältesten Bruder meines Vaters, und dessen Frau Mizzi, die ja meine Taufpatin war. Am Tag darauf fuhren wir mit dem Bus, in dem übrigens Onkel Alois als Schaffner tätig war, zum Bahnhof von Meran, damit wir den Vinschgauer Zug erreichten, der den wohlklingenden Namen »Littorina« trug. Dieser brachte uns bis Spondinig, einer kleinen Ortschaft im Vinschgau.

Von dort holte uns Onkel Rudl, der Mann von Mamas Zwillingsschwester Berta, mit Pferd und Leiterwagen ab. Auf dem relativ kleinen Wagen befanden sich einige Säcke mit Getreide, auf die wir uns setzen durften. Der Onkel nutzte diese Fahrt, um auch zum Müller zu fahren. Bei diesem lud er das Getreide ab und einige Säcke Mehl dafür auf. Bei der Weiterfahrt saßen wir also auf Mehlsäcken. Nach einer Fahrtzeit von insgesamt einer Stunde kamen wir endlich in Lichtenberg bei Tante Berta an. Sie empfing uns sehr herzlich und tischte uns gleich ein deftiges Abendessen auf. Nach einiger

Zeit kamen meine Großeltern dazu. Die Nandl trug ein etwa ein Jahr altes Kind auf dem Arm. Sie erklärte uns, das sei meine Cousine Linda, die Tochter von Maria, bei der wir die erste Nacht verbracht hatten.

Von meiner Großmutter war ich mächtig enttäuscht! Einige Monate vorher hatte ich in einem Kinofilm eine Großmutter gesehen, die eine stattliche Erscheinung gewesen war: groß und schlank, mit einem lieblichen Gesicht, in vornehmes Schwarz gekleidet, mit einem schicken schwarzen Hut auf dem Kopf. So ähnlich hatte ich mir seitdem meine Nandl vorgestellt. Nun aber sah ich vor mir ein kleines hutzliges Weiblein in einem grauen, abgetragenen Kleid, darüber eine verwaschene Schürze. Sie trug keinen Hut, stattdessen hatte sie ein graues Kopftuch umgebunden. Das soll mal eine Lehrerin gewesen sein?, fragte ich mich. Nein, das ist nicht meine Großmutter, wehrte ich mich innerlich gegen sie.

Sie war es aber doch, da half alles Leugnen nichts. Nachdem die Großeltern mit uns bei Berta gegessen hatten, nahmen sie uns mit zu sich, wo wir während der Ferien wohnen sollten. Gewiss, bei dieser Abholaktion begleitete uns auch der Großvater. Von ihm war ich aber nicht enttäuscht, denn über ihn hatte ich mir vorher kein Bild gemacht. Außerdem hatte ich ihn kaum wahrgenommen, weil ich so sehr mit dem Betrachten meiner Großmutter beschäftigt gewesen war.

Je länger wir aber bei ihr wohnten und je genauer ich sie kennenlernte, desto mehr schloss ich sie ins Herz. Mich beeindruckten ihre lebhafte Art zu sprechen, ihre wachen Augen, die Allgemeinbildung und Intelligenz, aber auch ihr Fleiß, ja selbst ihre Kochkunst. Sie verstand es, aus einfachen Zutaten schmackhafte Mahlzeiten zu zaubern. Sogar ihren Kaffee machte sie selbst; dazu röstete sie Gerste in einer Pfanne und verfeinerte ihn mit Feigenkaffee. Bier braute sie ebenfalls, aber die Zutaten und das Rezept verriet sie mir nicht. Nach ein paar Tagen war sie für mich die liebste und beste Nandl, die man sich denken konnte. Bei diesem meinem ersten Besuch in Lichtenberg erzählte sie mir nahezu ihre ganze Lebensgeschichte und die ihrer Familie. Und ich, die so lange auf verwandtschaftliche Kontakte hatte verzichten müssen, saugte alles gierig auf. Noch heute bin ich dem Himmel dankbar, dass ich meine Großmutter noch einige Jahre erleben durfte.

Natürlich schlossen wir auch den Nene, unseren Großvater, gleich ins Herz, und er vermutlich uns ebenfalls. Er war ein kleines, bescheidenes, ruhiges Manderl, trug immer ein Kapl auf dem Kopf und einen blauen Arbeitsschurz über der Arbeitskleidung. Neugierig fragte ich ihn nach einigen Tagen, warum er immer diesen blauen Schurz trage. Dieser wies schon viele Brandlöcher auf, weil dem Nene beim Anzünden seines Pfeiferls immer wieder Funken darauf fielen. Aufmerksam lauschte ich seiner Erklärung:

»Ja, weißt, Mizzi, so einen blauen Schaber trage nicht nur ich. Wenn du dich mal im Dorf umschaust, wirst du sehen, dass bei uns viele Männer so einen Schurz tragen, vor allem solche in meinem Alter.

Wir Südtiroler haben ihn nach dem Ersten Weltkrieg eingeführt, weil die Faschisten uns das Tragen unserer Tracht verboten hatten, um uns Freiheit liebendes Volk schneller zu italianisieren. Aus stummem Protest heraus beschlossen wir Männer, diesen blauen Schaber zu tragen. Dagegen konnten die Italiener nichts unternehmen, es war ja keine Tracht. An diesem blauen Schurz aber erkannten die Landsleute die Gesinnung des anderen. Die Frauen hatten ihr eigenes Erkennungszeichen: ein schwarzes Tuch um die Schultern. Viele von ihnen tragen es heute noch, vorne gekreuzt zur Tracht, die ja mittlerweile wieder erlaubt ist.«

Jede freie Minute hatte er sein kleines Raggerle, eine bestimmte Art von Pfeife, im Mund, selbst wenn er nicht rauchte. Oft ließ er auch die Perlen seines Rosenkranzes durch die Finger gleiten und bewegte lautlos die Lippen.

Als ich ihn einmal fragte: »Nene, was betest denn immer?«, gab er zurück: »Ich bete, dass du mal a braves Mandl kriegst.«

Seine Gebete müssen erhört worden sein, doch davon später.

Trotz des hohen Alters ging unser Großvater jeden Sommer Heilkräuter sammeln. Er war ein großer Kenner der Kräuter und ihrer Heilkraft und kannte sich damit aus, was wofür oder wogegen half. Während sich seine Frau, die ehemalige Lehrerin, in allem überlegen zeigte und es wahrscheinlich auch war, so erkannte sie ihn allerdings ohne Abstriche als absolute Autorität an, was die Kräuter und die Heilwirkung anging.

Mich interessierte alles, was er mir über Kräuter erzählte. Deshalb durfte ich ihn öfter in Wald und Flur begleiten. Er hatte große Freude daran, mir etwas erklären zu dürfen.

Nur wenn es um Skorpione ging, blieb er eisern. Da nahm er mich nie mit. Er erklärte: »Die Skorpione sind richtig gefährlich und sehr giftig, dabei kann ich dich wirklich nicht brauchen.«

Nach seiner erfolgreichen Skorpionjagd zeigte er mir nicht nur seine Beute, er beschrieb mir auch anschaulich, wie er sie ausfindig gemacht und gefangen hatte. Dann durfte ich zuschauen, wie er sie konservierte, um sie zu Heilzwecken an Mensch und Tier einzusetzen. Diese giftigen Tiere fand er in beträchtlicher Höhe auf dem Berg unter dicken Steinen. Mit einem ganz bestimmten Griff musste er sie packen und töten, damit sie ihn nicht stechen konnten. Dann legte er jedes in ein Glas mit Olivenöl ein. In dem geräumigen Gang des Bauernhauses stand ein großer Schrank, in dem er all seine »Kostbarkeiten« aufbewahrte: die Dosen und Gläser mit gesund machenden Kräutern und die Gläser mit den Skorpionen. Der Schrank war stets abgeschlossen, damit keines der Enkelkinder Unfug machen konnte.

Die Dorfbewohner, aber auch Leute aus weitem Umkreis, zu denen sich herumgesprochen hatte, dass er Heilkenntnisse besaß, suchten meinen Großvater bei verschiedenen Leiden auf, egal, ob es sich um sie selbst, einen Familienangehörigen oder gar ein Haustier handelte. Vor allem gegen Vergiftungen setzte der Nene das Skorpiongift ein und beträufelte die betroffenen Stellen mit ganz wenigen

Tropfen des Skorpionöls. Er muss immer erfolgreich gewesen sein, denn es hat nach einer solchen Behandlung nie einen Todesfall gegeben.

Dass Klein Linda mit im Hause meiner Großeltern lebte, war für mich eine zusätzliche Attraktion. Wenn sie nicht gerade schlief, wuselte sie auf dem Boden herum und wusste sich selbst gut zu beschäftigen. Sie freute sich aber immer, wenn ich mit ihr spielte. Das tat ich mit großer Begeisterung, für mich war sie eine lebendige Puppe.

Wenn ich geglaubt hatte, wir könnten ganz locker und zwanglos unsere Ferien bei den Großeltern verbringen, so musste ich bald umdenken. Fast täglich hatte unsere Mutter eine andere Idee, wen wir unbedingt besuchen müssten. Nachdem wir in Lichtenberg alle Verwandten abgeklappert hatten, ging es nach Berg Lichtenberg, nach Prad, nach Glurns und nach Tschengels.

In Partschins machten wir gleich vier Tage Besuch bei Mathilda, genannt Tilla. Sie war die jüngste Schwester meiner Großmutter. Dort war es für uns allerdings sehr interessant: Wir durften mit in die Obstgärten und in die Weinberge. Onkel und Tante erlaubten uns, so viele Trauben und so viel Obst zu essen, wie wir wollten. Leider bekam das meinem Darm nicht so besonders.

Obwohl ich mich in Ruhpolding so sehr nach Verwandten gesehnt hatte, wurde es mir bald zu viel. Gewiss, es waren liebe und nette Leute, alle nahmen uns herzlich auf und bewirteten uns bestens. Aber so viel Verwandtschaft, die innerhalb so kurzer Zeit auf mich »einstürmte«, das überstieg meine Kräfte. Hinzu kam, dass ich ihre Sprache nicht verstand, und offensichtlich verstanden sie mich auch nicht. Ich saß also immer nur stumm und dumm dabei, während Mama sich lebhaft mit ihnen unterhielt.

Meine Mutter hatte mit uns Kindern von Anfang an nach der Schrift geredet, damit wir uns mit den Nachbarskindern unterhalten konnten, und auch, damit wir später in der Schule keine Schwierigkeiten bekommen würden. Mit der Nandl konnte ich mich deshalb verständigen, sie bemühte sich, nach der Schrift zu reden. Dennoch verwendete auch sie Wörter im Dialekt, mit denen ich zunächst nichts anzufangen wusste. Wenn sie zum »Halmidag« rief, meinte sie eine Brotzeit morgens um neun. Wurde zur »Marende« gebeten, war das eine Brotzeit am Nachmittag.

In dieser Zeit verstand ich beim besten Willen nicht, dass sich die Mama das antat, fast täglich auf Achse zu sein – per Bus oder Bahn, meist aber zu Fuß, anstatt sich in Großmutters Garten zu setzen und sich von ihrer anstrengenden Arbeit einmal gründlich zu auszuruhen.

Heute kann ich es nachvollziehen. Sie, die viele Jahre in der »Fremde« verbracht hatte, isoliert von allen Angehörigen, muss förmlich ausgehungert gewesen sein nach verwandtschaftlichen Kontakten. Ja, heute ergeht es mir selbst so. Immer wieder muss ich nach Südtirol, um meine Lieben zu sehen. Sie sind wirklich herzensgute und gastfreundliche Leute und halten auch untereinander regen Kontakt. Aber nicht nur meine Verwandten lernte ich als nette, hilfsbereite Menschen kennen, sondern auch viele andere Südtiroler. Mir scheint, ihr Familiensinn ist wesentlich ausgeprägter als der in Bayern. Vielleicht hat sie das zusätzlich zusammengeschweißt, dass sie sich so lange gegen die Faschisten wehren mussten, um nicht als Volk unterzugehen.

Aber zurück zum Sommer 1949. Als wir von Partschins zurück waren und meine Mutter die nächste Besuchsfahrt ankündigte, nämlich nach Taufers, streikte ich: »Nein, Mama, ich derpack das net!«

Für mich überraschend, zeigte sie tatsächlich Verständnis und ließ mich allein bei der Nandl zurück. Diese Freiheit genoss ich sehr. Schon am frühen Morgen und am Spätnachmittag durchstreifte ich Lichtenberg. Zu diesen Zeiten spielte sich hauptsächlich das Dorfleben ab, was ich ausgesprochen liebte. Es kam mir vor, als habe dieses Dorf Johanna Spyri zu ihrem Buch »Heidi« als Vorlage gedient. Aus diesem hatte uns unsere Lehrerin immer wieder im Handarbeitsunterricht vorgelesen.

Früh am Morgen blies der Ziegenhirt in sein Horn, und alle Ziegenställe öffneten sich wie von Geisterhand. Aus den Türen strömten sie herbei, die großen und die kleinen Geißen, weiße, braune und gefleckte. Dann stieg der »Geißenpeter« mit ihnen den Berg hinauf, ein fröhliches Gemecker hinter sich. Wenig später blies der Schafhirt in sein Horn. Dann öffneten sich die Schafställe, und lauter große und kleine, helle und dunkle Wollknäuel quollen hervor. Hatte er alle beisammen, zog der Schäfer mit seiner »Herde« und dem Hütehund auf die Bergwiesen. Am Abend strömten wieder alle Tiere ins Dorf zurück und fanden selbstständig in die heimatlichen Ställe. Der Geißenpeter und der Schafhirt aber mussten erst einmal überlegen, in welches Haus sie zum Nachtessen gehen sollten, denn dieses bekamen sie jeden Abend bei einer anderen Familie.

Nun darf man sich den Geißenpeter und den Schafhirten nicht als Buben vorstellen wie in dem »Heidi«-Buch. Unsere beiden Hüter waren gestandene Mannsbilder, wohl zwischen fünfundzwanzig und dreißig Jahre alt. Im bürgerlichen Leben übten sie ganz normale Berufe in der Stadt aus. Aber sie hatten sich in den Kopf gesetzt, einen Sommer lang mal das »romantische Leben« von Berghirten zu führen. Um dem Ganzen die Krone der Romantik aufzusetzen, nächtigten sie nicht in Betten, sondern im Heustadl eines Bauern.

Die Kühe aller Bauern blieben den ganzen Sommer über auf der Lichtenberger Alm. Wo früher unser Großonkel Hans die Tiere gehütet hatte, tat das nun sein Sohn Friedrich, also ein Vetter zweiten Grades von mir. Wir besuchten ihn einige Male, wo er uns frische Milch und herrlichen Almkäse vorsetzte.

Nachdem meine Mutter mit Rudi aus Taufers zurück war, nahmen wir die gemütlichen Erzählabende in der Stube der Großeltern wieder auf. Unter anderem gab die Nandl eine Geschichte aus ihrer Kindheit zum Besten, die zeigte, wie raffiniert sie war und wie logisch sie damals schon denken konnte. Schon früh musste sie auf ihre kleinen Schwestern aufpassen, wenn die Mutter auf dem Felde arbeitete. Beim Spielen vergaß die kleine Maria aber manchmal ihre Pflichten. Damit sie diese in Zukunft gewissenhafter ausführte, dachte sich die Mutter ein Druckmittel aus. An einer Küchenwand hing eine einfache Reproduktion vom heiligen Franziskus, die nach einem Gemälde angefertigt worden war.

Maria muss sieben oder acht Jahre alt gewesen sein, da erklärte ihr die Mutter, bevor sie das Haus verließ: »Sei schön brav, und pass gut auf die Kleinen auf. Der heilige Franziskus beobachtet dich, er sieht alles.«

Kaum war die Mutter weg, suchte sich Maria einen spitzen Gegenstand und kratzte dem Heiligen die Augen aus. »So«, kam es trotzig aus ihrer Brust. »Jetzt kannst du mich bei der Mutter anschwärzen!«

Eine andere Geschichte von ihr hat mich ebenfalls stark beeindruckt, eine traurige allerdings. Nandls Schwester Anna, also die Zweite in der Schwesternreihe, hatte einen braven Bauern geheiratet. Beide freuten sich auf das erste Kind.

»Egal ob Bub oder Madl«, hatte ihr Mann gesagt. »Es wird genommen, was kommt. Hauptsach, das Kind ist gesund.«

Noch bevor bei der Anna die Wehen einsetzten, hatte sie eine starke Blutung. In großer Besorgnis rannte der Bauer zur Hebamme, die auch gleich mit ihm zurückkam. Diese erkannte sofort, dass sie mit dieser Entbindung überfordert sein würde, und hieß den Bauern, den Arzt zu holen.

Dieser war auch bald zur Stelle. »Auf normalem Wege kann das Kind nicht zur Welt kommen«, stellte der nach wenigen Augenblicken fest. »Die Plazenta liegt vor. Da hilft nur ein Kaiserschnitt.«

»Dazu müsste sie ja ins Spital«, erschrak der Bauer.

»Dafür ist die Zeit zu knapp, sie würde unterwegs verbluten«, lautete die Diagnose des Arztes. Damit hatte er zweifellos recht, denn bis zum Meraner Krankenhaus waren es 40 Kilometer, und es stand nur ein Ochsenkarren für den Transport zur Verfügung. »Eine kleine Chance haben wir noch«, meinte der Doktor. »Wir müssen den Kaiserschnitt hier durchführen.«

Hastig bereitete die Hebamme den Küchentisch als Operationstisch vor, auf den der Mediziner mit dem Bauern die Frau hob, die zusehends schwächer wurde. Nach Anweisung des Arztes verabreichte die Geburtshelferin ihr die Narkose. Unter den besorgten Augen des Ehemannes führte der Doktor den Bauchschnitt aus und riss förmlich das Kind heraus. Doch es war bereits zu spät.

Trotz aller Tricks, die ihr zur Verfügung standen, brachte die Hebamme das Kind nicht dazu, zu atmen. Es hatte wohl zu lange unter Sauerstoffmangel gelitten. Unterdessen nähte der Arzt die Bauchdecke wieder zu und bemühte sich weiterhin um die junge Mutter. Doch vergebens, sie wachte aus der Narkose nicht mehr auf. Für den Bauern brach eine Welt zusammen. Auf einen Schlag hatte er seine Frau und seinen Stammhalter verloren.

Doch schon bald wusste er sich zu trösten. Er heiratete eine junge Bauerntochter, die ihm einen ganzen Haufen Kinder schenkte.

Über Kassian, den einzigen Sohn meines Urgroßvaters Blasius, gibt es auch noch einiges zu sagen. Er, als dreizehntes Kind seines Vaters, das ohne Mutter hatte aufwachsen müssen, war liebevoll umsorgt und von seinen Schwestern gehegt und gepflegt worden. Einer nach der andern fiel die Aufgabe zu, sich, bevor sie das Vaterhaus verließ, um den Haushalt und den kleinen Bruder zu kümmern. So wurde ein anständiger und rechtschaffener Mensch aus ihm, zur Freude seines Vaters. Dieser lernte ihn schon früh genug an, weil er ja nach ihm der Bauer auf dem Hof werden sollte.

Mathilda, die jüngste Schwester von Kassian, musste am längsten auf dem elterlichen Hof ausharren. Sie konnte ja den alten Vater und ihren »kleinen« Bruder nicht sich selbst überlassen. Im Jahre 1918, als Kassian in Lina eine brave, tüchtige Bäuerin fand, konnte Mathilda endlich ihrem Herzen folgen, ihren langjährigen Verehrer Sepp heiraten und zu ihm auf seine Obstpflanzung in Partschins ziehen. Kassians Frau brachte, zwei Jahre nach der Hochzeit, am 20. August 1920 einen Stammhalter zur Welt, der den Namen Hermann bekam.

Dass er die Geburt dieses Enkels noch erleben durfte machte den alten Blasius sehr glücklich, sah er in ihm doch den nächsten Bauern auf seinem Hof. Er konnte ja nicht ahnen, dass das Schicksal für diesen Enkel einen ganz anderen Lebensweg vorgesehen hatte. Die Geburt der weiteren Buben, Alois kam ein Jahr später und Oswald 1924, erlebte der alte Blasius schon nicht mehr. Drei Jahre nach Oswald kam Flora zur Welt, die aber nur wenige Tage überlebte. Im Jahre 1929 erblickte wieder ein Sohn das Licht der Welt, der Ernst. Hinzu kamen zwei weitere Töchter: die Maria 1931 und die Berta ein Jahr darauf.

Als Hermann neunzehn war, brach der Zweite Weltkrieg aus, und er wurde schon bald eingezogen. Auch seine Brüder Alois und Oswald mussten wenig später an die Front. Ernst, der Jüngste, blieb gottlob verschont. Doch die Familie hatte Glück, die drei Kriegsteilnehmer kehrten ohne nennenswerte Blessuren nach Hause zurück. Nach dem Krieg war die große Familie, die ohnedies kaum von den Erträgen des Berghofes leben konnte, noch ärmer als zuvor. Man ernährte sich von Polenta und Kartoffeln, Fleisch kam so gut wie keines auf den Tisch.

Deshalb entschloss sich Hermann schon bald, illegal auf die Jagd zu gehen. Das Schießen hatte er im Krieg ja gründlich trainiert. Aber auch andere junge Männer, die im Krieg gelernt hatten, mit der Schusswaffe umzugehen, betätigten sich als Wilderer in den Vinschgauer Wäldern, denn auch ihre Familien lebten am Rande des Existenzminimums.

Tagelang durchstreifte Kassians Ältester die Wälder, ohne jeglichen Erfolg. Seine Mutter betete derweil zu Hause und bangte um sein Leben, denn Wildern war gefährlich. Nicht nur, dass man vor die Flinte eines Jagdaufsehers geraten konnte, es bestand auch die Gefahr des Abstürzens, denn die Hänge waren steil. Ein Fehltritt, und man fiel hundert Meter oder mehr in die Tiefe und blieb mit zerschmettertem Kopf und gebrochenen Gliedmaßen auf einem Felsen liegen.

Lina hatte nicht das Herz, ihrem ältesten Sohn das Wildern zu verbieten. Zum einen hätte es nichts genützt, zum andern hoffte sie im Interesse der ganzen Familie, dass ihm endlich Jagderfolg beschieden sein möge. Fast jeden Morgen, bevor die Sonne aufging, schwärzte er sich das Gesicht, hängte sich einen dunkelgrünen Fetzen über und zog mit seinem Gewehr los. In dieser Zeit studierte er aufmerksam, wo das Wild äste, wie lange es an einem Platz blieb und in welche Richtung es sich fortbewegte.

Da, eines Morgens im November, er hatte seine Flinte gerade in Anschlag gebracht, krachte ein Schuss. Der war leider nicht aus seiner Büchse gekommen. Vor seinen Augen brach eine ansehnliche Hirschkuh zusammen, und das übrige Wild stob in Panik davon. Das nächste Mal musst du schneller sein, nahm er sich vor.

Beim nächsten Pirschgang entdeckte er wieder einige Hirschkühe vor sich, legte an, zielte, und wieder krachte ein Schuss aus einer anderen Richtung. Auch diesmal sah er nur noch die »Schlusslichter« seiner potenziellen Beute. Aus diesen Fehlern lernte er. Du musst noch früher auf die Pirsch gehen, du darfst nicht zu lange zögern, bis du den Abzugshahn betätigst.

Endlich nahte sein großer Morgen. Vor ihm stand ein kapitaler Hirsch. Hermann legte an, drückte ab, und schon brach der König der Wälder zusammen. Aus seiner Deckung eilte der Wildschütz herbei, versetzte dem noch zuckenden Tier den Fangstoß und zerrte es ins Gebüsch, was sich schon als schwierig genug erwies. Er merkte, dass er nicht genug Kraft besaß, um das schwere Tier allein nach Haus zu schleppen. Wegschleifen kam nicht infrage, da hätte ihn die Schleifspur verraten können. Zudem wäre er womöglich seinen »Kollegen« begegnet, denen diesmal er das Wild verscheucht hatte. Am Spätnachmittag bei Einbruch der Dunkelheit schaffte er das Tier mithilfe seines Vaters nach Hause.

Die ganze Familie war überglücklich über Hermanns Jagderfolg. Endlich kam mal wieder Fleisch auf den Tisch, an dem allein drei erwachsene Männer saßen: Vater Kassian, der glückliche Jäger selbst und sein Bruder Lois, der sich im Sommer zwar als Hirte auf der Alm befand, im Winter aber überwiegend an Mutters Tisch saß. Im Winterhalbjahr betätigte sich der Bursche nämlich als Viehhändler. Sie alle hatten einen gewaltigen Appetit. Hinzu kamen Mutter Lina und die Schwestern, welche auch alle fleißig zulangten, weil sie endlich wieder etwas Gescheites zwischen die Zähne bekamen.

In der Folgezeit wurde Hermann als Wildschütz immer geschickter, und es gelang ihm, die Familie ausreichend mit Fleisch zu versorgen. Dass er ein guter Wilddieb war, blieb der Obrigkeit nicht verborgen. Vielleicht hatten ihn aus Neid die »Kollegen«, verpfiffen, vielleicht war ihm aber auch ein findiger Jagdaufseher auf die Schliche gekommen. Dennoch, man erwischte ihn niemals. Trotz mehrerer Hausdurchsuchungen fand man keine Beweise, die ihn überführt hätten. Er verstand es wie kein Zweiter, seine Büchse und seine Beute so gut und so schnell zu verstecken, dass man ihm nie etwas nachweisen konnte.

Nachdem er sein »Handwerk« einige Jahre ausgeübt hatte, ohne erwischt zu werden, bestellte man ihn aufs Forstamt. Dort erschien er mit unschuldiger Miene und neugierig darauf, was man ihm vorwerfen werde.

Der oberste Forstmann hielt ihm eine kurze, aber bedeutsame Rede: »Hermann, wir wissen, dass du in unseren Wäldern wilderst, wenn du uns bedauerlicherweise auch immer durch die Lappen gegangen bist. Deshalb machen wir dir ein Angebot. Bei diesem kannst du deine Jagdleidenschaft ausleben, ohne der Öffentlichkeit Schaden zuzufügen.«

»Wie darf ich das verstehen?«, fragte Hermann mit Unschuldsmiene, während er seinen Jägerhut in den Händen drehte.

»Wir bieten dir die Stelle eines Jagdaufsehers an. Bei festem Gehalt und mit Pensionsansprüchen, versteht sich.«

»Und was wäre meine Aufgabe?«

»Du musst den Wald durchstreifen wie bisher. Du darfst auch Wild erlegen, aber nur das von uns bezeichnete.«

»Klingt gut. Aber was erwartet ihr dafür von mir?«

»Du kennst den Wald wie kein anderer. Du weißt, wo das Wild steht. Du kennst die Wege und die Schlupflöcher der Wilderer. Du wirst dafür sorgen, dass die Wilderei in unseren Wäldern aufhört.«

Der bisher so erfolgreiche Wildschütz erschrak. »Ihr könnt nicht von mir erwarten, dass ich auf meine Kollegen ziele oder sie anzeige!«

»Nein, das erwarten wir auch nicht«, betonte der hohe Forstbeamte. »Wir möchten lediglich, dass du deinen Wildererkollegen klarmachst, dass du nun der Jagdaufseher bist, alle ihre Schlupflöcher und Schleichwege kennst und im Wald sehr präsent bist.«

Mit diesem »Berufsbild« konnte der Hermann leben. Er nahm die Stelle an, und bald war sein Revier wirklich von Wilddieben frei. Geholfen hat ihm dabei natürlich die Tatsache, dass die Not in der Bevölkerung allmählich nachließ. Die Familien waren nicht mehr so kinderreich, die Väter fanden bessere Verdienstmöglichkeiten, und durch den Obstanbau wurde der vormals arme Vinschgau zu einem geradezu wohlhabenden Land.

Keiner von Hermanns Brüdern konnte einen Beruf erlernen, das war damals eben so. Was Alois tat, wissen wir bereits. Sein Bruder Oswald übernahm den väterlichen Hof, da Hermann, der Älteste, ja mittlerweile einen guten »Job« hatte. Ernst bekam auf dem elterlichen Hof eine Wohnung, verdiente sich sein Brot aber meist, indem er bei anderen Bauern arbeitete.

Da die Buben schon keine Chance hatten, einen Beruf zu erlernen, bot sich den Mädchen schon zweimal keine. Für sie standen nur drei Möglichkeiten zur Wahl: Sie konnten Dienstmädchen in einem Stadthaushalt, Bauernmagd auf einem fremden Hof oder Bedienung in einer Gaststätte werden. Maria, die ältere von Kassis Töchtern, arbeitete nach ihrer Schulentlassung zunächst als Kellnerin in einem Gasthaus, nutzte später jedoch die Möglichkeit, eine Ausbildung zur Köchin zu absolvieren. Berta, die Jüngste aus der Geschwisterreihe, wählte nach dem Besuch der Bürgerschule ebenfalls das Hotelfach.

Sie begann ihre Karriere als Serviererin im »Stilfser-Joch-Hotel«. Der Oberkellner nahm das begabte und fleißige Mädchen unter seine Fittiche und brachte ihr außer gutem Benehmen alles bei, was eine versierte Bedienung können und wissen musste. Ihre nächste Stelle fand sich in Sulden im »Zebu«, wo sie schon bald zur Saalchefin aufstieg. Als solcher standen ihr alle Türen offen. Weitere Stationen in ihrem Leben waren das »Hotel Rosatsch« in Pontresina und das »Restaurant Radi« in St. Moritz, wo sie die Reichen und Schönen dieser Welt in ihrer Eigenschaft als Chefserviererin bediente. Dennoch war sie sich nicht zu schade, in der Zwischensaison auf dem heimischen Bauernhof mitzuhelfen.

Da zu ihren Gästen immer wieder Englisch sprechende Ausländer gehörten, mit denen sie sich nicht verständigen konnte, packte sie der Ehrgeiz, und sie nutzte mehrere Monate in der Zwischensaison zu einem Sprachaufenthalt in Südengland. Ihre Englischkenntnisse sollten ihr bald das Tor zur großen weiten Welt öffnen.

Im Jahre 1971 schickte sich der Schah von Persien, Reza Pahlavi, an, das 2.500-jährige Bestehen seiner Monarchie zu feiern. Zu diesem Zwecke ließ er in der Wüste, nahe bei Teheran, »Persepolis« – eine riesige Zeltstadt – aufbauen, in der er seine illustren Gäste unterbringen und bewirten wollte. Da er selbst schon einige Male in St. Moritz Urlaub gemacht hatte, kannte und schätzte er die Professionalität des Schweizer Servierpersonals. Seine honorigen Staatsgäste sollten nur von den erlesensten Kräften aus der Schweiz betreut werden. Also schickte der

Herrscher auf dem Pfauenthron rechtzeitig seine »Werber« aus, damit sie aus der Elite der Schweizer Serviertöchter die besten auswählen sollten. Unter diesen befand sich auch Berta Angerer, in ihrem Heimatdorf bekannt unter dem Namen Kassi-Berta.

Mit Herzklopfen bestieg sie im Herbst 1971 zum ersten Mal in ihrem Leben ein Flugzeug. Dieses brachte sie in den Iran. Von den Eindrücken, die sie dort erwarteten, war sie mehr als überwältigt. Für kurze Zeit tauchte sie ein in eine glamouröse, luxuriöse Welt. Ihre Aufgabe bestand darin, die hohen Herrschaften aus dem Sudan und aus Korea zu bedienen. Sie bekam aber auch alle anderen gekrönten und ungekrönten Staatshäupter zu sehen, und zwar bei dem historischen Umzug. Sie erinnerte sich lebhaft, dass König Juan Carlos von Spanien und seine Gemahlin Sophia ganz dicht an ihr vorbeidefiliert sind, ebenso wie Prinzgemahl Philip von England mit Tochter Prinzessin Anne sowie der amerikanische Präsident Nixon mit seiner Frau.

Einmal betrat sogar, völlig unerwartet, die letzte persische Kaiserin Farah Diba das Zelt des Sudan, während Berta ihren Dienst versah. Was tut eine wohlerzogene Schweizer Saaltochter in einem solchen Augenblick? Sie versinkt in einen formvollendeten Hofknicks.

Natürlich war das Mädchen aus Lichtenberg auch überwältigt von den nächtlichen Aktivitäten, die das persische Herrscherpaar seinen erlauchten Gästen bot. Davon waren für Berta die Lichtinstallationen wohl die beeindruckendsten.

Nachdem Berta einmal den Duft der »großen weiten« Welt geschnuppert hatte, unternahm sie in der Folgezeit immer wieder Fernreisen, vor allem nach ihrer Pensionierung. Sie besuchte unter anderem die USA, Thailand, Marokko, die Kanarischen Inseln, und immer wieder kamen ihr dabei ihre Englischkenntnisse zugute.

Aber zurück zu den gemütlichen Abenden in der Stube meiner Großeltern. Meist war es meine Nandl, die über Familienereignisse berichtete. Nur selten meldete sich der Nene zu Wort. Wenn er erzählte, kam es mir vor, als seien es Märchen aus uralter Zeit. Er sprach mit Vorliebe vom Lichtenberger Schloss, über dessen Geschichte und Bewohner. Nene war wie bereits erwähnt von Beruf Zimmermann wie sein Vater. Dieser hatte immer wieder auf dem Schloss Reparaturarbeiten auszuführen gehabt. Oft nahm er seinen Buben, den Sepp, also meinen Großvater, mit. Der konnte ihn schon mal mit kleinen Handreichungen unterstützen.

Die meiste Zeit aber streifte der Bub im Schloss umher, natürlich nur in den unbewohnten Räumen, und davon gab es genug. Er stieg in die Türme hinauf und genoss vom Söller aus den Blick übers ganze Dorf und weit hinaus ins Land. Sogar ins Verlies stieg er hinab, wo es sehr schauerlich gewesen sei, obwohl kein Skelett zu finden war. Nachdem der letzte Bewohner gestorben oder weggezogen war, verfiel das Schloss leider, und unmittelbar nach dem Zweiten Weltkrieg holten sich die Dorfbewohner von dort Steine und anderes »Baumaterial« für ihre eigenen Häuser.

»Das ist ja schrecklich!«, warf ich bedauernd ein.

»Wieso? Das Schloss nützt doch keinem mehr,« entgegnete mein Großvater.

»Aber Nene«, entrüstete ich mich, obwohl ich erst elf war. »So ein altes Schloss muss man doch erhalten!« Das Wort »Kulturgut« kannte ich damals noch nicht. Zum Glück hat sich inzwischen der Denkmalschutz des Schlosses angenommen und rettete, was noch zu retten war. Daher überragt das Lichtenberger Schloss noch heute als »schönste Ruine des ganzen Landes« das Dorf – weithin sichtbar.

Besonders gern erwähnte mein Großvater die Schlossköchin. Immer wenn er mit seinem Vater im Schloss weilte, steckte diese ihm, dem stets hungrigen Buben, etwas zu, mal ein Butterbrot, mal einen Apfel oder ein paar Zwetschgen.

Viel zu schnell neigte sich unser schöner Ferienaufenthalt dem Ende zu. Alle hatten uns Gutes getan, deshalb sann unsere Mutter darüber nach, wie sie das vergelten könne. Zu essen gab es für ihre Verwandten genug, aber sie hatte beobachtet, dass die Kinder ihrer Schwester, der Richard, Oswald und Klein Berta, sehr dürftig gekleidet waren, ebenso wie die kleine Linda. Deshalb nahm sie sich vor, bei unserem nächsten Besuch einiges von unserer Kleidung mitzubringen, aus der wir herausgewachsen waren.

Abgesehen davon, dass die Großmutter uns reichlich Proviant für unterwegs einpackte, gab sie meiner Mutter auch von der eigenhändig gesponnenen Wolle mit, die von Nenes Schafen stammte, und ein Stück besten Loden, den sie aus fein gesponnenen

Fäden hatte weben lassen. Doch Mama hatte Bedenken, diese Gaben mitzunehmen, obwohl wir diese gut hätten brauchen können. In Erinnerung daran, wie man alle Koffer und Taschen auf unserer Anreise an beiden Grenzen gefilzt hatte, wollte sie kein Risiko eingehen. Diese einfachen, zweckmäßigen Geschenke hätten als Schmuggelware gegolten. Und da die Mama schon mal als »Grenzgängerin« mit dem Gesetz in Konflikt geraten war, traute sie sich nicht, diese Geschenke in ihren Koffer zu packen.

Unsere praktisch veranlagte Großmutter Maria aber wusste Rat. Sie bat mich, meinen Oberkörper frei zu machen. Dann begann sie damit, mich mit der Wolle zu umwickeln. Dabei musste ich mich ständig drehen wie ein Tanzbär. Danach kam mein Bruder an die Reihe. Um seinen Oberkörper wickelte sie den Lodenstoff. Nachdem wir beide wieder komplett angezogen waren, sah man uns nicht an, dass wir in Schmuggelgut gehüllt waren.

Nach dem rührenden Abschied von der ganzen Familie kutschierte uns Onkel Rudl wieder zum Bahnhof. Als wir uns von ihm verabschiedeten, flossen bei ihm reichlich Tränen, denn er war ein sehr warmherziger Mensch.

Jeder weiß, wie unangenehm es ist, Schafwolle auf der nackten Haut zu tragen. Während unserer Heimreise biss und juckte es darunter überall, und wir litten wie die Hunde. Kratzen konnten wir nicht, dafür lagen unsere »Wollfelle« zu dicht an. Je näher wir der ersten Grenze kamen, desto schlimmer wurde es, im Zug war es inzwischen ziemlich warm geworden. Zum Jucken und Beißen kam nun noch das Schwitzen hinzu. Fast unerträglich! An beiden Grenzstationen bissen wir die Zähne zusammen und ließen uns nichts anmerken, als die Zöllner unser Gepäck durchwühlten. Meiner Mutter sah ich an, dass sie genauso litt wie wir, ohne dass sie in kratzige Wolle gepackt war. Doch wir ertrugen alles tapfer, wir wussten ja, was auf dem Spiel stand.

Endlich auf deutschem Boden angelangt, hätten wir uns am liebsten die wollige Umhüllung vom Leib gerissen. Doch das war unmöglich, wir waren ja ständig von Menschen umgeben. Endlich, nach der achtzehn Stunden dauernden Reise, kam die Erlösung.

Als wir sicher in unserer Wohnung gelandet waren, atmete die Mutter auf, dankte uns aus ganzem Herzen, dass wir so tapfer durchgehalten hatten, und schälte uns aus der kratzigen Verpackung. Es hatte sich wirklich gelohnt. Für meinen Bruder nähte die Mutter aus dem guten Stoff eine schicke Hose, und aus der Wolle strickte sie für mich eine Jacke. Beide Kleidungsstücke leisteten uns lange Zeit gute Dienste.

Unser nächster Besuch in Lichtenberg erfolgte im Sommer 1950. Unsere Reiseroute war wieder die gleiche wie im Vorjahr. Da ich im letzten Jahr so viel über die Vorfahren meiner Mutter gehört hatte, war ich nun daran interessiert, etwas über die Ahnen meines Vaters zu erfahren. Dabei kam mir ein schöner Zufall zu Hilfe.

Nachdem wir die erste Nacht wieder bei Tante Maria in Meran-Untermais verbracht hatten, schliefen wir in der zweiten Nacht wieder bei Onkel Alois und Tante Mizzi in Lana. Bevor wir am nächsten Morgen aufbrachen, fielen mir zwei schön gerahmte Tafeln auf, die ich bei unserem ersten Besuch gar nicht bemerkt hatte. An einer Wand im Wohnzimmer hatten sie einen Ehrenplatz. Neugierig, wie ich war, fragte ich meinen Onkel, was es mit ihnen auf sich hätte.

Bereitwillig begann er zu erzählen. Ich merkte ihm an, dass es ihm Freude machte, mir meine Familiengeschichte väterlicherseits nahezubringen. Um seine Worte zu untermalen, deutete er immer wieder auf die Ahnentafel beziehungsweise den Stammbaum, wie er die beiden Tafeln nannte. Während er auf die Namen und die Jahreszahlen zeigte, die an den verschiedenen Ästen des Stammbaums aufgezeichnet waren, wusste er über jede Person etwas zu berichten.

Demnach war die Tiroler Linie dieser Familie 1698 durch Kaiser Leopold I. wegen besonderer Verdienste des Hausherrn geadelt worden und hatte auf der wunderschönen Churburg über Schluderns im Vinschgau ihren Wohnsitz gehabt. Kunigunde, eine der Nachkommen, verliebte sich unglücklicherweise in den bürgerlichen Matthias Kofler, den Verwalter auf den Gütern des Grafen von Matsch.

Obwohl ihre Eltern sie beschworen, die Finger von diesem Mann zu lassen, und trotz der Drohung, sie werde enterbt, falls sie ihn heirate, vermählte sie sich 1782 mit ihrem Matthias. Unerbittlich wurde sie aus dem Ahnenbuch gestrichen.

Mit leiser Wehmut zeigte Alois mir an dem Stammbaum den abgebrochenen Ast. Der gräfliche

Papa war aber doch so gnädig gewesen, seiner Tochter Kunigunde als Heiratsgut einen ansehnlichen Bauernhof in Matsch zu geben. So hatte das junge Paar wenigstens eine Existenzgrundlage. Mein Vater hat als Kind dort noch oft seine Nandl besucht, wie er meiner Mutter erzählte. Bedauerlicherweise brannte dieser Hof in den 1930er-Jahren bis auf die Grundmauern ab. Das Grundstück und die Ländereien, die zu dem Hof gehörten, müssen ein schönes Sümmchen Geld eingebracht haben. Leider bekamen wir, die rechtmäßigen Erben, davon keinen Pfennig zu sehen, weil jemand unser Erbe veruntreut hat.

Ab dem Jahre 1782 waren meine Vorfahren also nur noch auf der bürgerlichen Ahnentafel weiterzuverfolgen. Wie viele Kinder Kunigunde und Matthias gehabt hatten, war daraus nicht ersichtlich. Einer ihrer Söhne jedenfalls, der Bauer Jakob Kofler, heiratete eine Maria Heinisch, die ihm im November 1806 den Sohn Kaspar gebar. Dieser heiratete in zweiter Ehe im Alter von siebenundsechzig Jahren die einundzwanzigjährige Magd Filomena Eberhart. Aus dieser Ehe waren zwei Söhne hervorgegangen, Alois und Kaspar. Alois, der Ältere, geboren im August 1873, sollte mein Großvater väterlicherseits werden. Dieser hatte drei Söhne: meinen Onkel Alois, der mich mit der Familiengeschichte vertraut machte, Onkel Max, der 1943 in Nürnberg bei einem Bombenangriff gefallen ist, sowie meinen Vater Rudolf, der als vermisst galt. Von Alois erfuhr ich zusätzlich viel Wissenswertes über die Kindheit meines Vaters, deshalb sah ich mit der Zeit in ihm so etwas wie einen Vaterersatz. Jedes Mal, wenn wir Besuch in seinem Hause machten, zeigte er mir den abgebrochenen Ast.

Eine Zeit lang war ich richtig sauer auf meine Ahnin Kunigunde gewesen, weil sie uns durch ihre unstandesgemäße Heirat um den Adelstitel gebracht hatte. Je älter ich aber wurde, desto mehr konnte ich verstehen, dass sie ihrem Herzen gefolgt war. Ja, nach einer Weile bewunderte ich sie sogar dafür, dass sie aus Liebe auf Rang und Titel verzichtet hatte. Als ich alt genug war, begriff ich sogar, dass es mich gar nicht gäbe, wenn sie nicht ausgerechnet diesen Kofler geheiratet hätte.

Am nächsten Tag brachte uns Onkel Alois wieder mit »seinem« Omnibus zum Bahnhof nach Meran. Wieder holte uns Onkel Rudl ab. In Lichtenberg fiel der Empfang genauso herzlich aus wie beim ersten Mal. Diesmal hatten wir sogar eine Person mehr zu begrüßen: meinen Onkel Kassian, den jüngsten Bruder meiner Mutter. Zur übergroßen Freude seiner Eltern war er ein paar Monate zuvor endlich aus russischer Kriegsgefangenschaft heimgekehrt, davon in einem eigenen Kapitel mehr.

Kassi verabschiedete sich schon bald nach unserer Ankunft, weil er etwas zu erledigen hatte. Da es noch nicht an der Zeit fürs Nachtessen war, saßen die Mama, der Rudi und ich mit der Großmutter gemütlich in der Stube, und sie wurde nicht müde, uns zu erzählen, wie es sich angefühlt hatte, als ihr Jüngster plötzlich ins Zimmer trat. Dieser Bericht erweckte in meiner Mutter erneut die Hoffnung, dass es mit ihrem Mann eines baldigen Tages ebenso sein würde.

Der Nene war unterdessen im Stall, um seine Hasen zu füttern. Die Kuh war ja auf der Alm, und die Ziegen und Schafe würden jeden Moment zufrieden und satt von der Weide kommen. Als die Nandl hörte, wie die Stalltür ging, eilte sie in den Hausgang. Da sie die Stubentür offen gelassen hatte, sah ich, wie der Nene sein Kapl an einen Haken hängte.

Als er im Begriff war, seine Stalljacke ebenfalls aufzuhängen, sagte seine Frau zu ihm: »Das passt mir gerade, dass du da bist. Komm mit in die Stube. Die Hanni ist heute aus Deutschland gekommen. Wir müssen mit ihr über das Sach reden.«

Was tat der Großvater? Wortlos nahm er sein Kapl, setzte es wieder auf und entschwand durch die Haustür. Als er nach einer Stunde von seinem »Spaziergang« zurückkam und sein Kapl gerade wieder aufgehängt hatte, überfiel ihn seine Frau erneut: »Sepp, komm in die Stube, wir müssen über das Testament reden.«

Abermals nahm er wortlos sein Kapl vom Haken, setzte es auf und verschwand für zwei Stunden. Unterdessen klagte uns die Nandl ihr Leid: »So macht er es mit mir immer. Mit ihm kann man einfach nicht diskutieren. Dabei hätte ich so gern mal mit ihm gestritten. Aber immer wenn es ernst wird, nimmt er sein Kapl und geht an die frische Luft.«

Danach schnitt sie bei ihm dieses Thema nie wieder an.

Da der Großvater also absolut nichts vom Testament wissen wollte, seine Frau diese Dinge aber gern zu ihren Lebzeiten geregelt hätte, besprach sie dieses Thema schließlich mit ihrer Ältesten allein. Meine Mutter war der Ansicht, dass es niemandem etwas bringe, wenn man das Sacherl aufteile. Deshalb empfahl sie ihrer Mutter, es ihrem Jüngsten zu überschreiben, da er sowieso im Haus lebte und sich gewiss um sie beide kümmern würde, wenn sie der Pflege bedurften. Außerdem sei er durch den langen Aufenthalt im Kriegsgebiet und in der Gefangenschaft vom Leben so benachteiligt worden, dass er jetzt eine Starthilfe gut brauchen könne. »Ich bin sicher, dass meine anderen Geschwister ebenso denken. Die Berta ist gut versorgt, seit sie mit dem Rudl verheiratet ist, der Seppl wird, so Gott will, ebenfalls bald in einen Bauernhof einheiraten, und die Maria wird ihre sichere Stelle im ›Roten Adler‹ gewiss nicht aufgeben wollen. Mir brauchst nichts zu vererben, wir kommen auch so über die Runden. Es wär mir aber lieb, wenn du in deinem Testament schreibst, dass meine Kinder und ich ein lebenslanges Besuchsrecht im Elternhaus haben.«

Die Großmutter war froh über diese Bescheidenheit und verfasste ihr Testament entsprechend.

Diesmal begleitete ich meine Mutter gern bei all ihren Verwandtenbesuchen. Wahrscheinlich machte es mir deshalb mehr Spaß, weil ich ja noch vom letzten Jahr die meisten kannte, mittlerweile ihre Sprache besser verstand und inzwischen älter und verständiger geworden war. Die mitgebrachte Kinderkleidung wurde dankbar angenommen. Daher versprach die Mama, im nächsten Jahr werde sie noch mehr bringen, zumal in der Verwandtschaft weitere Kinder angekommen waren beziehungsweise erwartet wurden.

Wie immer plante meine Mutter auch die Reise für August 1951 rechtzeitig und sehr sorgfältig. Diesmal hatte sie vor, auch die Basl Mala zu besuchen. Da wir zwei Jahre hintereinander in den Sommerferien nach Südtirol gereist waren, hatten wir unsere guten Prutzer sträflich vernachlässigt. Schon allein aus Dankbarkeit, weil diese uns über die schlechten Jahre so gut hinweggeholfen hatten, wollte die Mama bei ihnen hereinschauen, aber auch, weil wir die netten Verwandten endlich wiedersehen wollten. Dies bedeutete für uns nur einen kleinen Umweg.

Per Brief kündigte sie unseren Besuch für den 12. August an. Mit dem Zug wollten wir bis Innsbruck fahren, dort in den Zug nach Landeck umsteigen und von dort den Bus nach Prutz nehmen. Am nächsten Tag wollten wir dann weiter mit dem Bus über den Reschenpass nach Mals fahren. Ihrem Schwager Onkel Rudl hatte sie brieflich mitgeteilt, dass wir dieses Mal mit dem Bus aus Richtung Prutz kämen. Er möge uns bitte am Spätnachmittag des 13. August in Mals abholen und nicht in Spondinig wie bisher.

Bei der Busfahrt von Prutz nach Mals wollte Hanni auch die Gelegenheit wahrnehmen, sich den neu entstandenen Stausee anzuschauen, über den selbst in unserer Zeitung mehrfach berichtet worden war. Im Jahr zuvor hatte man unterhalb des

Reschenpasses trotz aller Widerstände aus der Bevölkerung einen Stausee angelegt. Diesem See war ein Teil des Ortes Reschen und das ganze Dorf Graun zum Opfer gefallen. Alle Bewohner hatten ihre Häuser verlassen müssen und waren rund um den See angesiedelt worden. Als traurige Erinnerung an ihr einstiges Dorf ragte nur noch der Kirchturm von St. Katharinen aus dem Wasser.

Weil wir in Innsbruck einen sehr langen Aufenthalt haben würden, hatte meine Mutter ihre Cousine Hanny dorthin bestellt, zum einen, damit man sich einmal wiedersah, zum anderen, damit diese ihr mit dem vielen Gepäck beim Umsteigen behilflich sein sollte. Wir hatten diesmal so viele Taschen und Kartons dabei, weil wir eine große Menge getragener Kinderkleidung für die kleinen Verwandten nach Lichtenberg schaffen wollten. Nicht nur Sachen, die uns zu klein geworden waren, auch solche von Freunden und Bekannten. Meine Mutter hatte in Ruhpolding verlauten lassen, dass man in Südtirol dringend Kinderkleidung benötige, was die Angesprochenen dazu veranlasste, fleißig die abgelegten Sachen ihrer Sprösslinge zu spenden.

Ihrer Schwester Maria in Untermais hatte sie mitgeteilt, dass wir auf der Hinreise nicht bei ihr Station machen würden, sondern erst auf der Rückreise. Wie gesagt, alles war perfekt geplant. Und dann kam alles anders.

Als unser Zug in Innsbruck einlief, sahen wir Hanny schon auf dem Bahnsteig stehen und winkten fleißig, damit sie unser Abteil fand. Nach der stürmischen Begrüßung traf sie fast der Schlag. »Was, mit dem ganzen Gepäck willst du zweimal umsteigen? Hanni, du bist ja verrückt!«

»Was soll ich denn machen?«, fragte meine Mutter verzagt.

»Ändere deine Reiseroute! Bleib im Zug sitzen und fahre weiter bis Meran. Die Prutzer kannst du auf dem Rückweg besuchen, wenn du Ballast abgeworfen hast.«

Die Idee fand die Mama zwar nicht schlecht, dennoch warf sie schüchtern ein: »Unsere Fahrkarten gelten aber nur bis Innsbruck.«

»Aber Hanni, das ist doch gar kein Problem. Wir gehen zum Schalter, und du löst Fahrkarten nach Meran. Dazu haben wir Zeit genug. Die Kinder bewachen derweil das Gepäck.«

Doch Hanni plagten noch weitere Bedenken: »Basl Mala rechnet doch heute schon mit uns, und die Maria in Untermais weiß ja gar nicht, dass sie uns in der Nacht in Meran abholen soll. Und den Rudl habe ich für morgen nach Mals bestellt statt nach Spondinig.«

»Aber Hanni, in welchem Zeitalter lebst du? Hast du noch nichts davon gehört, dass man das Telefon erfunden hat?«

»Ja, doch, aber … Bei wem soll ich denn anrufen? Der Rudl hat kein Telefon, und Mala und Maria auch nicht.«

»Da hast du aber Glück, dass du mich hast. Der Mala schicke ich vom Postamt aus ein Telegramm, und die Maria rufe ich von zu Hause aus auf ihrer Arbeitsstelle im ›Roten Adler‹ an. Du aber rufst jetzt gleich von der Telefonzelle aus in Lichtenberg beim ›Schwarzen Adler‹ an. Diese Nummer habe ich zufällig bei mir.«

Telefonanschlüsse waren in den 1950er-Jahren wirklich noch dünn gesät. Im Gasthof »Schwarzer Adler« zu Lichtenberg war man aber seit Langem schon so fortschrittlich, dass man Telefon besaß, vermutlich das einzige im ganzen Dorf. Wollte man also einem Dorfbewohner eine wichtige Nachricht zukommen lassen, rief man dort an, und einer von der Familie richtete sie unverzüglich aus.

Als nun meine Mutter im »Schwarzen Adler« anrief, war dummerweise nur der sechsjährige Bub am Telefon. Dieser schien aber ein aufgewecktes Kerlchen zu sein, deshalb trug meine Mutter ihm Folgendes auf: »Lauf zum Rudl und zur Berta und sag ihnen, dass wir morgen nicht mit dem Bus nach Mals kommen, sondern, dass Rudl uns übermorgen in Spondinig, wie immer, abholen soll. Hast du das verstanden?«

»Ja«, krähte der Bub in den Hörer.

Um ganz sicherzugehen, dass er den Auftrag richtig verstanden hatte, ließ Hanni ihn diesen wiederholen. Nachdem das erledigt war, kehrte sie erleichtert zum Zug zurück, in Begleitung von Hanny. Bevor sich die Waggons wieder in Bewegung setzten, versicherte die Cousine ihr nochmals, dass sie unverzüglich die Mala und die Maria benachrichtigen werde. Sie winkte dem Zug noch nach, bis er ihren Blicken entschwunden war.

Das mit den Anrufen muss gut geklappt haben, denn Maria empfing uns, wie sonst auch, mitten in der Nacht am Bahnhof und nahm uns mit zu sich nach Hause. Unser ganzes Gepäck transportierte sie wieder mit dem Radl. Sie erklärte sich bereit, es bei sich zu behalten, damit wir mit diesem nicht nach Lana reisen mussten, und versprach, es uns rechtzeitig am übernächsten Tag zum Vinschgauer Zug zu bringen.

Am Vormittag machten wir also nur mit kleinem Gepäck unseren Besuch bei Onkel Alois und Tante Mizzi, ohne dass wir dort angekündigt waren. Das war kein Problem, da Mizzi immer zu Hause war. Sie freute sich riesig. Am Nachmittag schaltete sie das Radio ein, weil man Nachrichten brachte. Zunächst hörte Mama nur mit halbem Ohr zu, während wir Kinder uns flüsternd unterhielten. Auf einmal aber machte sie eine Handbewegung, die uns sofort verstummen ließ. Wie gebannt lauschte sie der Stimme des Sprechers, und wir lauschten automatisch mit. Er sprach von einem Unglück, das sich am Reschensee ereignet hatte. Der Linienbus nach Mals sei ungebremst in den See gefahren und alle Insassen seien ums Leben gekommen.

»Das ist doch genau der Bus, mit dem wir nach Mals fahren wollten!«, rief Mama mit sich überschlagender Stimme. »Ich muss sofort noch mal in Lichtenberg anrufen und fragen, ob der Bub dem Rudl wirklich ausgerichtet hat, dass wir nicht mit diesem Bus kommen!«

Da Onkel Alois als Busschaffner für seinen Betrieb stets erreichbar sein musste, hatte er bereits einen Telefonanschluss. Von diesem aus rief Hanni beim »Schwarzen Adler« an. Zufällig war wieder der sechsjährige Bub am Apparat.

»Hast du dem Rudl ausgerichtet, dass wir heute nicht in Mals ankommen, sondern erst morgen in Spondinig?«

»Ach!«, rief er schuldbewusst aus, »das hab ich ganz vergessen. Aber jetzt sause ich gleich los und richte ihm aus, dass er heute nicht nach Mals muss.« Als der Kleine an des Onkels Haus ankam, konnte er es nur Berta ausrichten, Rudl war bereits losgefahren.

Er erreichte die Bushaltestelle so früh, dass ihm noch genug Zeit blieb, sich mit anderen Wartenden zu unterhalten. Plötzlich trat jemand auf die Gruppe zu, der berichtete ganz aufgeregt von dem schrecklichen Unfall am Reschensee. Davon habe er gerade aus dem Radio erfahren. Als der Rudl das hörte, brach er in Tränen aus. Er war so geschockt, dass er sich nicht traute, heimzufahren. Er musste ja annehmen, dass seine Schwägerin mit den beiden Kindern in diesem Bus gesessen hatte. Weil er nicht wusste, wie er diese schreckliche Nachricht seiner Frau beibringen sollte, fuhr er stundenlang ziellos in der Gegend herum, in der Hoffnung, sie sei längst eingeschlafen, wenn er recht spät heimkomme. Schließlich betrat er aber, noch immer weinend, sein Haus. Er traf seine Frau in der Küche an.

Trotz der späten Stunde war sie wach geblieben, weil sie sich zunächst gewundert hatte, wo er sich so lange herumtrieb, bald aber hatte sie sich Sorgen um ihn gemacht. Als er wohlbehalten vor ihr stand, war sie mehr als erleichtert.

Noch ehe sie dazu kam, etwas zu sagen, sah er sich genötigt, ihr die bittere Wahrheit mitzuteilen.

Kaum hatte er das Busunglück erwähnt, konnte sie ihm die erfreuliche Mitteilung machen, dass ihre Schwester und deren Kinder gar nicht in dem Bus gesessen hatten. Vor Freude fielen die beiden auf die Knie und dankten Gott für seine weise Fügung.

Auch wir sprachen sogleich Dankgebete, nachdem wir von dem Unglück aus dem Radio erfahren hatten. Nur dem Zufall, dass uns Cousine Hanny überredet hatte, unsere Fahrtroute zu ändern, war es zu verdanken, dass wir noch lebten. Oder war da eine höhere Macht im Spiel gewesen? Im fernen Innsbruck hatte sie ebenfalls diese Nachricht vernommen und ein Dankgebet gen Himmel gesandt.

Am nächsten Tag holte uns Rudl vom Bahnhof in Spondinig ab. Bei der Begrüßung weinte er vor Freude, da er uns heil und unversehrt sah.

Den ganzen Urlaub über sprach man immer wieder von diesem tragischen Unglück. Auch als wir auf der Heimreise die Prutzer besuchten, blieb das Busunglück, dem wir durch eine wundersame Fügung entkommen waren, das Hauptthema. Inzwischen wusste man auch Näheres. Der Busfahrer, der seit einer Kriegsverletzung immer wieder unter starken Kopfschmerzen litt, hatte an dem Tag gerade seine Tour beendet und wollte seinen wohlverdienten Feierabend antreten. Da eröffnete ihm sein Chef, er müsse noch die Fahrt nach Mals übernehmen, weil ein Kollege ausgefallen sei. Er bestand darauf, obwohl der Fahrer über Kopfweh klagte. Mit dem Argument, man könne doch die Leute nicht an den Haltestellen stehen lassen, nötigte er gewissermaßen den Fahrer dazu.

Um sich vor Fahrtantritt wenigstens etwas Linderung zu verschaffen, kaufte sich dieser in der nahe gelegenen Apotheke Schmerztabletten und nahm eine davon ein.

Das fand man später alles heraus. Man vermutete, den Mann habe während der Fahrt ein Gehirnschlag getroffen. Nachdem der Bus in den See gefahren war, fand man ihn auf dem Fahrersitz vor, beide Hände dermaßen ums Lenkrad verkrampft, dass Feuerwehrleute sie abschneiden mussten, um ihn aus dem Bus holen zu können.

Man hatte niemanden mehr lebend bergen können, bis auf eine Frau. Als diese erfuhr, dass ihre Mutter und ihre drei Kinder ertrunken waren, rief sie: »Dann will ich auch nicht mehr leben!«, rannte auf den See zu und wollte sich hineinstürzen. Im letzten Moment konnten Feuerwehrleute sie daran hindern.

An der Stelle, an welcher der Bus in den See gefahren war, wurde später eine Gedenktafel aufgestellt. Auch als wir wieder daheim waren, beschäftigte uns diese Geschichte noch lange Zeit.

Nandls und Nenes Ende

Im Sommer darauf, wir schrieben das Jahr 1952, konnte ich nicht mit zu den Großeltern fahren, denn drei Tage nach meiner Schulentlassung hatte ich meine Lehre im »Konsum« begonnen. Die Mutter fuhr also allein mit meinem Bruder nach Lichtenberg.

Sie kam mit der Nachricht zurück, dass die Großmutter sehr krank sei und vermutlich nicht mehr lange leben werde. Deshalb plante sie für den Herbst wieder einen Besuch bei ihr. Sie erreichte es, dass ich von meiner Lehrherrin ein paar Tage frei bekam und mitfahren konnte. »Wahrscheinlich ist es das letzte Mal, dass ich meine Mutter sehen werde«, erklärte Hanni.

Diesmal konnte Rudi nicht mitkommen, er war ja noch schulpflichtig. Das fand er nicht weiter tragisch, denn er hatte die Nandl ja im Sommer noch gesehen. Für die paar Tage unserer Abwesenheit konnte meine Mutter den Buben bei netten Nachbarn unterbringen.

Als wir bei der Nandl eintrafen, freute sie sich sehr. Sie hatte Leberkrebs und wusste, dass ihr nicht mehr viel Zeit blieb. Dadurch ließ sie sich aber ihre gute Laune nicht verderben. Am Samstagabend ging sie mit uns zum Wirt, wo wir außer einer Menge Bekannter auch eine ganze Reihe von Verwandten antrafen. Während ein junger Bursche uns mit dem Akkordeon bekannte Weisen spielte, sangen wir eifrig dazu. Nandl ließ es sich nicht nehmen, kräftig mitzuschmettern. Sie hatte viele Jahre im Kirchenchor mitgesungen, das merkte man ihr noch an.

Als die Stunde unseres Abschieds gekommen war, sagte sie zu meiner Mama: »Hanni, es war so schön, dass du heuer noch mal 'kommen bist. Aber zu meiner Beerdigung brauchst nicht zu kommen. Das ist alles viel zu umständlich für dich. Für mich beten kannst überall. Wenn's geht, komm ich euch in Ruhpolding besuchen.«

Wir stutzten, wussten nicht recht, wie wir das verstehen sollten. Die Großmutter hatte immer einen trockenen Humor gehabt, den wir oft einfach nicht verstanden.

Etwa vier Wochen später rief die Nandl ihren Mann ans Krankenbett – so hat er es uns später berichtet – und hielt ihm eine kurze, aber einprägsame Ansprache: »Sepp, jetzt sehen wir uns auf dieser Welt nimmer. Verzeih mir, wenn ich nicht immer recht gehandelt hab.«

Darauf antwortete er: »Ach, geh, Maria, was redest denn für dummes Zeug?« Er segnete sie, wie jeden Abend, mit den Worten: »Gute Nacht, also dann bis morgen.«

Als er in seiner Kammer verschwunden war – seit einigen Tagen schlief sie in der Bauernstube, damit sie ihren Mann in der Nacht nicht störe –, rief sie ihren Sohn Kassi und dessen Frau Mena an ihr Bett. Auch von ihnen verabschiedete sie sich: »Geht jetzt schlafen. Ihr kriegt heut noch eine strenge Nacht.

Lasst die Kammertür offen, damit ihr mich rufen hört.«

Sie glaubten zwar nicht, dass dies Nandls letzte Nacht sein würde, ließen jedoch, wie gewünscht, die Kammertür offen. Eine Stunde vor Mitternacht hörten sie die Mutter rufen. Noch schlaftrunken eilten sie sofort an ihr Lager.

»Geh zum Pfarrer«, schaffte sie ihrem Sohn an. »Er soll sofort kommen! Bei mir ist es so weit. Und ruf mir auch die Berta.«

Folgsam, wie er war, machte sich Kassi bei Nacht und Nebel auf den Weg.

Nachdem er das Haus verlassen hatte, erklärte meine Großmutter der Mena, wo die Verseh-Garnitur und die Kerzen zu finden seien und wie sie alles auf ihrem Nachtkastl richten solle, damit der Herr Pfarrer ihr die Sterbesakramente spenden könne.

Nachdem Marias Sohn Hochwürden aus dem Schlaf geläutet hatte – es war natürlich längst ein anderer als jener, der Maria das Studium ermöglicht hatte, aber auch dieser kannte sie mittlerweile gut genug –, erstattete Kassian ihm Bericht, fügte aber an, er glaube nicht, dass es bei ihr so weit sei, denn sie sei so frisch und habe eine Stimme wie immer.

Darauf antwortete der geistliche Herr: »Wenn die Blasi-Maria sagt, es ist so weit, dann ist es so weit. Ich komme gleich nach.«

Unterdessen begab sich Kassi auf dem kürzesten Weg zu seiner Schwester Berta, um sie ans Sterbebett ihrer Mutter zu rufen. Die Geschwister kamen etwa gleichzeitig mit dem Pfarrer bei der Sterbenden an.

Nachdem der Geistliche ihr die Sakramente gespendet hatte, sagte sie fast übermütig: »Wie freu ich mich auf die heutige Nacht. Da werd ich bei der Hanni im Kücherl rumgeistern.« Unvermittelt danach stimmte sie den Rosenkranz an und betete bis zur Hälfte kräftig mit. Dann wurde sie immer leiser, bis sie nur noch die Lippen bewegte. »Amen«, sagte sie aber noch ganz deutlich, tat ihren letzten Schnaufer und war tot. Wir schrieben den 17. November 1952, es war halb eins in der Nacht. Dies alles berichtete uns später die Mena.

Bei uns ging es in diesen Stunden wirklich ganz eigenartig zu. Wir in Ruhpolding hatten ja keine Ahnung gehabt, dass die Großmutter im Sterben lag. Mutter und ich schliefen in unserer Kammer wie immer, und mein Bruder nächtigte im Wohnzimmer auf der Couch. Die Verbindungstür stand nachts immer offen. In der Nacht vom 16. auf den 17. November wurden die Mutter und ich gegen ein Uhr plötzlich durch einen Lärm aus dem Schlaf gerissen. Es hörte sich an, als ob in der Küche jemand die Möbel rückte. Wir schauten nach, aber es war alles in Ordnung.

Deshalb trat die Mutter an Rudis Lager und fragte: »Bub, was machst denn für einen Krach?« Der rieb sich verschlafen die Augen und grummelte: »Lass mich in Ruh, ich will schlafen!«

Mutter und ich begaben uns wieder zu Bett, dann gingen die Geräusche erneut los. Nach einer Weile war alles wieder so still wie zuvor.

Als uns anderntags gegen zehn Uhr das Telegramm erreichte, das uns Großmutters Tod anzeigte, kam der Mama die Erleuchtung: »Dann war meine Mutter heut Nacht da, wie sie das angekündigt hat. Sie war es also, die den Lärm gemacht hat!«

Nun verstanden wir endlich, was sie mit ihrer damaligen Andeutung »Wenn's geht, werde ich euch in Ruhpolding besuchen« gemeint hatte.

Für meine Mama war es schlimm, dass sie nicht zur Bestattung ihrer Mutter konnte. Man bekam ja nicht so schnell ein Visum, und auch das fehlende Geld spielte eine Rolle. Ihren einzigen Trost fand sie darin, dass die Nandl ihr schon in weiser Voraussicht gesagt hatte, sie brauche nicht zu ihrer Beerdigung zu kommen, beten könne sie überall. Das taten wir auch.

Mutters Vater, unser lieber Nene, verstarb fünf Jahre später und zwar am 18. Dezember 1957. Zu seiner Beisetzung, die nach Weihnachten stattfand, konnte unsere Mutter fahren, aber allein. Die Einreisebestimmungen waren inzwischen weiter gelockert worden, sodass man ziemlich schnell ein Visum bekam. Nachdem Großvater beerdigt war, traten doch noch Schwierigkeiten auf, allerdings ganz anderer Art. Da die Mutter diese weite Reise nun einmal gemacht hatte, blieb sie gleich vierzehn Tage in ihrer Heimat. Sie wollte diese Zeit zu Verwandtenbesuchen nutzen, obwohl sie die meisten von ihnen bereits bei der Beerdigung getroffen hatte.

In diesem Jahr war der Winter schon früh hereingebrochen und hatte sich von seiner fürchterlichen Seite gezeigt. Nun aber, als die Mutter die Heimreise antrat, zeigte er sich gar von seiner schlimmsten Seite. Es lag schon sehr viel Schnee, als der Rudl sie mit dem Schlitten nach Spondinig brachte; und es schneite ununterbrochen weiter. Dadurch hatten alle Züge stundenlange Verspätung. Um 19 Uhr war ich am Bahnhof in Ruhpolding, um die Mama abzuholen. Dort bekam ich die Auskunft, es könne noch zwei Stunden dauern, bis der Zug endlich eintreffe. Also war ich um neun wieder am Bahnhof.

»Liebes Fräulein«, vertröstete mich der freundliche Schalterbeamte. »Sie können ruhig noch mal heimgehen. Vor elf kann der Zug gar nicht hier sein. Wir haben soeben Meldung bekommen, dass die Strecke zwischen Rosenheim und Traunstein erst geräumt werden muss, damit der Zug weiterfahren kann.«

Zwei Stunden später stand ich wieder auf dem Bahnhof. Diesmal meinte der Bahnbeamte, jetzt lohne es sich, zu warten. Die Strecke zwischen Traunstein und Ruhpolding sei inzwischen geräumt und der Zug bewege sich schon auf Ruhpolding zu. Nach etwa zehn Minuten konnte ich meine total erschöpfte Mutter endlich in die Arme schließen.

Neue Aufregungen für Hanni

Obwohl es wirtschaftlich allmählich aufwärts ging und meine Mutter seit 1950 eine bescheidene Rente bezog, musste sie weiterhin unermüdlich arbeiten, um die Familie zu ernähren. Finanziell standen wir endlich etwas besser da, als ich in die Lehre kam. Im ersten Lehrjahr brachte ich monatlich 30 D-Mark nach Hause, im zweiten Lehrjahr 40 und im dritten gar 50. Damit hatte ich mehr Einkommen als meine Mutter. Noch besser wurde die Lage für uns, als mein Bruder 1954 seine Lehre antrat und auch sein Lehrlingsgeld nach Hause brachte.

Inzwischen hatte sich die politische Situation in Südtirol so verbessert, dass unsere Mutter ohne Weiteres mit uns hätte dorthin zurückkehren können. Aber sie vertrat die Ansicht: »Dort wären wir genauso so arm wie hier. Ja, noch ärmer. In Lichtenberg hättet ihr keine Zukunft. Es gibt keine Arbeitsplätze. Nicht ohne Grund wandert die dortige Jugend ab. In eine solche Unsicherheit möchte ich euch nicht bringen. Hier habt ihr eure sicheren Arbeitsstellen, also bleiben wir.«

Über all die Jahre hatte sie die Feldpostbriefe ihres Mannes aufgehoben und immer wieder darin gelesen. Den einen oder anderen hatte sie mir auch zu lesen gegeben. Darin fiel mir auf, dass sich der Vater in jedem Brief bei meiner Mutter dafür bedankte, dass sie ihn das Beten gelehrt hatte. In einem der Briefe schrieb er: *Es hilft mir über so viele schwere Stunden hinweg. Ich bin sicher, du wirst auch unseren Kindern das Beten beibringen. Das ist gut so. Dann werden sie niemals im Leben verzweifeln, dann haben sie immer jemanden, an den sie sich wenden können.*

Noch ehe sie mich alle Briefe hatte lesen lassen, steckte sie diese in einem Anfall von Traurigkeit in den Herd und murmelte: »Ich muss endlich mal damit fertigwerden.«

Doch auch als alle Schreiben ihres Mannes zu Asche geworden war, schloss sie mit der Vergangenheit nicht ab. Sie schaffte es bis an ihr Lebensende nicht. Mir aber tut es heute noch leid, dass sie die Briefe verbrannt hat, damit sind die letzten schriftlichen Zeugnisse meines Vaters vernichtet worden.

Ansonsten lief alles so glatt, dass wir rundum zufrieden sein konnten. Dann nahte mit dem Jahr 1956 ein sehr schlimmes für unsere Mama. Mein Bruder, der eine Lehre in einem Metall verarbeitenden Betrieb begonnen hatte, kam in den ersten Januartagen vorzeitig von der Arbeit nach Hause. Er wirkte ziemlich verstört, und seine linke Hand war dick verbunden. Es dauerte eine Weile, bis wir aus ihm herausbekamen, was passiert war.

Demnach hatte ein Mitarbeiter nicht aufgepasst und einen Kran heruntergefahren, der genau auf Rudis Hand landete. Vor Schmerz hatte er laut aufgeschrien, und der Kran war sogleich wieder hochgefahren worden. Ein Mitarbeiter brachte den Verletzten sofort in die Klinik. Die lädierte Hand wurde geröntgt, und man stellte fest, dass vier Finger gebrochen waren.

Nach sechs Wochen konnte Rudi seine Lehre fortsetzen, aber nicht für lange Zeit.

Es war noch kein Monat vergangen, da ereilte Mama die nächste Schreckensbotschaft. Von seiner Arbeitsstelle aus rief man an, man habe Rudi mit Blaulicht und Sirene ins Krankenhaus gebracht. Urplötzlich habe er über wahnsinnige Bauchschmerzen geklagt. In der Klinik eröffnete man meiner Mutter, man habe sofort eine Notoperation durchgeführt. Bei dieser hatte man festgestellt, dass der vereiterte Blinddarm bereits durchgebrochen war. Tagelang kämpften die Ärzte um Rudis Leben. Er sprang dem Tod sprichwörtlich von der Schippe. Wieder fiel er für einige Wochen in seinem Lehrbetrieb aus.

Dennoch bestand er nach dreijähriger Lehrzeit seine Gesellenprüfung mit Bravour und landete unter den zwölf Bundesbesten in seinem Handwerk. Das bedeutete für unsere Mutter eine kleine Entschädigung für die durchlebten Aufregungen.

Aber noch bevor es so weit kam, war es die Mama selbst, die uns in Schrecken versetzte. Seitdem mein Bruder per Kaiserschnitt zur Welt gekommen war, schleppte sie einen Leistenbruch mit sich herum. Dieser hätte längst operiert werden müssen, doch sie fand nie die Zeit dafür. Seit Vater vermisst war, sah sie sich ja genötigt, unseren Lebensunterhalt zu verdienen. Damit sie ihre schwere Arbeit überhaupt verrichten konnte, trug sie ständig ein Bruchband.

Anfang April 1956 ließ sich die Operation jedoch nicht mehr hinausschieben. Der Bruch war eingeklemmt, verursachte höllische Schmerzen, und sie schwebte zwischen Leben und Tod. Eine äußerst komplizierte Bauchoperation rettete ihr das Leben.

Der Arzt im Ruhpoldinger Krankenhaus gestand: »Wenn ich vorher gewusst hätte, dass es so schwierig wird, hätte ich mich nicht daran gewagt.«

Die Operationswunde war so groß, dass man Haut vom Rücken nach vorn verpflanzte, um die offene Stelle schließen zu können.

Die Mama war selbst noch nicht richtig wieder auf den Beinen, da wartete die nächste Katastrophe auf sie. Anfang Mai musste sie mich ganz überraschend nach München in die orthopädische Klinik bringen. Was war passiert?

Wie bereits erwähnt, hatte ich im Juli 1952 meine Ausbildung im »Konsum« begonnen. Diese Lehrstelle war ein ausgesprochener Glücksfall, denn höchstens die Hälfte aller schulentlassenen Kinder hatte in jenem Jahr eine Lehrstelle gefunden. Für mich sollte es eine harte Zeit werden. Nicht am Anfang, da hatte ich noch meine gute alte Frau Disl als Lehrherrin – eine wirklich nette und vernünftige Person, bei der ich eine Menge lernte. Leider erkrankte sie im Spätherbst meines zweiten Lehrjahres ernstlich, noch bevor ich im Verkauf eingesetzt worden war.

An ihre Stelle rückte Hedwig, eine der Verkäuferinnen. Diese war mit Frau Disl nicht zu vergleichen. Ja, schlimmer noch, statt mir etwas beizubringen, schikanierte sie mich, wo sie nur konnte.

Doch ich biss die Zähne zusammen und ließ mich nicht unterkriegen. In dieser Zeit betete ich viel, dass Frau Disl bald wieder gesund werden möge. Leider vergebens. Meine liebe alte Lehrherrin kam gar nicht mehr zurück. Sie wurde vom Krankenstand aus in Rente geschickt.

Die schmutzigsten und schwersten Arbeiten ließ mich meine neue Chefin verrichten. Als Erstes musste ich jeden Morgen die zwanzig Mausefallen ausleeren, die ich am Abend im Futterstadl aufgestellt hatte. Gewiss, eine eklige Aufgabe, aber weder anstrengend noch gesundheitsgefährdend. Ohne Murren verrichtete ich diese und andere Aufgaben, indem ich mir immer wieder den Spruch meiner Mutter vorsagte: »Lehrjahre sind keine Herrenjahre.«

Die tatsächliche Gesundheitsgefährdung begann bei mir damit, dass Hedwig mich jede Menge Biertragl schleppen ließ und ich die sechs großen 40-Liter-Milchkannen bei der Molkerei ganz allein auf den Handwagen heben musste. Im Frühjahr 1954 kam hinzu, dass ich siebzig Zentnersäcke Kartoffeln vom Keller hochzutragen, über den Hof zu schleppen und auf einen Lastwagen zu laden hatte. Mein einziger Helfer war ein alter Mann, kaum noch belastbar. Diese Schlepperei war wohl der Auslöser für mein Wirbelsäulenleiden. Der noch nicht ausgereifte Körper einer Fünfzehnjährigen ist einer solchen Belastung nicht gewachsen. Dennoch ließ ich mich nicht vertreiben. Gegen meine ständigen Rückenschmerzen gab mir unser Hausarzt jede Woche eine Kortisonspritze; ich weiß gar nicht mehr, über welchen Zeitraum.

Dass ich nach dreijähriger Lehrzeit doch noch meine Prüfung bestand, ist auf die Tatsache zurückzuführen, dass in meinem dritten Jahr eine Blitzinventur stattfand. Weil in unserem Laden die Kasse nicht stimmte, wollte sich ein Prüfer, den die Genossenschaft schickte, ein Bild von der Situation machen. Zufällig traf er mich auf dem Vorplatz des Geschäftes an, wo ich mit Kehren beschäftigt war. Er schickte mich mit einem bestimmten Auftrag hinein. Erschrocken gab ich zurück: »Mein Gott, das kann ich ja gar nicht! Ich hab noch nie einen Kunden bedient!«

»Wie?«, zeigte er sich überrascht. »Du bist im dritten Lehrjahr als Verkäuferin und hast noch keine Kunden bedient? Was machst du denn den ganzen Tag?«

»In der Früh um fünf hol ich die Semmeln beim Bäcker ab und fahre sie in die Fremdenpensionen. Dann leere ich die Mausefallen, schleppe Biertragl und Kartoffelsäcke hin und her und fülle die Regale auf, wenn neue Ware kommt. Nach Ladenschluss putze ich die Räume.«

»Na, es scheint mir nötig zu sein, dich im Auge zu behalten«, und schon verschwand er im Geschäft.

Was er mit der Filialleiterin besprochen hat, weiß ich nicht. Aber von dem Tag an lernte ich tatsächlich das, was man als Verkäuferin können und wissen musste.

Doch für meine Wirbelsäule war es zu spät, diese hatte sich inzwischen dermaßen verkrümmt, dass es meine Mutter 1956 für angebracht hielt, den Arzt zu wechseln.

Der neue Doktor schlug die Hände zusammen: »Mein Gott! Wir müssen sofort etwas tun!« Er schrieb mir umgehend eine Überweisung in die orthopädische Klinik in München.

Gleich am nächsten Tag, es war inzwischen Mai, lieferte mich meine Mutter in der besagten Klinik ab. Es wurde aber nicht sofort operiert, es waren entsprechende Vorbereitungen notwendig. Bei der Einlieferung hatte man meiner Mutter und mir ohne Umschweife erklärt, dass es sich bei dieser Operation um einen riskanten Eingriff handelte, bei dem es um Leben und Tod ging. Um uns das vor Augen zu führen – gewiss nicht, um uns Mut zu machen –, erzählte uns der aufnehmende Arzt, dass erst einige Tage zuvor ein Fünfzehnjähriger und eine Siebzehnjährige diese Operation nicht überlebt hätten. Meine Schmerzen waren aber so schlimm, dass ich auf dem Eingriff bestand.

Da meine Mutter, als meine Erziehungsberechtigte, Erbarmen mit mir hatte, unterschrieb sie das notwendige Formular. Nach genau zwölf Wochen – es war der Festtag der heiligen Anna; daran erinnere ich mich genau, weil ich am frühen Morgen in der Kapelle gekniet und die heilige Anna um Beistand angefleht hatte – kam ich unters Messer.

Nach der Operation durfte ich mich fünf Monate lang so gut wie gar nicht rühren. Deshalb packte man mich in eine Gipsschale, in der ich starr und steif lag. Bevor mich meine Mutter Anfang Oktober nach Hause holen durfte – ein Nachbar war mit dem Wagen mitgekommen –, wurde ich vom Nacken bis zu den Knien eingegipst. Die Beine wurden bandagiert, damit sie mir nicht wie Streichhölzer wegknickten. Durch das lange Liegen waren ja sämtliche Muskeln erschlafft. Ich war nicht in der Lage, mich selbstständig fortzubewegen. Nur winzige Tippelschritte konnte ich machen, wenn ich rechts und links eingehakt war, ich konnte nämlich das Gleichgewicht nicht halten.

Einen guten Monat später, an einem Samstag Mitte November, wollte meine Mutter im Ruhpoldinger Krankenhaus eine Ordensschwester besuchen, von der sie im April nach ihrer eigenen Operation liebevoll gepflegt worden war. Da diese Schwester, wie sie ihr erzählt hatte, ein Bier zu schätzen wusste, wollte Mama in der »Alten Post« schnell zwei Flaschen kaufen. Damit ich an die Luft kam, hatte sie sich die Mühe gemacht, mich mitzunehmen.

Ich hängte mich bei ihr ein, und sie bewegte sich ganz langsam mit mir vorwärts. Bevor sie in der Gaststätte verschwand, stellte sie mich wie eine Statue neben der Eingangstür ab. Damit ich nicht umfiel, lehnte ich mich gegen die Wand. Auf einmal nahte ein Krankenwagen, der abrupt auf meiner Höhe bremste. *Nanu, was wollen die von mir?*, dachte ich erstaunt.

Schon rief mir der Fahrer zu: »Mizzi, gut, dass ich dich treffe! Dann brauchen wir nicht bis zu euch nach Hause fahren.«

»Was ist denn los?«, fragte ich verwundert.

»Wir haben eben deinen Bruder ins Krankenhaus eingeliefert. Skiunfall! Er hat sich einen Hax gebrochen.«

»Um Gottes willen! Wie ist denn das passiert?«

»Genaueres wissen wir nicht. Er muss beim Skifahren gestürzt sein. Jedenfalls haben wir ihn unterhalb der Haar-Alm abgeholt.«

Und schon brauste der Sanka davon.

Als die Mutter Sekunden später mit ihren zwei Bierflaschen aus dem Gasthaus kam, wollte ich sie nicht mit der Schreckensbotschaft überfallen, ich fürchtete nämlich, sie würde sofort davonlaufen und mich hilflos stehen lassen. Ich hängte mich wieder bei ihr ein und trippelte neben ihr her zum Krankenhaus. Erst als ich die Klinke der Eingangstür fest umklammert hatte und wusste, dass ich nicht mehr umfallen konnte, rückte ich mit der Sprache heraus: »Außer der Schwester Gertrudis müssen wir hier noch jemanden besuchen, jemanden, den du gut kennst.«

»Was? Warum?«

»Jemanden mit einem Haxenbruch.«

»Ja, wen denn?« Besorgt sah sie mich an.

»Den Rudi.«

Wie ich befürchtet hatte, rannte sie sofort los. Da sie sich im Ruhpoldinger Krankenhaus gut auskannte, stürmte sie zielsicher in den Gipsraum. Dort war ein Arzt gerade damit beschäftigt, Rudis Bein einzugipsen. Mama kannte den Arzt, und der sie ebenfalls.

Deshalb versuchte er gleich, sie zu beruhigen: »Frau Kofler, regen Sie sich nicht auf. Es ist ein wunderschöner Bruch.«

Doch aufgeregt, wie sie war, rief sie aus: »Ach was, Herr Doktor, ich scheiß auf den schönen Bruch!« Noch ehe der Doktor oder ihr Sohn etwas erwidern konnten, fügte sie hinzu: »Mein Gott! Jetzt reicht's aber mit den Katastrophen!«

So hat sie es mir erzählt, als sie mit mir auf dem Gang warten musste, bis wir den Rudi auf seinem Zimmer besuchen konnten. Dort schilderte er uns den Unfallhergang.

Schon sehr früh am Samstag war er mit einigen Freunden auf die Haar-Alm zum Skifahren gegangen. Da er am Montag in der Berufsschule eine Prüfung hatte, wollte er am Samstagnachmittag noch dafür lernen. Deshalb verabschiedete er sich kurz nach Mittag von seinen Freunden und fuhr allein zu Tal.

Als er schon ziemlich weit unten war, stürzte er über einen Buckel, der ihm in die Quere kam. Der eine Ski sauste hierhin, der andere dorthin, er selbst blieb liegen mit einem starken Stechen im Schienbein, daher wagte er es nicht, aufzustehen. Er schrie aus Leibeskräften um Hilfe.

Nicht allzu weit unterhalb befand sich ein Bauernhof. Dort war ein Bub gerade dabei, die Hühner zu füttern. Der vernahm die Hilferufe und machte sich auf den Weg, um zu erkunden, was passiert sei. Er kam bald bei dem Verunglückten an, der erklärte ihm: »Gestürzt bin ich! Ich glaub, ich hab einen Hax' gebrochen. Lauf runter zum Brander-Wirt und sag ihm, er soll die Rettung anrufen.«

Bevor sich der Zehnjährige auf den Weg begab, um Hilfe zu holen, erkundigte er sich angelegentlich, wo denn die Skier geblieben seien.

»Runtergerutscht sind's halt. Die interessieren mich im Moment nicht. Wichtig ist nur, dass du mir schnell die Rettung schickst. Ich hab starke Schmerzen, und mächtig kalt ist's hier im Schnee auch«, jammerte er.

Es dauerte eine geschlagene Stunde, bis sich der Bub wieder blicken ließ. Nach seinem raschen Aufstieg keuchte er ganz schön, zumal er eine Last mit sich schleppte.

»Ja, Bub, was bringst denn du da an?«, fragte der Verunglückte, mehr verärgert als verwundert.

Voller Stolz berichtete der Hilfsbereite: »Die Skier hab ich gefunden, jetzt geh ich zum Telefonieren.«

»Du Depp, du blöder!«, schimpfte der Rudi, anstatt dem Burschen das erwartete Lob auszusprechen. »Was will ich jetzt mit den Skiern? Die Rettung brauch ich! Meinst, es macht Spaß, mit gebrochenem Hax' in der Kälte zu liegen?«

Dann sauste der Kleine aber wirklich los. Wenig später kamen die Männer von der Rettung und schafften den Verletzten mit dem Akia nach unten, wo schon der Sanka auf ihn wartete. Den Rest der Geschichte kennen wir ja.

Nun wieder zu mir. Da ich trotz meiner Beeinträchtigung durch die Gipsschale Bewegung und frische Luft brauchte, erbot ich mich, das Baby der Nachbarn regelmäßig auszufahren. An dem Kinderwagen fand ich Halt und konnte mich mit meinen kleinen Schritten ganz gut auf den Straßen bewegen.

Einmal sprach mich dabei eine Frau aus der Nachbarschaft an: »Nein, dass du das hast machen lassen! Das wird dich ewig reuen, das wird nichts mehr!« Solche Aussprüche bauen einen nicht gerade auf …

Meine Mutter reagierte erleichtert, als das Schreckensjahr 1956 zu Ende war. »Für dieses Jahr reicht es mir. Erst im neuen«, erklärte sie zuversichtlich, »ist wieder Platz für neues Leid.«

Im neuen Jahr ging es sogar aufwärts, obwohl ich noch jeden Monat zur Kontrolle und zum Gipswechsel nach München musste, selbst am Faschingsdienstag. Bei dieser Gelegenheit besuchte ich auch meine Leidensgenossinnen in dem großen Krankenhaussaal, in dem fünfundzwanzig Betten standen. Dort lagen lauter Mädchen im Alter von siebzehn bis einundzwanzig Jahren, sie alle hatten das gleiche Leiden wie ich. Auch ihre Wirbelsäulen waren durch zu schweres Arbeiten oder eine angeborene Schwäche verkrümmt. Damals wurde in der Arbeitswelt eben noch nicht auf die Gesundheit der Angestellten geachtet. Einige Mädchen waren da zur Vorbehandlung, die meisten aber lagen steif und starr in ihrer Gipsschale. Verständlich, dass eine richtige Missstimmung im Raum herrschte.

Doch davon ließ ich mich nicht abschrecken. Kurzentschlossen marschierte ich los, nachdem ich mich eigenhändig meiner alten Gipshülle entledigt hatte, besorgte Luftschlangen sowie einigen Flitterkram und dekorierte damit wenig später den Saal. Eines der Mädchen hatte einen Kassettenrekorder und eine Kassette mit Faschingsmusik dabei, die wir voll aufdrehten.

Innerhalb kürzester Zeit herrschte eine so tolle Stimmung im Krankensaal, dass die Schwestern und Ärzte von allen Seiten herbeiliefen und begeistert zuschauten. »Das trägt ganz bestimmt zu eurer

Heilung bei«, ließ einer der Herren im weißen Kittel verlauten. Anschließend ließ ich mir erst von meinem Doktor wieder eine neue Gipshülle verpassen.

Im April wagte es der Arzt, meine Gipsschale endgültig abzunehmen. Danach musste ich wieder richtig laufen lernen. Dabei war das Kinderwagenschieben weiterhin recht förderlich.

Bis Juni 1957 war ich im Krankenstand, dann kehrte ich wieder in meinen »Konsum« zurück. Dort herrschte mittlerweile ein ganz anderes Arbeitsklima als zuvor. Mit der sehr netten Vroni, dem neuen Lehrlingsmädchen, holten wir zu zweit nun alle Tage die schweren Milchkannen mit dem Leiterwagen von der Molkerei ab. Auch alle anderen körperlich anstrengenden Arbeiten wurden von nun an zu zweit erledigt.

Bald wurde ich in eine andere Filiale versetzt, wo es mir sogar noch besser erging. In dieser Filiale waren vier Vollzeitverkäuferinnen, zwei Teilzeitkräfte und ein Lehrmädchen beschäftigt. Ab 1959 übernahm ich die Leitung dieser Filiale.

Rückblickend denke ich, mein Wirbelsäulenleiden hätte als Berufskrankheit eingestuft werden müssen. Aber unbedarft, wie wir damals waren, hatten weder meine Mutter noch ich an eine solche Möglichkeit gedacht. Hingewiesen hatte uns auch niemand darauf, weder der Hausarzt noch das Krankenhaus. Hätten wir rechtzeitig einen entsprechenden Antrag gestellt, hätte mir das gewiss eine zusätzliche Rente eingebracht, so aber ging ich leer aus.

Meiner Meinung nach hatte meine Mutter alle ihre Schicksalsschläge überhaupt nur deshalb so gut verkraftet, weil sie ein so frommer Mensch war und großes Gottvertrauen besaß. Dem himmlischen Vater konnte sie immer all ihre Sorgen und Ängste anvertrauen und aus den Gebeten und dem Besuch der heiligen Messe Kraft schöpfen, um alles Schwere zu ertragen. Auch aus der Natur zog sie viel Energie, dank der Gabe, sich an kleinen schönen Dingen erfreuen zu können. Bei Gott, meine Mutter war eine tapfere und fleißige, kurzum eine bewundernswerte Frau.

Die Motorrollerbekanntschaft

Gewiss, in meiner Jugend habe ich den einen oder andern Verehrer gehabt. Ihnen allen habe ich die kalte Schulter gezeigt, doch eines Tages, am Dreifaltigkeitssamstag 1963, traf es mich wie ein Blitz aus heiterem Himmel. Dazu muss ich ein bisschen weiter ausholen.

Meine Mutter war schon seit längerer Zeit mit einer Frau namens Leni befreundet. Die beiden besuchten einander regelmäßig. Eines Tages im Winter brachte Leni ihre Schwester Gretl mit, die in Wien lebte. Diese meinte, wenn ich mal Lust hätte, Wien kennenzulernen, könne ich gern einige Tage bei ihr wohnen.

Ja, dachte ich, *diese Stadt würde mich schon reizen, allein schon deswegen, weil meine Großmutter väterlicherseits von dort stammte.* Im Frühjahr darauf rief ich also unter der Nummer an, die mir Gretl gegeben hatte, um einen Besuchstermin auszumachen. Es war aber nur ihr Mann am Apparat. Er bedauerte sehr, dass er mir keine bessere Rückmeldung geben könne, aber seine Frau liege derzeit im Spital. In ein oder zwei Wochen solle ich es noch einmal versuchen.

Nach zwei Wochen befand sich Gretl noch immer im Krankenhaus, und ihr Mann vertröstete mich um weitere zwei Wochen. Nun nahte die Zeit, in der meine Mutter immer mit mir nach Lichtenberg zu fahren pflegte. Dazu musste ich rechtzeitig um Urlaub ersuchen. Da ich aber noch immer darauf hoffte, eine Reise nach Wien machen zu können, nahm ich keinen Urlaub und ließ die Mutter allein fahren. Zu der Zeit stellte eine Reise nach Südtirol kein Problem mehr dar. Man benötigte kein Visum mehr, und die Bahnfahrt verkürzte sich, weil die Grenzkontrollen wegfielen.

Derweil blieb ich zu Hause in Wartestellung und ging täglich zur Arbeit. Leider durften wir vom »Konsum« aus von Anfang Juli bis Mitte September keinen Urlaub nehmen, weil in dieser Zeit Schulferien waren, sehr viele Touristen unseren Ort bevölkerten und daher im Geschäft eine Menge los war.

Mittlerweile war die erste Juniwoche um, und mir wurde die Zeit allmählich knapp. Sollte das mit Wien endlich klappen, würde ich für eine Reise dorthin keinen Urlaub mehr kriegen. Also entschloss ich mich spontan, ebenfalls nach Südtirol zu fahren, zumal meine Mutter schon vierzehn Tage dort war und mich große Sehnsucht nach ihr überfiel. Wir hingen sehr aneinander, denn außer den Zeiten, die sie oder ich im Krankenhaus verbracht hatten, waren wir immer zusammen gewesen.

Im Reisebüro erfuhr ich, dass am Mittwoch ein Kleinbus nach Meran fahre und am Freitag wieder zurück. Das würde genau für eine Stippvisite in Lichtenberg passen. Ich war zwar Filialleiterin, dennoch musste ich mit meinen Kolleginnen abklären, ob ich so kurzfristig drei Tage wegkonnte. Es ließ sich arrangieren. Am Samstag sollte ich wieder rechtzeitig im Laden sein, weil samstags bei uns immer die Hölle los war.

Ich begab mich also erneut zum Reisebüro und erfuhr dort, dass im Bus noch Platz sei, die Hotelzimmer aber ausgebucht seien. »Das ist ja wunderbar«, ich lachte. »Ich brauch eh nur ein Ticket für die Hin- und Rückfahrt. Übernachten werd ich bei Verwandten.«

Bevor ich in Meran am Gasthaus »Försterbräu« den Bus verließ, vereinbarte ich mit dem Fahrer, dass er mich am Freitag um 15 Uhr dort wieder einsammeln solle.

Mit dem Linienbus fuhr ich bis Prad, von dort aus machte ich mich zu Fuß auf den Weg. Bei dem herrlichen Wetter und meinem leichten Gepäck war das ein angenehmer Spaziergang. Wie staunte meine Tante Berta, als ich plötzlich vor der Tür stand!

»Deine Mutter ist unterwegs, wie immer. Du kennst das ja. Aber zum Abendessen will sie zurück sein«, erzählte sie mir, während sie mich umarmte.

Meine Mutter kippte fast aus den Latschen, als sie mich in der Wohnküche ihrer Schwester erblickte. »Ja, Dirndl, wie kommst du jetzt hierher?« Schnell hatte sie die Fassung wiedererlangt: »Ja so was! Heut erst kommst, wie schad – am Sonntag hättest da sein müssen: Beim Kassi war ein so netter Bursch. Der wär genau der Richtige für dich.«

»Ach, geh, Mama, was soll ich mit dem? Wenn ich überhaupt heirate, dann such ich mir den Mann schon selbst aus.«

Die zwei Tage in Lichtenberg vergingen wie im Flug. Um noch ein bisschen länger mit mir zusammen sein zu können, fuhr die Mama im Linienbus mit mir bis Meran, wo ich ja um drei Uhr meinen Bus kriegen wollte. Wie immer waren wir viel zu früh da. Dummerweise schüttete es wie aus Eimern, sodass ich unmöglich vor dem »Försterbräu« warten konnte, und der Chauffeur würde das gewiss auch nicht. Mama und ich gingen also ins Lokal, dort ließ sich trockenen Hauptes auf den Bus warten.

Die Zeit verging, aber kein Fahrer tauchte auf. Nachdem wir bis halb vier gewartet hatten, sagte ich niedergeschlagen zu meiner Mutter: »Der hat mich wohl vergessen. Nun besteht keine Aussicht mehr, dass ich morgen rechtzeitig im Geschäft bin. Das wird einen schönen Ärger geben.«

Urplötzlich kam mir eine Idee: »Ich ruf die Agnes an! Die ist vor einiger Zeit ausgeschieden, bestimmt springt sie für mich ein.«

Mit zitternden Fingern wählte ich von der Telefonzelle neben dem Gasthaus aus ihre Nummer, die ich zufällig im Kopf hatte. Und was antwortete sie mir? – »Das würd ich nicht für jede tun. Aber für dich mach ich das.«

Nun galt es nur noch, die Kolleginnen zu informieren. Die Nummer vom Geschäft hatte ich natürlich ebenfalls im Kopf. Während das Telefon noch tutete, kam mir die Idee, erst am Montag nach Ruhpolding zurückzufahren. Dann hätte ich zwei Tage mehr, um Südtirol zu genießen, ohne dass ich dem Geschäft wirklich schadete. Am Dienstag, wenn Lieferung kommen sollte und ich wirklich gebraucht würde, wäre ich auf jeden Fall wieder da. Zunächst erklärte ich meiner Kollegin, die das Gespräch entgegennahm, die Sachlage und versicherte ihr, dass Agnes für mich die Vertretung zu übernehmen bereit sei.

»Ja, wenn das die Agnes macht, dann sind wir einverstanden«, stimmte sie lachend zu. Danach rückte ich damit heraus, dass ich erst am Dienstag wieder zurück sein wollte, auch dagegen gab es zum Glück keine Einwände.

Sehr erleichtert fuhr ich mit der Mama nach Prad zurück. Am Ortseingang flüsterte sie mir aufgeregt zu: »Da, schau – die fünf jungen Männer! Der nette Bursche, der am Sonntag beim Kassi war, ist auch dabei.«

Ich machte mir noch nicht einmal die Mühe, den Kopf zu wenden. »Diese Mannsbilder interessieren mich nicht.« In Prad war Endstation. Da der Regen inzwischen aufgehört hatte, machte es uns nichts aus, den Rest des Weges zu Fuß zurückzulegen.

Das Gotteshaus zu Lichtenberg ist der Heiligen Dreifaltigkeit geweiht. Deshalb fand just an dem Sonntag das Kirchweihfest statt, mit Tanz im »Schwarzen Adler«. Am Samstag war jedoch im Dorf nichts los, deshalb lud mich Onkel Kassi zu einer Spazierfahrt ein.

Das Angebot nahm ich begeistert an, mittlerweile war wieder so herrliches Wetter, wie sich das für den Juni in Südtirol gehörte. Da würde eine kleine Tour auf dem Moped sicher Spaß machen. In Prad hatte der Onkel noch etwas zu erledigen, danach lud er mich noch zu einem Glas Wein in die »Alte Post« ein.

»Da ist zwar auch nichts los, aber vielleicht treffen wir ein paar nette Leute.«

Vorschriftsmäßig stellte er sein Moped auf dem Parkplatz vor dem Gasthaus ab. Im selben Moment brauste ein Motorroller heran und parkte genau neben uns. Zu meiner Überraschung begrüßten sich die beiden Männer ausgesprochen herzlich, sie schienen sich gut zu kennen.

Mir aber war der andere völlig fremd, selbst als er seinen Helm und die Schutzbrille abgenommen hatte. Doch bei seinem Anblick wurde mir so richtig warm ums Herz. Es kam mir vor, als träfe ich einen lieben Bekannten wieder, den ich lange Zeit nicht gesehen hatte. Obwohl ich nicht die geringste Ahnung hatte, wer der Fremde war, wusste ich sofort: *Das ist der Mann meiner Träume!*

Ihn schien der Blitz jedoch nicht getroffen zu haben, denn als er mit uns die Gaststube betrat, hatte er nur Augen und Ohren für meinen Onkel. Dieser bestellte eine Flasche Rotwein und drei Gläser dazu. Während sich die beiden Herren sehr angeregt unterhielten, saß ich stumm dabei. Sollten sie ruhig ihre Männergespräche führen. Ob ich wollte oder nicht, so viel bekam ich mit: dass der Unbekannte Karl hieß und dass sie von einer Anna sprachen. Anscheinend hatte Kassi sie mal sehr geliebt. Oder tat er das noch immer?

Bald wurde es mir aber zu dumm, nur wie eine Sofapuppe dabeizusitzen. Ich fasste mir ein Herz und versuchte, die Aufmerksamkeit der beiden Herren auf mich zu lenken. »Morgen möcht ich gern aufs Stilfser Joch! So viele Ruhpoldinger waren schon droben, nur ich nicht, obwohl ich schon so oft hier in der Gegend war.« Von den beiden Tischgenossen erfolgte keine Reaktion, deshalb erhob ich mich. »Auf dem Fahrplan drüben schau ich mal nach, ob morgen ein Bus hinauffährt.«

Mit einem Schulterzucken und einem tiefen Seufzer ließ ich mich wenig später wieder auf meinen Platz fallen. »Nein, leider fährt kein Bus 'nauf.«

In dem Moment ergriff Karl das Wort. »Fräulein, wenn Sie unbedingt da hinaufwollen, dann fahr ich Sie halt rauf. Mit meinem Motorroller, wenn Ihnen das nicht zu einfach ist.«

»Besser als auf einem Moped sitzt sich's darauf gewiss«, stellte ich in den Raum, mit einem schelmischen Seitenblick auf meinen Onkel.

Spontan leistete er folgenden Betrag: »Mit dem Karl lass ich dich gern fahren. Der ist ein anständiger Kerl.«

Als wir wieder auf unsere Fahrzeuge steigen wollten, bot mir der Karl an: »Fräulein, Sie können auch bei mir aufsitzen. Ich fahr in dieselbe Richtung wie der Kassi.«

Das Angebot nahm ich nur zu gern an. Es war wunderbar, hinter dem Unbekannten zu sitzen und mich an ihm festhalten zu können! Außerdem war der breitere Rollersitz wirklich angenehmer als der schmale Sitz des Mopeds.

Am folgenden Tag, dem Dreifaltigkeitssonntag, holte mich meine Motorrollerbekanntschaft nach dem Gottesdienst an der Kirche ab, ohne dass meine Mutter ihn zu sehen bekam. Bei strahlendem Wetter fuhren wir los. Für mich war es wie ein Traum, mich wieder an dem Mann, in den ich mich Knall auf Fall verliebt hatte, festklammern zu dürfen, mit ihm Serpentine für Serpentine höher hinaufzudüsen. Doch je mehr wir an Höhe gewannen, desto kälter wurde es.

Auf der Höhe – das Stilfser Joch liegt mehr als 2.700 Meter über dem Meeresspiegel – herrschte ein grausliges Wetter. Es stürmte und schneite, deshalb suchten wir ganz schnell Zuflucht im »Tibetl«, einer gemütlichen Gaststätte, die in tibetischem Stil eingerichtet war, und bestellten sogleich heißen Kaffee. Während wir an diesem unsere Hände und unser Inneres aufwärmten, planten wir unseren gemeinsamen Lebensweg, ohne dass Karl mir so etwas wie einen Heiratsantrag gemacht hatte. In dem Moment musste ich an meine Mutter denken, die für alle Lebenslagen einen passenden Spruch auf Lager hatte, zum Beispiel: »Schau nie, ob und was einer hat. Wichtig sind nur ein guter Charakter und zwei gesunde Hände zum Arbeiten.«

Das fiel mir ein, als Karl zu mir sagte: »Ich hab halt gar nichts, nur zwei Hände zum Arbeiten.«

Meine Antwort darauf: »Ich hab auch nichts. Bis jetzt habe ich meine Lohntüte immer der Mutter gegeben, weil sie eine so geringe Rente hat.«

Hätte mir früher jemand erzählt, dass er sich so schnell zum Heiraten entschlossen habe, so hätte ich gewiss entrüstet gesagt: »Das kann man doch nicht machen! Man muss sich doch erst mal kennenlernen und einander prüfen!« Nun war ich es selbst, die Hals über Kopf in eine Ehe stolpern wollte. Mir war es aber so, als kenne ich den Karl schon in- und auswendig. Dass er eine ehrliche Haut war, habe ich sofort erkannt.

Bevor wir die Rückfahrt antraten, fragte ich meinen Begleiter noch, ob es ihm recht wäre, wenn ich ihn später noch meiner Mutter vorstelle. Er stimmte sofort zu.

Als wir gegen Abend Onkel Kassis Haus erreichten, war meine Mutter nicht allein. Zwei gut aussehende Männer hatten längere Zeit geduldig bei ihr ausgeharrt, weil sie mich zum Kirchweihtanz abholen wollten. Der Otto, dem in Prad eine Bäckerei gehörte, hatte mir bereits einige freundliche Briefe geschrieben. Der andere, der Adolf, der Augenarzt werden wollte und studierte, hatte mir schon seit längerer Zeit den Hof gemacht.

Da die beiden sahen, wie sehr ich strahlte, als ich mit Karl in die Stube trat, sagte der eine zum anderen: »Komm, wir gehen.«

»Ja«, brummte der andere, »ich glaub, wir sind hier überflüssig.«

Nachdem die beiden das Feld geräumt hatten, begann ich, meiner Mama den Satz aufzusagen, den ich mir während der Fahrt sorgfältig überlegt hatte: »Mutter, das ist Karl. Wir wollen –« Weiter kam ich nicht, denn sie fiel mir ins Wort.

»Den Karl kenn ich. *Er* ist der nette Bursche, der letzten Sonntag beim Kassi war und von dem ich dir erzählt habe!«

Vor Überraschung kriegte ich den Mund nicht mehr zu. Ehe ich etwas erwidern konnte, fragte Karl mich, ob ich nicht mit ihm zum Tanzen gehen wolle. Und ob ich das wollte! »Die Mama nehmen wir aber auch mit«, fügte Karl an, als ob das ganz selbstverständlich war.

Nach nur wenigen Tänzen, die ich selig in seinen Armen geschwebt hatte, musste er aufbrechen. Denn um elf begann sein Dienst in der Backstube, zuvor aber brachte er uns artig nach Hause.

Jetzt erst, nachdem er uns daheim abgesetzt hatte, konnte das längst fällige Mutter-Tochter-Gespräch geführt werden. Es wurde ein äußerst angenehmes, bei dem zwei von Mamas berühmten Sprüchen nicht fehlen durften: »Gottes Wege sind nicht unsere Wege.« Und: »Was einem bestimmt ist, dem kommt man nicht aus.«

Davon war ich mittlerweile auch überzeugt. Die gute Gretl hatte so lange im Spital liegen müssen, dass ich mich schließlich entschloss, nach Lichtenberg zu fahren. Und dann hatte ich auch noch den Bus verpassen müssen, nur damit ich dem Karl begegnete!

Wie ich erst später von ihm erfuhr, hat er noch in derselben Nacht seine Stelle in der Bäckerei in Mals gekündigt.

Alles war an dem Wochenende so fix gegangen, dass wir noch nicht einmal dazu gekommen waren, unsere Adressen auszutauschen. Dennoch war ich fest davon überzeugt, vom Karl bald Post zu bekommen, meine Adresse konnte er ja leicht von meiner Mutter erfahren, die noch ein paar Tage länger in Lichtenberg bleiben wollte. Zunächst musste ich aber schauen, dass ich wieder nach Ruhpolding kam. Telefonisch hatte ich mich versichert, dass in dem Bus am Montag für mich ein Platz frei sein würde. Für diesen galt auch mein Fahrschein noch, der am Freitag ungenutzt geblieben war.

Seit Samstag auf Wolke sieben schwebend, bestieg ich am Montagnachmittag beschwingt den Bus. Wen sah ich da auf dem Fahrersitz? – Den Chauffeur, der mich am Mittwoch hergebracht hatte!

Er erkannte mich ebenfalls gleich wieder. »Ja, Dirndl, wo bist denn am Freitag geblieben?«

»Ja … ja … waren Sie denn am Freitag am ›Försterbräu‹?«, stotterte ich.

»Freilich war ich da! Bis Viertel nach drei hab ich auf dich gewartet, länger ging wirklich nicht.«

»So was Dummes! Ich war viel zu früh da, und weil's wie aus Gießkannen geregnet hat, hab ich in der Gaststube auf Sie gewartet.«

Er lachte laut los. »Das ist wirklich verrückt. Weil es so geschüttet hat, habe ich unter einem Sonnenschirm Zuflucht gesucht, der neben dem Eingang vom ›Försterbräu‹ stand. Hier muss sie auf jeden Fall vorbeikommen, dachte ich. Auf die Idee, mal *ins* Gasthaus zu schauen, kam ich gar nicht.«

»Und ich war nicht auf die Idee gekommen, zwischendurch mal hinauszuschauen. Aber das macht nichts. Das war wohl eine göttliche Fügung, denn durch den verpassten Bus hab ich den Mann fürs Leben gefunden!«

»Na, dann passt's ja.« Verständnisinnig strahlte er mich an.

Voller Ungeduld marschierte ich am Sonntag darauf zu unserem Postamt. Sonntags wurden bei uns zwar keine Briefe ausgetragen, aber die Poststelle hatte für zwei Stunden geöffnet.

»Ist nichts für mich angekommen?«, fragte ich den netten Schalterbeamten hoffnungsfroh.

»Junge Dame, hat das nicht Zeit bis morgen?«

»Nein, es ist ein ganz wichtiger Brief! Den bräucht ich schon heute.«

Der Mann bewegte sich zu einem Regal und kam bald mit einem Kuvert zurück, das er wie eine Siegestrophäe in der Hand schwenkte. Mein Herz klopfte wie wild. »Ist das die ersehnte Nachricht?«, fragte der Beamte mit süffisantem Lächeln, als er mir meine Post durch die Klappe am Schalter schob.

Mir genügte ein Blick auf den Stempel: Südtirol. »Ja, ja, das ist der Brief!«, jubelte ich.

»Da hat wohl der Schatz geschrieben?«, mutmaßte der lebenserfahrene Mann.

»Ja, tausend Dank! Vielen, vielen Dank!«

Schon war ich nach draußen entschwunden. Erst dort schaute ich mir das Kuvert näher an. Auf der Rückseite entdeckte ich seinen Namen. Auf diese Weise erfuhr ich endlich, wie er mit Familiennamen hieß. Der Name gefiel mir. *Ja, so möcht ich schon heißen,* dachte ich.

Viel mehr über Karl war dem Brief aber nicht zu entnehmen, nur dass meine Vermutung richtig gewesen war. Er hatte sich tatsächlich bei meiner Mutter meine Adresse geholt. Außerdem kündigte er mir an, dass er in einer Woche, am Peter-und-Paul-Tag nach Ruhpolding kommen werde.

Ich nahm an, er wolle mich besuchen, aber er kam mit Sack und Pack – für immer. Bei einem Bäcker in unserem Ort fand mein Verehrer auf Anhieb eine Anstellung und ein Quartier.

Am liebsten hätten wir auf der Stelle geheiratet, aber wir bekamen die Papiere nicht so schnell zusammen, da Karl italienischer Staatsbürger war. Um auf einem deutschen Standesamt heiraten zu können, brauchte er unbedingt ein polizeiliches Führungszeugnis von seiner Heimatgemeinde.

Sofort wurde ich in dieser Sache tätig. In einem freundlichen Brief bat ich um das entsprechende Papier. Da nach gut zwei Wochen noch immer keine Antwort vorlag, schrieb ich ein zweites Mal und machte die Sache dringlicher. Wieder erhielt ich keine Antwort. Vielleicht waren meine beiden Briefe ja verloren gegangen? Also versuchte ich es mit einem Einschreiben. Wieder kam nichts zurück. Selbst mein zweiter eingeschriebener Brief blieb unbeantwortet.

Mittlerweile war es Oktober geworden. Da Karl erst seit Kurzem angestellt war, bekam er keinen Urlaub. Deshalb nahm ich die Sache persönlich in die Hand. Mit seinem Ausweis ausgerüstet, fuhr ich am Samstag in den Vinschgau und quartierte mich bei Onkel Kassi ein.

Von dort aus marschierte ich täglich drei Kilometer zum Zug, der mich nach Laas brachte. Der Gemeindesekretär hatte jeden Tag eine andere Ausrede, warum er mir das benötigte Papier nicht geben konnte. Am Mittwoch glaubte ich mich endlich am Ziel. Da eröffnete er mir, von seiner Seite sei alles klar, es fehle nur noch die Unterschrift des Bürgermeisters.

»Dann gehen Sie doch bittschön gleich zu ihm und lassen ihn unterschreiben«, bat ich.

»Das geht nicht, er ist nicht da.«

»Lieber Herr Sekretär, morgen komme ich wieder. Ich hoffe, dass der Bürgermeister dann zurück ist«, sagte ich so freundlich, wie ich nur konnte.

»Jaja«, versicherte er mir. »Dann wird er gewiss da sein.«

Am Donnerstag stand ich, sobald das Amt die Pforten geöffnet hatte, wieder in dem bewussten Raum. Der Bürgermeister sei heute leider auch nicht da, erfuhr ich. »Wichtige Termine und so ...«

Beinahe wäre ich vor Wut geplatzt, doch ich riss mich zusammen. Den Mann musste ich mir schließlich gewogen halten, von ihm hing alles ab. »Lieber Herr Gemeindesekretär«, flötete ich. »Bis morgen brauche ich *unbedingt* dieses Führungszeugnis! Am Samstag und Sonntag wird bei euch nicht gearbeitet, und Montag muss ich wieder im Geschäft sein.«

Er zuckte die Schultern und lächelte unverbindlich. Mit meiner unterdrückten Wut im Bauch stürmte ich aus dem Rathaus und wäre an der Tür beinahe mit einem älteren Herrn zusammengestoßen. Er muss mir meinen Zorn gleich angesehen haben. »Nanu, junges Fräulein, warum so aufgebracht?«, sprach er mich an.

»Da soll man nicht aufgebracht sein?«, ließ ich meinen Unmut hinaus. »Schon vier Tage hänge ich hier rum, und nichts geht weiter! Von einem Tag werde ich auf den nächsten vertröstet.«

»Ihrer Sprache nach sind Sie aber nicht von hier«, stellte der freundliche Fremde fest. »Deshalb wundere ich mich, was Sie auf unserem Gemeindeamt wollen.«

Mit wenigen Sätzen erklärte ich ihm, dass ich in Deutschland wohne, aber einen Mann aus Eyrs zu heiraten gedachte, für den ich ein polizeiliches Führungszeugnis abholen wolle.

»Einen Mann aus Eyrs?«, fragte der Fremde verwundert. »Bist du etwa die Kofler-Mizzi?«

Nun war es an mir, verwundert dreinzublicken.

Darüber amüsierte er sich köstlich. Wenig später klärte er mich auf: »Ich bin der Vater von deinem Herrn Bräutigam.«

Auf diese Weise lernte ich also meinen Schwiegervater kennen. Diese Begegnung sollte in Sachen Führungszeugnis die entscheidende Wende bringen.

»Ja, hast du noch nicht geschmiert?«, fragte er.

»Was meinst du?« Erstaunt sah ich ihn an.

»Bevor du wieder herkommst, solltest du dir mehrere Tausend-Lire-Scheine einstecken. Davon legst unauffällig einen nach dem anderen auf den Schreibtisch. Du wirst sehen, das wirkt.«

Auf der nächsten Bank tauschte ich gleich einige DM in Tausend-Lire-Scheine um. Mit diesen betrat ich am nächsten Morgen das Büro, in dem ich bisher umsonst vorgesprochen hatte. Das Herz schlug mir bis zum Halse. Ob das klappen würde?

Noch ehe der Angestellte eine neue Ausrede vorbringen konnte, legte ich unauffällig einen Tausender auf den Tisch und beobachtete ihn dabei aufmerksam. Er hob die Augenbrauen, während er wie gebannt auf den Schein starrte. Dann legte ich einen zweiten dazu.

Ohne ein Wort zu verlieren, schob der Sekretär wie zufällig ein Blatt Papier darüber. Dann entnahm er einer Schublade ein Formblatt, versah es mit dem Stempel der Gemeinde und seiner Unterschrift. Darunter setzte er (!) die Unterschrift des Bürgermeisters und drückte einen weiteren Stempel auf. Freundlich lächelnd, reichte er mir das Dokument mit den Worten: »So, jetzt steht einer Heirat nichts mehr im Wege.«

Damals waren 1.000 Lire zwei DM wert. Für lächerliche vier DM hatte ich also mein heiß begehrtes Papier erhalten! Die Fahrt jeden Morgen nach Laas war mich wesentlich teurer gekommen und das Porto ebenfalls, das ich für die erfolglosen Briefe ausgegeben hatte – ganz zu schweigen von dem, was mich die Fahrt von Ruhpolding bis Lichtenberg gekostet und dass ich eine ganze Urlaubswoche geopfert hatte.

Das Dokument von der Gemeinde Laas wie eine Siegestrophäe schwenkend, stürmte ich zu Karl in die Backstube, wo er mir glückstrahlend um den Hals fiel. Es störte uns nicht, dass sich die Mitarbeiter köstlich amüsierten. Für den Rest der Formalitäten benötigten wir auch noch einige Wochen.

Am 10. Februar 1964 konnten wir endlich in Ruhpolding zum Standesamt schreiten. Die kirchliche Trauung fand wesentlich später in Südtirol statt, mit Rücksicht auf die vielen Verwandten. Es erschien uns einfacher, wenn wir drei dorthin reisten, als wenn man alle nach Deutschland hätte kommen lassen. Wo hätten wir sie auch unterbringen sollen?

Als es so weit war, hatten wir das Glück, dass wir noch nicht einmal Bahn und Bus benutzen mussten. Die Musikanten, die bei unserer Hochzeit aufspielen würden, waren Freunde aus Ruhpolding. Sie nahmen uns in ihren Autos mit. Für die feierliche Trauung hatten wir die Pfarrkirche zu Prad gewählt, weil dieser Ort zwischen Lichtenberg und Eyrs liegt. So war der Weg weder für meine noch für Karls Verwandte zu weit, die alle zahlreich vertreten waren.

Zu meinem langen weißen Kleid trug ich einen kurzen Schleier und einen Myrtenkranz, und Karl machte in seinem neuen schwarzen Anzug eine gute Figur. Die vier Musikanten, die uns nach Lichtenberg mitgenommen hatten, gestalteten mit Harfe, Gitarre, Hackbrett und Zither das Brautamt sehr feierlich, mit der Bauernmesse von Annette Thoma. Der Geistliche, der uns traute, war sogar ein Verwandter von Karl – er kam aus Schluderns.

Auch einige Bewohner aus Lichtenberg, Eyrs, Prad und Mals ließen sich dieses Ereignis nicht entgehen. Karls Eltern, liebe und bescheidene Leute, die einen Kleinbauernhof in Eyrs bewirtschafteten, knieten mit meiner Mutter in der ersten Reihe. Nach der Brautmesse ging es ins nahe gelegene »Hotel Central« zum Essen.

Dort hatte ich Gelegenheit, ausführlich mit meiner Schwiegermutter zu reden. So erfuhr ich endlich etwas über die Familie und aus Karls Kindheit. Er war das achte von elf Kindern. Eigentlich wären es sogar vierzehn gewesen, aber drei waren bereits im Säuglingsalter gestorben. Karl hatte nur mit Mühe seine frühe Kindheit überlebt. Er, Jahrgang 1933, war im Alter von vier Jahren unter die Hufe eines Pferdes geraten. Außer einigen anderen Verletzungen trug er einen Schädelbruch davon. Doch einen Arzt konnte man sich nicht leisten. Man trug das blutüberströmte Kind lediglich in die Stube und betete. Wie durch ein Wunder kam es mit dem Leben davon.

Jahre später, als Karl aus einem anderen Grund einmal einen Arzt aufsuchen musste, sagte dieser ihm schonungslos, nachdem er sich auch den Kopf angeschaut hatte: »Die Schädeldecke kann man jetzt nicht mehr reparieren. Damit wirst du nicht alt, höchstens zwanzig Jahre.«

Wie erfreulich, dass dieser Doktor sich geirrt hat!

Wie alle seine Geschwister hatte Karl zu Hause schon hart mitarbeiten müssen. Ab seinem siebten Lebensjahr ging er jeden Sommer zu fremden Bauern als Hütebub, damit er vom heimischen Suppentopf wegkam. Mit vierzehn schickten ihn die Eltern nach Prad zu einem Bäcker in die Lehre. Er wurde nicht gefragt, ob er das wollte. Er fügte sich in das Unabänderliche und dachte nur: »In der Bäckerei bekomme ich wenigstens genug Brot.«

Nach Beendigung seiner Lehre arbeitete er vier Jahre lang als Bäcker in der Schweiz. Dann musste er seinen Militärdienst ableisten. Das brachte ihn nach Sterzing, Gassensaß, Meran und Verona. Anschließend trat er für kurze Zeit in die Dienste eines Bäckers in Meran. Sobald sich die Möglichkeit bot, wechselte er in die Bäckerei nach Mals, damit er wieder näher bei den Eltern sein und ihnen helfen konnte. Nachts schuftete er in der Backstube und tagsüber auf den Feldern des Vaters.

Auf unserer Hochzeitsfeier lernte ich auch Karls Geschwister und deren Familien kennen. Mit jedem wechselte ich ein paar Worte: mit Alois, dem Ältesten, mit Anna und Paula, mit Anton, Lisa und Gottfried, mit Franz und mit Remigius, genannt Migi. Nur Sepp, der Zweitälteste, der im Bayerischen Wald lebte, und die Schwester Klara, die mit ihrer Familie in Karlsruhe wohnte, hatten den weiten Weg gescheut. (Die Geburts- und Sterbedaten sind in der Stammtafel zu finden.)

Dieselbe Musikantengruppe, die den Gottesdienst musikalisch gestaltet hatte, spielte am Abend zum Tanz auf. Nachdem wir das Hochzeitsmahl im Hotel bezahlt hatten, blieben uns noch ganze 58 DM übrig, damit starteten wir in unsere Ehe. Das tat jedoch der Liebe und unserem jungen Glück keinen Abbruch. Unsere Musikanten brachten uns auch wieder kostenlos nach Hause.

Da der Karl und ich sichere Arbeitsstellen hatten, konnten wir sorglos leben. An jedem Monatsende lag unser Gehalt pünktlich auf dem Konto.

Ein Wohnungsproblem, wie es in jener Zeit viele junge Leute hatten, gab es für uns auch nicht. Wir fanden Aufnahme bei Mama. Ihr passender Spruch zu dieser Situation? – »Hauptsache, die Köpfe haben Platz, dann haben auch die Ärsche Platz. Bei den meisten Menschen aber haben die Köpfe keinen Platz.«

Mir war von Anfang an klar, dass wir in Mamas kleiner Wohnung problemlos zu dritt leben konnten. Großzügig, wie meine Mutter war, überließ sie uns sogar ihr Schlafzimmer, in dem ich bisher mit ihr genächtigt hatte. Sie selbst baute sich im Wohnzimmer eine Liegestatt auf. Insgesamt bewohnten wir 54 Quadratmeter. Wir kamen gut miteinander aus, weil wir alle drei einander liebten. In dieser kleinen Wohnung beherbergten wir auch immer wieder Gäste aus Südtirol, und alle kamen unter.

Karl und ich hatten uns nicht gesucht, wir sind einander geschenkt worden. Bei unserer Goldenen Hochzeit gestand er mir: »Die dreißig Jahre, die ich ohne dich leben musste, kamen mir viel länger und nicht annähernd so schön vor wie die fünfzig Jahre mit dir.« Dann ergänzte er noch: »Ich glaub, du bist auch eine glückliche Frau, denn ich hab mal gelesen: ›Nicht das ist die glücklichste Frau, die den besten Mann geheiratet hat, sondern diejenige, die aus einem Mann das Bestmögliche gemacht hat.‹«

Kann ein Mann seiner Frau nach fünfzig Ehejahren etwas Schöneres sagen?

Hannis langsamer Abschied

Schon einige Monate nach unserer Hochzeit merkten wir, dass es uns belastete, unterschiedliche Arbeitszeiten zu haben. Als Bäcker arbeitete mein Mann überwiegend in der Nacht und ich als Verkäuferin am Tag. Als sich Karl die Möglichkeit bot, in einer Brillenfabrik unterzukommen, griff er mit beiden Händen zu. Das bedeutete für uns nicht nur gleichzeitige Wach- und Schlafenszeiten, sondern auch ein bedeutend höheres Einkommen.

Karl verteilte seine Liebe wirklich gerecht auf »seine« beiden Frauen. Mal unternahm er mit der Mutter einen Ausflug, mal mit mir. Denn auf seinem Motorroller konnte er immer nur eine von uns mitnehmen. Um diesem Zustand Abhilfe zu schaffen, machte er nach einem Jahr den Pkw-Führerschein und kaufte einen gebrauchten VW für 900 DM. Von da an unternahmen wir alles zu dritt.

Mamas bevorzugtes Reiseziel war ihre Heimat, dorthin fuhren wir mit ihr fünf- bis sechsmal im Jahr. Dass sie meinen Mann so gern mochte, lag vielleicht auch daran, dass ihr Sohn im Februar 1965 wegen einer unglücklichen Liebesgeschichte nach Südamerika »geflüchtet« war. Nun sah sie in Karl so etwas wie einen Sohn-Ersatz.

Nachdem wir unser Leben also neu geordnet und alles passend für uns eingerichtet hatten, überfiel uns ein neuer Schicksalsschlag. Es passierte Anfang November 1965, wir waren gemeinsam im Wald beim Holzmachen. Gegen eine geringe Gebühr, die ans Forstamt zu entrichten war, durfte man selbst Bäume fällen, die gekennzeichnet waren: dünne oder verkrüppelte Bäume, denen ihre kräftigeren Kameraden Licht und Luft genommen hatten. Auf diese Weise machten wir alljährlich das Brennholz für den ganzen Winter. Karl und ich sägten die Bäumchen um, und die Mutter entastete sie.

Diesmal arbeiteten wir am Hang. Da geschah es, dass ein Baum einen Ruck tat und ein Ast Mama in den Bauch stieß. Vor Schmerz schrie sie laut auf, wurde kreidebleich, und ihr wurde schlecht.

Wir wollten sie sofort zum Arzt bringen, sie aber wehrte ab. Von der Arbeit sei sie so verschwitzt, das könne sie keinen Doktor zumuten. Erst wolle sie baden, und morgen würde sie den Arzt aufsuchen. Wir brachten sie also sofort nach Hause und packten sie in ihr Bett. Am nächsten Tag ging es ihr wesentlich besser, daher hielt sie einen Arztbesuch für überflüssig.

Nach vierzehn Tagen spürte sie Schmerzen in der Schulter. Da endlich besuchte sie ihren Hausarzt, der ihr etwas zum Einreiben verschrieb. In der Folgezeit rieb sie fleißig ein, aber es wollte und wollte nicht besser werden. Deshalb suchte sie kurz vor Pfingsten erneut ihren Arzt auf. Beiläufig zeigte sie ihm auch ihren Bauch und deutete auf eine Verdickung. »Das ist bestimmt wieder ein Bruch«, meinte sie.

Der Arzt tastete nur kurz den Bauch ab, dann stand bei ihm die Diagnose fest. Um meine Mutter nicht zu erschrecken, behielt er diese jedoch für sich, gab ihr aber eine Überweisung zum Gynäkologen mit und empfahl ihr, diesen bald aufzusuchen.

Sie aber wollte das Ganze, wie es ihre Art war, wieder auf die lange Bank schieben. Mir fiel aber auf, dass es ihr nicht gut ging. Am Freitag vor Pfingsten packten wir sie ins Auto und brachten sie nach Traunstein ins Krankenhaus. Klar, dass über die Feiertage nicht viel gemacht werden würde, dennoch war ich einigermaßen beruhigt, wusste ich sie doch unter ärztlicher Kontrolle und war mir sicher, dass man im Notfall sofort eingreifen würde.

Am Morgen des Pfingstdienstags wurde sie operiert. Nachmittags erkundigte ich mich bei dem Operateur nach ihrem Befinden. Von diesem erfuhr ich, dass man einen kindskopfgroßen Tumor aus ihrem Bauch entfernt hatte. Wörtlich sagte er zu mir: »Ihre Mutter wird höchstens noch drei Tage leben. Ihr Bauch ist voller Krebs. Davon haben wir so viel wie möglich entfernt, aber der Krebs hat schon alle Organe in Mitleidenschaft gezogen. Weder ihre Blase noch ihr Darm werden die Arbeit wiederaufnehmen können. Es wäre ein Glück für Ihre Mutter, wenn sie aus der Narkose nicht mehr aufwacht.«

Über diese Aussage war ich so schockiert, dass ich den Arzt am liebsten angebrüllt hätte. Aber ich brachte keinen Ton heraus. Meine Mama war ja noch so jung, erst achtundfünfzig Jahre alt! Ich wollte sie noch nicht verlieren!

Zu meiner Freude wachte sie wieder auf. Als ich kurz danach an ihr Krankenbett trat, musste ich mich fest zusammenreißen. Die Aussage des Arztes im Hinterkopf, wusste ich nicht, über was ich mit ihr reden sollte. Aber nur stumm bei ihr sitzen wollte ich auch nicht. Sie selbst war zu schwach zum Reden.

In meiner Verzweiflung fiel mir ein, dass ich einen Brief vom Rudi aus Chile in der Tasche bei mir trug, den ich vor meiner Abfahrt nach Traunstein aus dem Briefkasten geangelt hatte. Während ich ihr diesen vorlas, hörte sie trotz ihrer Schwäche aufmerksam zu. Mein Bruder schrieb unter anderem: *Ich würde mich sehr freuen, wenn Du für ein paar Wochen zu mir herüberkommst. Den Flug zahle ich Dir selbstverständlich.*

Die Mama lächelte matt. »Das ist lieb von ihm. Jetzt warten wir aber erst mal ab, was der Herrgott mit mir vorhat. Vielleicht flieg ich ja bald noch höher …«

Nach einer Woche meinte der Arzt, der sie operiert hatte: »Es ist unglaublich, dass diese Frau noch lebt! Das kann sich vielleicht noch über drei Wochen hinziehen, aber wünschen Sie ihr das nicht.«

Nachdem diese drei Wochen herum waren, führte ich abermals ein Gespräch mit dem Arzt. Ich wagte, zu fragen, ob er sich vielleicht in der Diagnose geirrt habe. Er verwies mich auf den Laborbefund, der sei eindeutig.

Nach weiteren vier Wochen konnten wir meine Mutter aus der Klinik abholen. Bei uns zu Hause erholte sie sich so gut, dass sie schon bald den Wunsch äußerte, nach Südtirol zu fahren. Diesen Wunsch erfüllten wir ihr gern. Auf der Hinreise schauten wir in Prutz bei den Töchtern von Mala herein – sie selbst hatte bereits 1960 den Flug zum Himmel angetreten – und bei Tochter Hanny in Innsbruck. In und um Lichtenberg besuchten wir fast alle Verwandten, und ich wunderte mich, wie Mama das alles durchstand. Sie hatte stets guten Appetit, und ihr Darm und ihre Blase arbeiteten einwandfrei.

Kaum waren wir ein paar Wochen zu Hause, wollte sie schon wieder in ihre alte Heimat. Insgesamt sind wir nach ihrem Krankenhausaufenthalt fünfmal in Südtirol gewesen, dort fühlte sie sich immer sehr gut. Kein Verwandtenbesuch wurde ihr zu viel. Sie lachte und freute sich mit jedem und über jeden, sang fröhliche Lieder, konnte gut schlafen, und das Essen schmeckte ihr, dass es eine Freude war.

Als Filialleiterin hatte ich ein halbes Jahr Kündigungsfrist. Mit der Hoffnung, dass meine Mutter noch so lange lebte und ich sie dann selbst pflegen könne, hatte ich sofort nach ihrer Krankenhausentlassung gekündigt. Dieses halbe Jahr war fast um, als sich bei meiner Mutter ab Weihnachten wieder Schmerzen im Bauchraum einstellten. Ab dem 1. Januar konnte ich also ganz für sie da sein.

Am 10. Januar feierten wir bei uns noch ihren 59. Geburtstag, und eine Freundin aus Ruhpolding, die am selben Tag Geburtstag hatte, feierte bei uns mit. Das wurde schon seit Jahren so gehandhabt, dass immer abwechselnd in dem einen Jahr bei ihr, in dem anderen bei uns eine bescheidene Feier stattfand.

Schon wenige Tage nach dem Geburtstag fühlte sich meine Mutter müde und matt und legte sich immer öfter hin. Ab Ende Januar war sie vollends bettlägerig und musste schließlich erneut ins Krankenhaus.

Doch schon bald holte ich sie wieder nach Hause, worüber sie sehr glücklich war. Im Krankenhaus hatte sie sich nicht wohlgefühlt, zumal sie wusste, dass man dort nichts mehr für sie tun konnte. Sie zu pflegen und ihr Gesellschaft leisten konnte ich daheim auch, vielleicht sogar besser, weil sie meine einzige »Patientin« war.

Anfang März kam ihre Schwester Berta mit Tochter Hilda und Schwester Maria mit Tochter Linda zu Besuch, was die Mama sehr glücklich machte. Um den Damen etwas zu bieten, unternahm mein Mann mit den vieren am Samstagnachmittag einen Ausflug zum Kloster Maria Eck, wo sie zur Vesper ins Klosterstüberl einkehrten.

Unterdessen blieb ich bei meiner Mama und verabreichte ihr ein Morphiumzäpfchen, weil sie offensichtlich unter starken Schmerzen litt. Bald darauf schlief sie ein.

Nach kurzem Schlummer wachte sie auf und bat: »Schalt das Radio ein!«

Darüber war ich sehr erstaunt, denn aufgrund ihres schlechten Zustandes herrschte bei uns seit Wochen Stille im Haus, kein Radio, kein Fernseher, keine Schallplatte lief. Nachdem ich eingeschaltet hatte, hörten wir eine Volksmusik-Wunschsendung mit Wastl Fanderl.

Als das Stück zu Ende war, verkündete er: »So, jetzt schicke ich einen lieben Gruß nach Ruhpolding zu Frau Johanna Kofler. Eigentlich sollten wir diese Gratulation schon am 10. Januar zu ihrem Geburtstag übertragen, aber leider ist die Karte aus Chile von ihrem Sohn Rudi erst diese Woche bei uns eingetroffen. Aber wir hoffen, liebe Kofler-Mutter, dass du uns hörst und wir dir die besten Glückwünsche und ganz liebe Grüße von deinem Sohn übermitteln können.« Er beschrieb die Ansichtskarte noch ein wenig und erklärte, dass sie ihm gut gefalle und dass er sich darüber freue, vom Rudi wieder etwas gehört zu haben. – Er hatte Rudi schon vor Jahren anlässlich eines Musikfestivals kennengelernt. – Dann las er den Inhalt der Karte vor und spielte auf Rudis Wunsch einen langsamen Walzer für die Mama.

Spontan ergriff ich ihre Hände und bewegte sie im Takt der Musik hin und her. Beide weinten wir vor Rührung. Danach legte Hanni den Kopf zur Seite und schlief weiter, als ob nichts gewesen wäre. Eigenartig fand ich das schon, denn sie hatte absolut nicht gewusst, dass ihr Sohn einen Musikwunsch für sie bestellt hatte.

Mutters Zustand war mittlerweile so ernst, dass ich mich genötigt sah, meinem Bruder ein Telegramm zu schicken: *Bitte sofort kommen!*

Es war für ihn ein Schock, obwohl ich ihn jede Woche brieflich auf dem Laufenden hielt, wie es um die Mutter stand. Nun brachte mein Telegramm seine Reisepläne völlig durcheinander. Er hatte ohnehin vorgehabt, bald nach Deutschland zurückzukehren, weil er ein Studium beginnen wollte. Doch meine Briefe hätten ihn sehr in Sorge versetzt und bereits veranlasst, eine frühere Schiffsreise nach

Europa zu buchen. Aufgrund meines Telegrammes versuchte er nun, diese in eine Flugreise umzubuchen. Das ging aber nicht, aus welchen Gründen auch immer.

Man bot ihm aber ein Schiff an, das früher auslaufen würde, jedoch von Argentinien aus. Er flog also nach Buenos Aires und ging dort an Bord des Schiffes, das ihn in die Heimat bringen sollte. Eine Schiffsreise von Argentinien nach Europa dauerte damals vierundzwanzig Tage, weil das Schiff mehrere Häfen anlief. Als er mir das telegrafiert hatte, sprach ich mit Mutters Hausarzt.

»So lange wird sie nicht mehr leben«, meinte dieser. »Es sei denn, ich gebe ihr lebensverlängernde Spritzen. Diese werden aber auch ihr Leiden verlängern und verstärken, denn davon bekommt sie unvorstellbare Schmerzen.«

Das konnte ich nicht entscheiden, darüber musste der Mediziner mit der Patientin selbst reden. Obwohl er ihr die Nebenwirkungen äußerst drastisch schilderte, bat sie ihn matt: »Geben Sie mir die Spritze. Ich halte alles aus, wenn nur der Bub nicht zu spät kommt!«

Bei dieser Entscheidung ging es ihr weniger darum, ihren Sohn noch einmal zu sehen, sondern mehr darum, dass er *sie* noch mal sehen konnte. Sie stellte sich vor, wie schlimm es für ihn wäre, wenn er nur noch vor ihrem geschlossenen Grab stünde. Vielleicht liebte meine Mutter ihren Sohn mehr als andere Mütter ihre Söhne lieben, weil sie ihn trotz aller Schwierigkeiten zur Welt gebracht hatte, vermutlich aber auch, weil er ihrem vermissten Mann nicht nur sehr ähnlich sah, sondern auch vom Charakter her stark ähnelte.

Im Laufe der Jahre hatte meine Mama in Ruhpolding mehrere gute Freundinnen gewonnen. Eine davon war die Leni, die ich bereits im Zusammenhang mit ihrer Schwester Gretl erwähnte, welche mich nach Wien eingeladen hatte. Daraus war aber nie etwas geworden. Seit Mamas Erkrankung kam Leni jede Woche dreimal zu Besuch, immer am Nachmittag. Als sie am Dienstag, dem 16. März, bei uns weilte, erzählte sie, sie habe Besuch aus dem Allgäu gehabt, und die hätten ihr ein großes Stück Käse mitgebracht. Davon habe sie ein ansehnliches Stück für uns abgeschnitten, es aber versehentlich liegengelassen. Sie meinte: »Wenn mich der Karl nachher heimfährt, werde ich es ihm mitgeben.«

Darauf schlug ich vor: »Ja, Leni, dann komm doch bittschön schon am Freitagvormittag zu uns. Dann mach ich mit deinem Käse Kasspatzn, und du kannst mit uns zu Mittag essen.«

Dieser Vorschlag gefiel ihr, und sie erklärte, sie werde pünktlich erscheinen.

Als es am Freitagmorgen auffallend früh an der Haustür klingelte, glaubte ich, die Leni sei schon da. Es war aber ihre Nachbarin. Irgendwie wirkte diese aufgelöst und schien nicht recht zu wissen, wie sie beginnen sollte.

Schließlich brachte sie ihre Schreckensnachricht heraus: »Ich hab die Leni heute Morgen tot vor ihrem Bett gefunden!«

Leni und einige andere Frauen bewohnten in einem Altbau jeweils ein Zimmer. Für alle gemeinsam gab es eine Toilette und ein Bad auf dem Gang. Da die Frauen sich alle gut kannten und Vertrauen zueinander hatten, schloss nie eine ihre Tür ab. An dem bewussten Morgen war der Nachbarin aufgefallen, dass sich hinter Lenis Tür nichts regte, darum hatte sie nachgeschaut.

»Um Gottes willen!«, rief ich aus. »Wie bring ich das der Mama bei?«

Das erwies sich jedoch nicht als Problem. Noch ehe ich dazu kam, meiner Mutter die traurige Mitteilung zu machen, begann sie zu sprechen: »Die Leni war heut Nacht da und hat mir gesagt, dass sie vorausgeht und dass ich getrost auf unsern Rudi warten kann. Ich darf seine Ankunft noch erleben! Sie hat mir auch angeschafft, ich solle ihre Schwester Gretl in Wien und ihre Verwandten in München verständigen.«

Diese Aufgabe übernahm ich dann. Lenis Todestag war der 19. März 1967.

Die Pflege meiner Mutter war in den letzten Wochen immer aufwendiger geworden. Aber nicht nur das, ich verbrachte auch immer mehr Zeit an ihrem Bett, weil sie das Bedürfnis hatte, zu reden, und weil ich ihr das Gefühl geben wollte, dass ich für sie da war. Dadurch blieb so manches im Haushalt liegen. Vor allem zum Staubsaugen war ich lange nicht gekommen.

Als für mich erkennbar war, dass es mit Mama zu Ende ging, dachte ich: *Jetzt musst du aber die Wohnung in Ordnung zu bringen, sonst blamierst dich, wenn die Verwandten aus Südtirol zur Beerdigung kommen.* Ich holte also den Staubsauger herbei und begann, mit diesem in Mutters Zimmer umherzuwuseln.

Plötzlich fragte Hanni: »Was hast denn da so gesungen?«

»Hab ich gesungen?«, fragte ich überrascht zurück, denn ich war mir dessen nicht bewusst gewesen.

»Ja, du hast gesungen: ›Mamatschi, schenk mir ein Pferdchen, ein Pferdchen wär' mein Paradies.‹ Das war genau das Lied, das mein Vater so gern gesungen hat, als ich ein kleines Mädchen war.«

Nach kurzem Besinnen fragte sie weiter: »Weißt du, was das für Pferde sind?«

»Nein, keine Ahnung«, gab ich zurück.

»Das sind die Pferde, die mich mit dem Leichenwagen abholen.«

Bei dieser Äußerung lief es mir eiskalt über den Rücken. Doch ich musste ja weiter Staub saugen. Diesmal hatte ich mich aber so unter Kontrolle, dass ich nicht wieder zu singen begann.

Den Karfreitag 1967, es war der 24. März, werde ich nie mehr vergessen. Am Morgen erhielt Mama ihre vierte lebensverlängernde Spritze und wie nach den vorherigen bekam sie fürchterliche Schmerzen. Sie beschrieb mir, es fühlte sich an, als ob Hunderte von Dolchen in ihren Körper gestoßen und immer wieder herausgezogen würden. Dagegen half nichts mehr, auch kein Morphium. Der kalte Schweiß brach ihr aus, und sie zuckte am ganzen Körper. Dabei klammerte sie sich förmlich an das Kreuz in ihrer Hand und wiederholte mehrmals: »Du bist am Holzkreuz gestorben, und ich darf in einem so guten weiß bezogenen Bett liegen.«

Bei diesen Worten konnte ich die Tränen nicht mehr zurückhalten. Sie war es dann, die mich tröstete: »Heut ist halt Karfreitag.«

Gegen Abend wurden ihre Schmerzen erträglicher. Das war die Stunde, in der ihr unser Herr Pfarrer die heilige Kommunion brachte. Überhaupt – der Geistliche und der Hausarzt waren ihre eifrigsten Besucher. Der Seelsorger kam täglich und der Arzt sogar zweimal am Tag. Während ihrer Leidenszeit holte er ihr dreimal je einen Eimer Wasser aus dem Bauch.

Andere Besucher wollte die Kranke nicht mehr empfangen. Am Karsamstag ging es ihr überraschend gut. Sie wirkte wie erlöst, konnte auch wieder essen und ein bisserl im Bett sitzen. Am Nachmittag kam ihre Cousine Hermine mit ihrem Mann aus Neuötting. Voller Freude erzählte Mama ihnen, dass es nur noch vier Tage dauere, bis der Rudi komme. Sie wisse ganz sicher, dass sie ihn noch sehen werde, weil ihr die Leni das angekündigt habe.

Wir anderen wussten von nichts, denn es war weder ein Telegramm angekommen noch ein Anruf, wir hatten ja damals kein Telefon. Unsere Nachbarin dagegen besaß eines. Einige Tage später brachte sie uns die freudige Nachricht, dass der Rudi um 15 Uhr in Traunstein eintreffen werde.

Nach seiner Ankunft bei uns erfuhren wir von ihm Folgendes: In Buenos Aires war er auf ein italienisches Schiff gekommen, das auch in Barcelona und Genua anlegen sollte. Nun hatte er das Glück gehabt, dass die ganze Besatzung aus Italienern bestand, die gern die Osterfeiertage mit ihren Familien verbringen wollten. Deshalb ließen sie Barcelona links liegen und steuerten gleich Genua an. Dadurch traf das Schiff vier Tage früher ein als ursprünglich vorgesehen. Die spanischen Passagiere schickte man kurzerhand mit dem Flugzeug in ihre Heimat. Rudi aber hatte den nächsten Zug Richtung Deutschland genommen.

War das eine Wiedersehensfreude zwischen Mutter und Sohn! Die fünfte lebensverlängernde Spritze brauchte sie nicht mehr. Der Doktor verzichtete auch darauf, ihr weiterhin Wasser aus dem Bauch zu ziehen, diese Qualen wollte er ihr ersparen.

Drei Wochen waren der Mama noch vergönnt, mit ihrem geliebten Sohn zu reden. Zwischendurch las er ihr auch auf ihren Wunsch hin immer wieder aus der Bibel vor.

Als er sich am 19. Tag nach seiner Ankunft wieder mit dem Buch der Bücher an ihr Bett setzte, winkte sie ab: »Lass gut sein, Rudi. Niemand bringt mir mehr die ›Frau im Spiegel‹. Deshalb weiß ich gar nicht, ob die Beatrix schon entbunden hat.«

Die »Frau im Spiegel« war ihre Lieblingszeitschrift gewesen, weil dort immer so viel über Adlige berichtet wurde und andere Leute, die Rang und Namen hatten. Beatrix, die Kronprinzessin der Niederlande, hatte gerade ein Jahr zuvor geheiratet und erwartete ihr erstes Kind.

Urplötzlich schnitt der Rudi ein neues Thema an: »Mutter, ich hab dir ja geschrieben, dass ich Theologie studieren will.«

Das hatte er in der Tat. Mama hatte es voller Stolz allen Verwandten und Bekannten erzählt und daraufhin angefangen, zu sparen, damit er sein Studium finanzieren könne.

Aber plötzlich, auf ihrem Sterbebett, wiegte sie bedenklich den Kopf: »Rudi, ich weiß nicht, ob das richtig ist, dass du jetzt noch ein solches Studium anfängst. Du hast ja nur Volksschulabschluss. Du müsstest erst mal das Abitur nachmachen, bevor du mit dem Studium beginnst. Alles zusammen dauert mindestens zehn Jahre! Jetzt bist du sechsundzwanzig, dann wärst du erst mit sechsunddreißig fertig.«

»Dann hätt ich immer noch genügend Jahre vor mir, in denen ich als Missionar wirken könnte. Weißt du, als ich von Argentinien aus über die Anden nach Chile ritt, verbrachte ich einige Tage auf einer Missionsstation. Dort hat mich sehr beeindruckt, wie viel Gutes die Missionare tun. Deshalb möchte ich diesen Weg ebenfalls einschlagen. In den Stunden, in denen ich allein auf meinem Pferd saß, hatte ich genügend Zeit zum Nachdenken. Da gingen mir immer wieder die dramatischen Ereignisse um meine Geburt durch den Kopf. Das brachte mich zu der Erkenntnis, Gott wollte, dass ich lebe, damit ich ihm in einem geistlichen Beruf diene.«

Geduldig hatte sich die Mutter das angehört, dann brach es aus ihr heraus. »Nein, nein, Bub, für dich ist das nicht das Richtige. Das Gescheiteste wär's, wenn du die Marei heiratest.«

»Aber Mama, dass ausgerechnet du mir abrätst, das wundert mich. Andere Mütter wären stolz auf einen Sohn, der Priester wird. Von dir hätt ich erwartet, dass du dich freust, wenn ich Gott am Altar dienen will.«

Nach einigem Nachdenken fuhr sie fort: »Vielleicht hat Gott dir deshalb das Leben geschenkt, damit mal einer deiner Nachkommen einen geistlichen Beruf ergreift. Für dich jedenfalls ist es nichts. Du würdest damit nur unglücklich werden.« Ihr Sohn holte tief Luft, weil er noch einiges vorbringen wollte. Sie aber winkte ab: »Sei still, Bub, sei still. Ich versteh's halt jetzt nicht besser. Aber das versprech ich dir: dass ich dann, wenn ich es mal besser verstehe, es so richte, wie es recht ist.«

Wir konnten diese Worte zunächst nicht einordnen und glaubten, sie sei verwirrt. Später aber kamen wir zu der Überzeugung, dass unsere Mutter die außergewöhnliche Gabe besaß, hinter die Dinge zu schauen.

Seit der Rudi da war, wechselten wir uns mit der Nachtwache ab. Dadurch kam ich auch einmal wieder dazu, einige Stunden durchzuschlafen. In der Nacht vom 18. auf den 19. April war mein Bruder wieder mit Wachen an der Reihe. In seinem Beisein entschlief die Mama so sanft und so friedlich, dass er gar nichts davon merkte. Erst nach einer Weile fiel ihm auf, dass sie nicht mehr schnaufte, da weckte er den Karl und mich.

Sofort eilten wir an ihr Lager. Sie hatte ein so friedliches Gesicht, ja es schien mir, als liege ein Lächeln darauf. Nun war sie wirklich von allen Sorgen und Schmerzen erlöst.

Nachdem ich die Mutter gewaschen und ihr ein frisches Nachtgewand angezogen hatte, beteten wir zu dritt den Rosenkranz und gingen tieftraurig gemeinsam zu Bett, um noch ein paar Stunden Schlaf zu bekommen. Der Karl lag in der Mitte, der Rudi rechts und ich links. Erstaunlicherweise schlief ich auch gleich ein.

Gegen vier Uhr wurde ich wach und erinnerte mich so deutlich an einen Traum, dass ich zuerst dachte, er sei Wirklichkeit: »Es hatten sich viele Leute ums Haus versammelt, vielleicht dreihundert an der Zahl. Diese machten einen Mordskrach. Immer wieder schrie einer von ihnen: ›Jetzt müssen wir aber fahren!‹ Ärgerlich trat ich auf den Balkon und rief in die Menge hinein: ›Macht doch nicht so einen Lärm. Da drin liegt doch meine kranke Mutter!‹ Von der Balkontür aus schaute ich auf ihr Bett. Ich sah sie aufstehen und auf mich zugehen. Sie sah gut aus, hatte rosige Wangen, die Haare waren schön gewellt. Sie trug ihr Lieblingsdirndlkleid, streckte die Arme nach vorn und rief: ›Ja, ich komm ja schon!‹ Durch sie hindurch sah ich ihren kranken Körper im Bett liegen.«

In derselben Sekunde, in der ich realisierte, dass dies nur ein Traum gewesen war, sprang Rudi auf und fragte: »Habt ihr dieses schöne Halleluja gehört? Ein so schönes Halleluja ist mir bisher noch nie zu Ohren gekommen!« Auch er schien geträumt zu haben.

Nun erzählte ich ihm meinen Traum, und wir waren uns einig, dass man in dieser Stunde die Seele unserer Mutter geholt hatte. Danach schliefen wir tief und fest bis zum nächsten Morgen. Erst dann benachrichtigten wir den Arzt und den Bestatter.

Die Beerdigung wurde für Samstag, den 24. April, festgesetzt. Fast fünfhundert Menschen gaben der

Mama das letzte Geleit. Wir hatten vorsorglich 500 Sterbebilder drucken lassen, und es sind kaum welche übrig geblieben. Allein aus Südtirol war ein ganzer Bus mit Verwandtschaft gekommen.

Unter ihnen befand sich natürlich auch Mamas Zwillingsschwester Berta. Bei ihrer Abfahrt in Lichtenberg hatte bereits ein mildes Frühlingswetter geherrscht, deshalb kam sie entsprechend leicht gekleidet an. Doch als sie bei uns aus dem Bus stieg, stürmte und schneite es, und sie fror in ihrem Sommermäntelchen erbärmlich. Deshalb bot ich ihr den schwarzen Wintermantel meiner Mutter an, in den sie ohne Weiteres passte. Die beiden hatten nicht nur ein Leben lang ähnliche Gesichtszüge, sondern auch die gleiche Größe und die gleiche Figur gehabt. Zusätzlich stattete ich meine Tante mit dem schwarzen Kopftuch meiner Mutter aus. So begleitete sie uns zur Kirche.

Der Sarg stand, wie damals üblich, während des Requiems im Altarraum. Seinerzeit war es bei uns auch noch Sitte, dass die Gläubigen während der Opferung einen Opfergang machten. Das bedeutete, alle Kirchenbesucher gingen um den Hochaltar herum, um ihre Gabe in ein dort aufgestelltes Körbchen zu legen. Dabei kam man natürlich auch an dem Sarg und dem Pfarrer vorbei.

Als meine Tante am Pfarrer vorbeiging, fuhr dieser erschreckt zusammen. In diesem Mantel und mit diesem Kopftuch hatte er meine Mutter oft in der Kirche gesehenen, und aus diesem blickte ihn nun das Gesicht meiner Mutter an. Er schaute die Frau an, er schaute den Sarg an und schüttelte den

Kopf. Wie er mir nach der Beisetzung gestand, hatte er im ersten Moment geglaubt, der Geist meiner Mutter habe sich aus dem Sarg erhoben. Ihm war nicht bekannt gewesen, dass die Verstorbene eine Zwillingsschwester hatte.

Auch viele andere Gottesdienstteilnehmer waren beim Anblick von Mutters Schwester ziemlich irritiert. Im Übrigen verlief der Sterbegottesdienst sehr feierlich, viele Leute hatten Tränen der Rührung in den Augen.

Dass unsere gute Mutter nicht älter als neunundfünfzig Jahre hatte werden dürfen, ist kein Wunder nach allem, was sie als Kind durchgemacht hatte und später in ihrem Erwachsenenleben – das war schon mehr, als mancher Mensch ertragen kann. Sie fand ihren Halt stets bei Gott, wenn es gar zu arg wurde. Ich bin ihr sehr dankbar dafür, dass sie uns so religiös erzogen, uns beten gelehrt und uns immer das Gute und Schöne vorgelebt hat. Auf ihren Kranz ließen Rudi und ich schreiben: *Vergelt's Gott, Mama, Deine Kinder.*

Gemeinsam vertrauen wir darauf, dass Gott ihr auch all das vergilt, was sie ihren Mitmenschen Gutes getan hat.

Hannis Zwillingsschwester

Wenn ich über das Leben meiner Mutter berichte, komme ich nicht umhin, auch ein wenig über ihre Geschwister zu erzählen, denn diese waren untrennbar mit ihrem Leben verbunden, besonders ihre Zwillingsschwester.

Als Hanni, meine Mama, ihren Auserwählten zu Hause vorgestellt hatte, wurde er sofort von der ganzen Familie akzeptiert, und ihre Mutter gab den kurzen Kommentar ab: »Den kannst ruhig heiraten. Der Rudolf ist ein guter Mensch.«

Wie wir wissen, hielten die zwei bereits im Jahr darauf Hochzeit, und es zeigte sich, dass meine Nandl mit ihrer Menschenkenntnis recht behielt.

Doch bei ihren übrigen Kindern verlief die Partnerwahl leider nicht so glatt. Ein wenig Einblick in das Leben ihrer Tochter Berta, Mamas Zwillingsschwester, haben wir ja schon bekommen. In Gomagoi, wo sie einige Jahre als Köchin arbeitete, gab es einen Metzger, der das Gasthaus regelmäßig mit Fleisch belieferte.

Eines Tages brachte nicht der Chef, sondern Simml, sein neuer Geselle, das Fleisch in die Gasthausküche. Er erblickte die Köchin, und sie erblickte ihn, und schon hatten sich die beiden heftig ineinander verliebt. Ohne Zögern verabredete er sich mit ihr für ihren nächsten freien Nachmittag.

Auf einem sehr langen Spaziergang lernten sie sich näher kennen. Es folgten weitere Spaziergänge, und schon bald machte der Simml der Berta einen Heiratsantrag. Voller Stolz stellte sie am nächsten freien Nachmittag ihren Bräutigam zu Hause vor.

Die Mutter benötigte nur wenige Minuten, um sich von dem Auserwählten ihrer zweiten Tochter ein Bild zu machen. »Du solltest die Finger von ihm lassen. Er passt nicht zu dir«, äußerte sie spontan, als sie mit Berta allein war. Was ihr an diesem Bewerber um die Hand ihrer Tochter nicht passte, dazu äußerte sie sich nicht weiter. Aber sie hatte schon einen anderen Bräutigam für sie auf Lager: »Nimm den Rudolf aus der Nachbarschaft. Den kennen wir. Der kommt aus einer guten Familie. Er ist ein wohlhabender Bauer und er verehrt dich schon lange. Wenn du ihn heiratest, hast ausgesorgt. Und du wohnst hier im Dorf, das hat für dich und auch für uns Vorteile.«

Doch die naseweise Tochter wollte nicht hören. Sie liebte ihren Simml und wollte sich durch niemanden von ihm abbringen lassen. Damit sie ein bisschen Abstand von ihm gewinne, war die Nandl für eine Luftveränderung. Sie schrieb umgehend an ihre Tochter Hanni, sie möge die Berta bitte nach Ruhpolding einladen und dort für sie einen Arbeitsplatz suchen.

Das tat meine Mutter mit Begeisterung. Zum einen fand sie es großartig, ihre Schwester einmal wieder bei sich zu haben, zum anderen sah sie der Niederkunft ihres zweiten Kindes entgegen, und wie wir wissen, war das ja eine Problemschwangerschaft.

Nachdem sie für ihre Schwester eine Stelle als Köchin im »Hotel Diana« gefunden hatte, lud sie diese herzlich nach Ruhpolding ein.

Zum Erstaunen der beiden »Verschwörerinnen« nahm Berta die Einladung tatsächlich an. Mehrere Gründe mögen sie dazu bewogen haben. Für sie war es ebenfalls verlockend, wieder mit ihrer Zwillingsschwester zusammen sein zu können. Zudem reizte sie die bessere Verdienstmöglichkeit in Deutschland. Sie besaß nämlich nichts, und der Simml hatte auch nichts. Da war es nicht verkehrt, wenn sie sich in Deutschland bis zur Heirat einiges zusammensparen konnte. Nicht zuletzt mag auch die angespannte politische Lage eine Rolle gespielt haben. Man musste ja befürchten, jederzeit ausgewiesen zu werden. Wenn sie freiwillig ging, dachte Berta, konnte sie in Deutschland schon mal Fuß fassen und ihren geliebten Schatz nachkommen lassen.

Mitte 1940 traf sie mit Sack und Pack in Ruhpolding ein und bezog im »Hotel Diana« ein Personalzimmer. Die Arbeitsstelle, die Hanni dort für sie gefunden hatte, stellte sich als sehr angenehm heraus. An ihren freien Tagen besuchte Berta uns sehr gerne und hatte ihren Spaß an mir, dem kleinen Mizzerle. Daran kann ich mich zwar nicht mehr erinnern, doch meine Mutter hat mir das oft genug erzählt.

Unser Familienleben gefiel Berta ausnehmend gut und sie gestand ihrer Schwester, sie freue sich darauf, bald zu heiraten und eigene Kinder zu haben. Nachdem mein Bruder geboren war, hatte sie auch an ihm große Freude und half meiner Mutter, wann immer sie konnte. Das hinderte sie allerdings nicht daran, in dieser Zeit glühende Liebesbriefe nach Südtirol zu schicken und von dort welche zu empfangen.

Nach zwei Jahren begann der Simml in jedem Brief zu drängen, sie möge bald heimkommen, damit sie heiraten könnten. Nachdem das dritte Jahr herum war und Berta sich ein hübsches Sümmchen zusammengespart hatte, kündigte sie im Hotel und bereitete alles für die Rückkehr in die Heimat vor.

Am Tag ihrer Abreise begleiteten Hanni und wir Kinder sie zum Bahnhof in Ruhpoldung. Unser Vater weilte zu der Zeit bereits in Russland. Das Einzige, woran ich mich erinnere, ist Tante Bertas letzter Satz: »Wir sehen uns dann bei meiner Hochzeit wieder!« Diesen rief sie uns aus dem geöffneten Abteilfenster zu, als wir ihr zum Abschied winkten.

Aus dieser Einladung wurde leider nichts. Denn wenige Wochen nach ihrer Heimreise wurde die Grenze dichtgemacht. Selbst wenn eine Einladung gekommen wäre, hätten wir keine Möglichkeit gehabt, zur Hochzeit zu fahren. Berta hatte Glück, dass sie noch rechtzeitig heimgekehrt war.

Briefe durften, wie bereits erwähnt, noch eine Zeit lang die Grenze passieren. Aus den Schreiben ihrer Mutter erfuhr meine Mama, wie es ihrer Schwester nach der Heimkehr ergangen war. Und das, was uns die Nandl damals nicht schrieb, hat sie uns Jahre später, als wir bei ihr zu Besuch waren, erzählt.

Am Tag nach ihrer Ankunft hatte sich Berta in ihr schönstes Gewand geworfen und war nach Gomagoi gefahren, um mit ihrem Liebsten den Hochzeitstermin auszumachen.

Als sie so überraschend bei ihm auftauchte, tat er den Ausruf: »Fesch schaust aus!«

Danach hatte sie zumindest eine stürmische Umarmung erwartet, er aber blieb stocksteif im Raum stehen. Das verwunderte sie zwar, aber noch dachte sie sich nichts Böses dabei. Deshalb eröffnete sie das Gespräch: »Simml, ich will mit dir über den Hochzeitstermin reden.«

Doch eiskalt erteilte ihr dieser eine Abfuhr: »Es gibt keine Hochzeit.«

»W-w-wie soll ich das verstehen?«, stotterte sie.

»Wie ich es gesagt hab, es gibt keine Hochzeit. Wir heiraten nicht.«

In dem Moment muss sie kreidebleich geworden sein, ihre Knie wurden weich, und mit letzter Kraft erreichte sie einen Stuhl, auf den sie sich fallen ließ. Als sie sich etwas gefasst hatte, brachte sie mit tonloser Stimme hervor: »Aber warum? Erst schreibst du in deinen Briefen dauernd, ich solle wegen der Hochzeit heimkommen, ich kündige daraufhin meine gute Stelle, und nun sagst du mir so was!«

»Tut mir leid. Von dem Heiratshindernis habe ich erst vor ein paar Tagen erfahren.«

»Von was für einem Heiratshindernis?«, fragte sie fassungslos.

»Man hat mir gesagt, dass von eineiigen Zwillingen eine keine Kinder kriegt. Und da deine Schwester Hanni bereits welche hat, wirst du keine kriegen. Ich möchte aber unbedingt Kinder haben.«

Für meine arme Tante brach ihr ganzes Weltbild zusammen. Simml war nicht nur ihre große Liebe, sie hatte sich auch die Zukunft mit ihm schon so schön ausgemalt! Mit all ihren Gegenargumenten, er solle nichts auf das Geschwätz anderer Leute geben, es sei doch gar nicht erwiesen, ob das mit den Zwillingen stimmte, vermochte sie ihn nicht von seiner Meinung abzubringen.

Mit hängenden Schultern und verweinten Augen kehrte sie ins Elternhaus zurück.

Nandl war feinfühlig genug, sie jetzt nicht anzusprechen. Wenn sie Trost brauchte, würde Berta schon von selbst kommen. Bereits am nächsten Tag warf sich die verlassene Braut weinend in die Arme ihrer Mutter, dann sprudelte sie ihre ganze Enttäuschung heraus.

Noch sagte die Maria nichts dazu, sie hörte sich das alles nur an. Am nächsten Tag erschien Berta wieder mit verweinten Augen am Frühstückstisch, und am dritten Tag ebenfalls. Nun hielt die Blasi-Maria den Zeitpunkt für gekommen, mit ihrer Tochter ein ernstes Wörtchen zu reden: »Berta, es lohnt nicht, dass du diesem Lackl auch nur eine Träne nachweinst. Du solltest dich ganz schnell mit einem anderen trösten.«

»Wozu soll ich heiraten, wenn ich ja doch keine Kinder kriege? Für mich wären Kinder äußerst wichtig!«

»Ach, glaub doch den Schmarrn nicht! Das musst ausprobieren, dann reden wir weiter.«

»Und mit wem bittschön?«

»Da wüsst ich schon einen.« Die Mutter lächelte vielsagend.

»Kommt Ihr mir etwa wieder mit dem Rudolf daher?« (Dazu muss ich erklären, dass zur damaligen

Zeit die Kinder ihre Eltern noch in der zweiten Person Mehrzahl ansprachen, also »Ihrzten«.)

»Ja, genau den mein ich. Der ist ein anständiger Kerl und er liebt dich.«

»Und woher wollt Ihr das so genau wissen?«

»Das hat er mir selbst gesagt.«

»Wieso Euch und nicht mir?«

»Er ist eben sehr schüchtern. Er liebt dich wirklich, glaub mir. Weil er sich nicht traute, hat er's mir gestanden. Und ich hab es dir verraten, schon vor drei Jahren. Aber du wolltest ja nichts davon wissen«, hielt ihr die Mutter vor.

»Davon will ich auch jetzt nichts wissen«, verharrte die Tochter in ihrem Trotz.

Mit Engelszungen redete die Mutter weiter auf sie ein und zählte Rudolfs sämtliche Vorzüge auf. Doch Berta blieb hartnäckig.

»Was hast du denn gegen ihn?« Mutter Maria war nah dran, ihre Fassung zu verlieren.

»Ich hab nichts gegen ihn, aber ich liebe ihn nicht.«

»Ach, Madl, darauf kommt es doch nicht an. Er liebt dich, das ist wichtig. Du wirst es bei ihm gut haben. Er wird dich auf Händen tragen.«

»Das interessiert mich nicht. Wenn ich meine große Liebe nicht haben kann, bleib ich lieber ledig.«

»Und wie stellst du dir deine Zukunft vor? Du kannst nicht ewig aus unserer Suppenschüssel essen. Wenn du partout nicht heiraten willst, musst halt dein Leben lang in Stellung gehen.«

Diese Worte machten das liebeskranke Mädchen zumindest nachdenklich. Doch sie blieb weiterhin verstockt.

Am nächsten Tag fuhr die Mutter noch schwereres Geschütz auf: »Mittlerweile bist du fünfunddreißig. Alle Mädchen in deinem Alter sind längst brave Ehefrauen. Willst du etwa als alte Jungfer enden? Du musst ja froh sein, dass dich überhaupt noch einer nimmt.«

Auch das wirkte nicht, Berta zuckte nur die Schultern.

Einige Tage später setzte ihr die Mutter die Pistole direkt auf die Brust: »Entweder du heiratest endlich den Rudolf oder du musst sehen, wo du unterkommst. Bei uns kannst du nicht ewig bleiben.«

Zwei Tage benötigte die Tochter zum Nachdenken, dann gab sie endlich nach: »Also gut, in Gottes Namen, wenn Ihr unbedingt wollt, heirate ich halt den Rudolf.«

Als die Blasi-Maria dem Verehrer ihrer Tochter diese Nachricht überbrachte, weinte er vor Freude. Sie machte alles mit ihm aus: den Termin für die Trauung, wie und wo man zu feiern gedenke, was auf den Tisch kommen sollte und wen man einladen wollte.

Berta kümmerte sich kein bisschen um die Hochzeitsvorbereitungen. Wie in Trance ging sie umher und sagte zu allem Ja und Amen, was ihr die Mutter unterbreitete.

Es wurde wirklich nur eine kleine bescheidene Hochzeit. Obwohl Maria Asper froh war, ihre zweite Tochter endlich unter die Haube zu kriegen, war ihr nicht nach großer Feier zumute – zum einen, weil die Braut zu ihrem Glück gezwungen werden musste, zum anderen, weil ihre beiden Söhne an der Kriegsfront standen und auch weil Tochter Hanni nicht kommen konnte. Inzwischen waren ja die Grenzen völlig dicht.

Um nicht unnötig Geld für eine Hochzeit auszugeben, die nur unter Druck zustande gekommen war, lieh die Blasi-Maria von einer Cousine ein Brautkleid aus und steckte die Tochter am Hochzeitsmorgen hinein, wobei sich die Berta so passiv verhielt wie eine Puppe. Der Vater musste sie fast gewaltsam zur Kirche führen.

Mutter Maria hielt den Atem an, als der Priester am Altar der Braut die Frage stellte: »Berta, bist du frei und ungezwungen hierhergekommen, um mit diesem deinem Bräutigam Rudolf die Ehe einzugehen?«

Meine Tante zögerte tatsächlich einige Sekunden, in denen sich ihre Gedanken überschlugen: *Jetzt könnte ich noch Nein sagen. Kann ich das meiner Mutter antun? Welche Folgen könnte das für mich haben?* Schließlich hauchte sie ihr Ja so zaghaft, dass der Geistliche und die beiden Trauzeugen, ihr Vater und ein Bruder des Bräutigams, Mühe hatten, es zu verstehen, die Brautmutter aber hatte es verstanden. In diesem Moment entrang sich ihrer Brust ein Seufzer der Erleichterung.

Die kleine Feier, an der nur die Eltern der Braut und die des Bräutigams sowie sein Bruder teilnahmen, fand in ihrem Elternhaus statt. Während die kleine Hochzeitsgesellschaft in der Kirche weilte, hatte eine hilfsbereite Nachbarin ein etwas festlicheres Essen zubereitet, als man es für gewöhnlich an Sonntagen auf den Tisch brachte. Interessanterweise hatten beide Zwillingsschwestern einen Ehemann mit dem Vornamen Rudolf gefunden. Damit im Gespräch keine Verwechslungen aufkommen sollten, nannte man Bertas Mann von da an immer Rudl.

Als es für Rudl und seine Eltern Zeit für die Stallarbeit wurde, verabschiedeten sie sich, natürlich in der Erwartung, die Braut werde innerhalb kurzer Zeit nachkommen. Diese dachte jedoch nicht daran. Sie sperrte sich in ihr Zimmer ein, und obwohl die Mutter beharrlich rief und klopfte, machte sie die Tür nicht auf. Das Brautpaar verbrachte die Hochzeitsnacht also getrennt.

Als Berta am anderen Morgen mit verweintem Gesicht am Frühstückstisch erschien, machte die Mutter ihr ernste Vorhaltungen.

»Was wollt Ihr denn?«, fragte die störrische Braut. »Auf Euren Wunsch hab ich ihn doch geheiratet. Seid Ihr immer noch nicht zufrieden?«

Die anschließenden Ausführungen der Mutter über Pflichten und Aufgaben einer Ehefrau gipfelten in dem Satz: »Wenn du heut nicht freiwillig zu deinem Ehemann gehst, werde ich dich mit der Peitsche hinuntertreiben!«

Einige Monate nach der Hochzeit konnte Berta ihrer Mutter ein süßes Geheimnis anvertrauen.

»Wie wunderbar! Na siehst du, was hab ich gesagt?«, lautete deren Kommentar. »Da siehst du mal, was der Simml für einen Schmarrn geredet hat.«

In leiser Bitterkeit fügte die werdende Mutter hinzu: »Wenn das der Simml erfährt, der wird dumm schauen.« Sie sorgte dafür, dass er es erfuhr.

Im Juli 1944 lag eine süße gesunde Tochter in der Wiege, die Rudls ganzer Stolz war. In der Taufe bekam sie den Namen Hannele, zu Ehren von Bertas Zwillingsschwester. Sie hätte diese gern zur Patin gebeten, aber die Grenze war so dicht, dass sie ihr nicht einmal eine schriftliche Mitteilung über die Geburt der Tochter übermitteln konnte.

Vierzehn Tage später war das kleine Leben verlöscht. Dafür gab es eine ganz einfache Erklärung: Während der Entbindung war die Hebamme stark erkältet gewesen, hatte wohl nicht die nötige Vorsicht walten lassen und das kleine Menschlein angesteckt. Da dieses noch nicht die nötigen Abwehrkräfte besaß, entwickelte sich die Erkältung ganz schnell zu einer Lungenentzündung, gegen die der Arzt machtlos blieb.

Völlig niedergeschlagen, suchte die junge Mutter Trost bei meiner Nandl. Die verstand es, sie wieder aufzurichten. »Berta, sei nicht verzweifelt. Wo eines ist, da sind auch mehrere. Du wirst sehen, bald kommt ein neues Kind.«

Es war noch kein ganzes Jahr vergangen, da lag am 10. Juni 1945 zu Bertas und Rudls großer Freude der kleine Richard in der Wiege, der ganz prächtig wuchs und gedieh. Ein Jahr darauf hatte Berta eine nicht lebensfähige Frühgeburt, das stürzte sie aber nicht in Verzweiflung. Im April 1947 kam der Oswald an, ein gesundes, kräftiges Kerlchen. Knapp zwei Jahre danach, Ende Januar 1949, folgte Klein Berta, und dann wieder ein gutes Jahr später, im Juni 1950, rundete Tochter Hildegard noch das Quartett ab.

Nach jeder Entbindung wusste es Berta so einzurichten, dass Simml davon erfuhr. Auch hatte sie eine Bekannte, die sie mit Neuigkeiten über ihn versorgte. Noch im selben Jahr, in dem sie mit dem Rudl zum Traualtar geschritten war, hatte auch Simml geheiratet, eine wohlhabende Bauerntochter. Berta sah es als Ironie des Schicksals an, dass sie, die er für unfruchtbar gehalten hatte, es in kurzer Zeit auf einen Stall voll Kinder gebracht hatte, während seine Ehe kinderlos blieb.

Bei ihr wären vermutlich noch mehr Kinder angekommen, wenn sie nicht ihre eigene Art von Empfängnisverhütung praktiziert hätte. Kurz nach der Geburt von Hilda räumte sie ein wenig in der Wohnung um. Sie schlief fortan mit den Mädchen in dem Zimmer, das bis dahin als Ehegemach gedient hatte, und Rudls Bett schlug sie in der Bubenkammer auf. Das frei gewordene Mädchenzimmer nutzte man künftig als Gästezimmer.

Rudl war ein guter Familienvater und liebte seine Kinder über alles. Das rechnete sie ihm hoch an, aber lieben konnte sie ihn nicht, ihr Herz hing immer noch zu sehr an ihrem Verflossenen. Um sich Ablenkung zu verschaffen, stürzte sie sich in die Landwirtschaft und wurde eine tüchtige Bäuerin. Vor allem aber galt ihre Liebe ihren Kindern. Sie war ihnen wirklich eine gute Mutter. Stets zeigte sie ihnen ein fröhliches Gesicht, und sie konnten mit jedem Wehwehchen und jedem seelischen Schmerz zu ihr kommen.

Als die Kinder schon etwas älter geworden waren und die Buben mit dem Tata etwas unternahmen, saß sie am Abend häufig mit den Töchtern in der Stube, wo sie mit ihnen fröhliche Lieder sang, während das Spinnrad fleißig schnurrte und die Töchter mit den Stricknadeln klapperten. Aus dieser Zeit ist eine nette Anekdote überliefert.

Als die Mädchen alt genug waren, betete Berta mit ihnen vor dem Einschlafen immer ausgiebig. Da hieß es dann: »Ein Vaterunser für den …, ein Vaterunser für den …«, und so fort. Eines Abends, als sie fast am Ende ihres Gebetskanons angelangt waren, fiel Berta siedend heiß ein: »Ach ich hab ja noch die Unterhosen im Garten auf der Leine!« Anstatt aber hinauszugehen, um sie retten, schlug sie vor: »Jetzt beten wir noch ein Vaterunser, dass die gestreiften Unterhosen über Nacht nicht vom Regen durchnässt werden.«

Ob dieses Gebet erhört worden ist, habe ich nie erfahren.

Obwohl Berta ganz in der Liebe zu ihren Kindern aufging und dem Rudl eine tüchtige Hausfrau war, konnte sie den Simml nicht vergessen. Sobald ihre Töchter ins Erwachsenenalter gekommen waren, erzählte sie ihnen immer wieder von ihrer unglücklichen Liebe. Ja, selbst als sie im hohen Alter von sechsundachtzig Jahren auf dem Sterbebett lag und ihr Geist nicht mehr ganz klar schien, kreisten ihre Gedanken noch um den Simml.

Nach einem kurzen Spitalaufenthalt hatte man sie als Pflegefall entlassen. Tochter Berta hatte sie zu sich genommen und liebevoll gepflegt. Der Arzt kam regelmäßig, um ihr medizinische Betreuung angedeihen zu lassen. Diese beschränkte sich nicht auf

Medikamente und Spritzen, sie bekam auch immer wieder Infusionen, und aufgrund ihrer Atembeschwerden wurde ihr ständig Sauerstoff zugeführt. Obwohl sie also an Nadeln und Schläuchen hing, rutschte Mutter Berta immer wieder dicht an die Bettkannte, von der die Tochter sie besorgt zurückschob. Als das zum wiederholten Mal passiert war, ermahnte die Tochter sie: »Mama, pass auf, du fällst ja aus dem Bett. Rutsch doch nicht immer zur Bettkante.«

Da erwiderte die alte Frau mit verklärtem Lächeln: »Ich muss. Ich habe doch die Mädchen bekommen, die brauchen Platz.«

Verwundert stellte Tochter Berta eine weitere Frage: »Mama, von wem sind denn die Mädchen?«

»Ja, vom Simml natürlich!«

Am 25. Januar 1994 starb Berta. Sie hatte ihre Zwillingsschwester um siebenundzwanzig Jahre überlebt, obwohl sie als Kind immer kränklich gewesen war.

Sie ließ einen trauernden Rudl zurück. Es war derselbe Rudl, der uns immer so gewissenhaft zwischen Spondinig und Lichtenberg mit Ross und Wagen hin- und herkutschiert hatte, als man in der Familie noch keine motorisierten Fahrzeuge besaß.

Seine letzten Lebensjahre verbrachte er bei Tochter Hilda, die über ihrer Schwester Berta im selben Haus wohnte. Er überlebte seine Frau um fünf Jahre und war nie krank gewesen.

Eines Abends sagte er zu Hilda, nachdem er gut und fettreich gegessen hatte: »So, Hilda, jetzt gib mir a Schnapsl.« Die Tochter war sehr verwundert, denn einen solchen Wunsch hatte er noch nie geäußert. Aber sie schenkte ihm ein Gläschen ein. Genüsslich trank er es aus und bat: »Hilda, noch a Schnapsl, und dann bring mich ins Spital. Heut Nacht sterb ich.«

Die Tochter lachte. »Du kriegst dein Schnapsl, Tata, und wenn du willst, bring ich dich auch ins Spital. Aber du stirbst heute Nacht nicht.«

Sie brachte ihn wirklich ins Krankenhaus. Er starb noch in derselben Nacht, im Alter von vierundneunzig Jahren.

Hannis »großer« Bruder

Von meinem Onkel Josef, genannt Seppl, dem ältesten Bruder meiner Mutter, habe ich bisher nur wenig gesprochen. Er war das dritte Kind meiner Großeltern und endlich der ersehnte Stammhalter. Schon im Alter von sieben Jahren musste er im Dorf zu den Bauern, um die Kühe zu hüten, damit der heimische Tisch entlastet war. Im Jahr seiner Erstkommunion erkrankte er an Diphterie, sodass er nicht mit seinen Altersgenossen zum Tisch des Herrn gehen konnte. Damals fand die Feier der Erstkommunion in Lichtenberg am Gründonnerstag statt. Damit der arme Bub, der sich so sehr darauf gefreut hatte, den Leib des Herrn zu empfangen, nicht leer ausging, brachte ihm der Herr Pfarrer seine erste heilige Kommunion in die Krankenstube.

Kaum war der Junge genesen, wurde er vom Pfarrer mit anderen Buben seines Jahrgangs zum Ministranten ausgebildet. Doch schon am 1. Mai schickte man ihn als Hütebub nach Tschengels zu einer Familie Stecher, wo er bis zum Allerheiligentag blieb. Weil er mit dieser Stelle sehr zufrieden war und seine Bauersleute auch mit ihm, verbrachte er auch die folgenden Sommer dort, bis zu seiner Schulentlassung.

Er muss ein fleißiger und ehrgeiziger Bub gewesen sein, deshalb war er bei allen sehr beliebt, auch bei den Pfarrern. Im Winter war er eifriger Ministrant in seiner Heimatgemeinde, und im Sommer in Tschengels. Deshalb durfte er mit dem dortigen Seelsorger und einigen anderen Ministranten nach Rom fahren.

Diese Reise war für einen Hütebuben, der ja sonst nirgends hinkam, so beeindruckend, dass er in seiner Familie immer wieder gern davon erzählte. Nachdem Seppl der Schule entwachsen war, lernte er in einem Betrieb in Meran das Zimmerhandwerk und trat damit in die Fußstapfen seines Vaters und Großvaters. Doch als er seine Lehrzeit beendet hatte, fand er kaum Arbeit im heimatlichen Tal. Mit dem Fahrrad fuhr er über den Reschenpass nach Prutz, wo er bei einem Zimmereigeschäft eine Anstellung fand. Selbstverständlich gewährte unsere geliebte Basl Mala auch ihm Unterkunft für die ganze Zeit seines Aufenthalts.

Das in Prutz verdiente Geld brachte er weitgehend nach Hause, damit seine Eltern die Schulden für das nach dem Brand erworbene Haus tilgen konnten. Als seinem Chef die Arbeit ausging, schwang sich Seppl wieder aufs Rad und strampelte in Richtung Deutschland, wo er am Bodensee Arbeit bekam. Schon bald erging es ihm wie vielen anderen, er wurde zum Kriegsdienst verpflichtet. Zunächst wurde er in Russland eingesetzt, später in Italien, weil er fließend italienisch sprach. Bei Kriegsende geriet er in Pisa Livorno in Gefangenschaft und kehrte erst Mitte 1947 wieder heim. Die Freude seiner Eltern war unbeschreiblich, zumal sie von ihrem jüngeren Sohn, dem Kassian, seit Jahren keine

Kunde hatten. Leider fand Seppl in seinem Tal nicht genug Arbeit, also sah er sich gezwungen, wieder weiter weg vom Elternhaus seinem Broterwerb nachzugehen. Auch in dieser Zeit wohnte er wieder bei Basl Mala, die Wochenenden verbrachte er aber meist bei den Eltern.

Im Herbst 1949 trat dann ein Ereignis ein, das sein Leben verändern sollte. Bei einem Großbrand in Berg Lichtenberg brannten einige Höfe bis auf die Grundmauern ab. Beim Wiederaufbau halfen sich die Bewohner gegenseitig, für manche Aufgaben jedoch benötigte man Fachleute. So kam es, dass an einem Sonntag Aloisia, die Erbin des Riedl-Hofes, im Hause Asper auftauchte. Sie hatte davon gehört, dass Seppl ein tüchtiger Zimmerer sei, und bat ihn, an ihrem Haus die Zimmereiarbeiten zu übernehmen.

Während er diese ausführte, begegnete er zwangsläufig immer wieder der Aloisia, und es blieb nicht aus, dass sie sich ineinander verliebten. Dass Aloisia bereits ein Kind hatte, den Karl, der 1944 unehelich zur Welt gekommen war, störte den Seppl nicht. Für ihn gab es aber eine andere unangenehme Aufgabe. In Prutz hatte er ein Mädchen kennengelernt, die Sophie. Nun galt es, mit ihr Schluss zu machen.

Wie er befürchtet hatte, machte sie ihm eine Mordsszene. Sie warf ihm vor, nur hinter dem Geld der reichen Bauerntochter her zu sein. Diesen Vorwurf und andere hörte sich der Seppl eine Weile an. Dann holte er tief Luft und erklärte seiner Verflossenen in seiner ruhigen, besonnenen Art, wie die Dinge wirklich lagen: »Gewiss, Aloisia ist die Erbin des Riedl-Hofes, weil Peter ihr einziger Bruder als Kriegsinvalide nicht in der Lage ist, ihn zu bewirtschaften. Du brauchst aber nicht glauben, dass sie reich ist. Damit sie das Haus überhaupt wiederaufbauen kann, muss sie einen beachtlichen Kredit aufnehmen. Um den tilgen zu können, reicht der Ertrag aus der kleinen Landwirtschaft am Berg bei Weitem nicht aus. Da ich die Aloisia liebe, werde ich weiterhin in meinem Beruf arbeiten und jede Lira in den Hof stecken.«

Im Oktober 1950, als das Haus fertig war, heiratete der Seppl seine Aloisia. Für meine Begriffe war das ein mutiger Schritt, denn er heiratete in eine sehr schwierige Hausgemeinschaft hinein. Er hatte nicht nur für seine Frau und deren sechsjährigen Buben zu sorgen, sondern auch für ihre Eltern und den sechsundzwanzigjährigen Bruder Peter, der im Krieg ein Bein verloren hatte. Seppl muss seine Frau schon sehr geliebt haben, sonst hätte er es dort nicht lange ausgehalten.

Das Paar bekam zwei gemeinsame Kinder: Bernarda und Rosa. Damit er seine große Familie ernähren konnte, arbeitete er in den Winterhalbjahren in Davos in der Schweiz, in Innsbruck und Reichenau. Fünf Sommer verbrachte er als Hirte auf den Almen.

Nachdem Seppl 1972 in Rente gegangen war, legte er keineswegs die Hände in den Schoß. Am Haus seiner Tochter Bernarda erledigte er im Jahr darauf alle Zimmererarbeiten und später am Haus seiner Tochter Rosa ebenfalls. Im Jahre 1978 erkrankte er an Herzrhythmusstörungen und benötigte einen

Schrittmacher. Es folgten mehrere Spitalaufenthalte. Eines Tages erlitt er einen Hirnschlag, der ihn zum Pflegefall machte. Wenige Wochen später, am 12. Februar 1987, wurde er von seinem Leiden erlöst.

Weil die beiden Töchter kein Interesse an dem Hof zeigten, übernahm Karl, der ledige Sohn seiner Frau, das Anwesen. Er wurde ein tüchtiger Bauer und modernisierte den Hof nach und nach, aber die steilen Felder blieben steil, und es bedurfte großen Geschicks, sie mit einem Traktor zu bewirtschaften. Inzwischen hat er das Anwesen längst einem seiner Söhne übergeben, aber er hilft immer noch fleißig mit.

Während des Heuens im Jahre 2017 kurvte er eifrig mit seinem Trecker auf einer steilen Wiese herum, wobei der Anhänger vollautomatisch beladen wurde. Eigentlich hatte er schon genug geladen, da dachte sich der Karl: *Unten, den letzten Streifen Heu kannst auch noch mitnehmen!*

Da geschah es, der Traktor stürzte auf einmal um. Es war sein Glück, dass er sofort herausgeschleudert wurde. Das führerlose Gefährt sauste unaufhaltsam den Berg hinab, wurde nebst Hänger in tausend Stücke zerschlagen, und die Teile wurden weit verstreut. Ein aufmerksamer Beobachter forderte sofort per Handy die Rettung an, die auch nach kurzer Zeit eintraf.

Aber statt einen Schwerverletzten auf der Wiese vorzufinden, trafen sie auf einen Bauern, der sich inzwischen wieder aufgerappelt hatte und traurig seinem zerschellten Gespann nachblickte. Obwohl er sich mächtig wehrte, nahmen ihn die Sanitäter mit ins Spital – vorsichtshalber, wie sie sagten. Dort stellte man fest, dass er, abgesehen von ein paar Schrammen, keine Verletzungen davongetragen hatte. Noch mal Glück gehabt!

Maria, Hannis »kleine« Schwester

Nachdem die drei »Großen« das Nest verlassen hatten, behielt die Blasi-Maria ihre beiden Jüngsten zu Hause. Zum einen war die Not nicht mehr so groß, dass man sie mit zehn Jahren hätte in fremde Dienste schicken müssen, zum anderen gab es auch zu Hause genug zu tun. In Tochter Maria hatte die Mutter eine Stütze im Haushalt und der Vater in Kassian einen Gehilfen auf dem Feld und im Stall. Gelegentlich aber, wenn während des Sommerhalbjahres jemand aus dem Dorf ein Kindermädchen brauchte, oder wenn jemand wegen eines Hütejungen anfragte, »verlieh« sie ihre Kinder für ein paar Wochen.

Nach Beendigung ihrer Schulzeit ging Maria nach Innichen, wo sie ein Jahr lang in einem Gasthaus als Bedienung arbeitete. Ein weiteres Jahr verbrachte sie am Karersee, ebenfalls als Servicekraft. Als im »Roten Adler« zu Meran, in dem meine Mutter Hanni bereits sieben Jahre arbeitete, eine Stelle als Kellnerin frei wurde, empfahl sie ihrem Chef sogleich ihre Schwester.

Dieser stellte Maria sofort ein und hat diesen Schritt sein Leben lang nicht bereut. Während Hanni im Souterrain als Köchin tätig war, wirkte Schwester Maria gewandt und umsichtig in der Gaststube. Sie muss eine außergewöhnlich fleißige und treue

Kellnerin gewesen sein, denn nach fünfundvierzigjähriger Tätigkeit dort erhielt sie im Jahre 1975 gewiss nicht umsonst eine Urkunde »für ihre fleißige, langjährige und freundliche Arbeitsweise«, nebst einer Goldmedaille vom Land Südtirol.

Die Blasi-Maria hielt stets einen intensiven brieflichen Kontakt zu ihren Kindern, wo immer diese sich berufsbedingt auch befanden. In ihren Briefen hörte sie nie auf, sie zu erziehen. Das beweist uns ein Originalbrief, den sie ihrer Tochter geschrieben hat:

Lichtenberg, den 11. Januar 1938

Liebe Maria!
Deine zwei lieben Brieflein mit Freuden erhalten und danke Dir recht herzlich für die guten Wünsche zum neuen Jahr sowie zum Geburtstage. Doch erwidere ich auf meine guten Wünsche, was mir von Euch wohl am liebsten wäre: wenn's grad und endlich ehrlich und sittlich, recht brav und charakterlich wäret, das wäre mein innigster Wunsch – und wohl das Beten nie und nimmer an den Nagel hängt. Vom selben hängt wohl alles ab. Ja, meine liebe Maria, manches von Euch habe ich wohl schon für einen Hunger nach der Pforte der Hölle gehalten. Darum war meine Sorge noch größer, weil ich befürchtete, dass ich meine Liebsten dort habe, was wohl für eine kummerhafte Mutter die Kinder sind.

Oh, ich bitte Dich, liebe Maria, nimm das kurze arme Leben recht ernst und macht mir mein Sterben nicht so schwer, dass ich müsste denken, ***ich hab***

Euch nicht gut erzogen, oder ich hab euch zu wenig ermahnt und gewarnt und gebittet.

Ihr sollt fleißig zur Kirche gehen und alle Tage ein bissl beten und alles Gott aufopfern. Vater und ich haben zusammen geweint am Neujahrstag. Hanni habe ich ein kurzes Kartl zum Neujahr geschickt. Der Vater hat mir so erbarmt, wo doch die Hanni, sein ältestes Madl, für ihn so lieb ist.

Liebe Maria! Hab lang gemeint, dass der Seppl ein paar Karten für uns geschrieben hat für uns alle, denn hab halt gemeint, dass es für euch eine Seltenheit ist, weil meine Schreiberei immer eine Predigt für euch ist, wirst du sagen. Aber ich bitte, nimm's doch in Ernst und Liebe auf, gell? Der Seppl ist schon vierzehn Tage in Stanlor drüben. Ein Zimmer hat er in der Post, mein Gott. Kassi ist seit Neujahr daheim. Hat bisher nicht viel verdient, nur die Woche 20 Lire, und die Wäsche hat er hergebracht, und jetzt wieder das Jammern über seine Profession. Wir wären auch froh, wenn er Arbeit hätte.

Berta hat schon auf Dreikönig geschrieben und wird von da wieder die Gewitter beiseitlassen. Was wohl auch für mich verdrüßlich ist. Oh wie wahr ist's: Kleine Kinder – kleine Kränz, große Kinder – große Kränz.

Der Vater ist nicht übel, halt die Kälte draußen ist für uns beide furchtbar grausam. Beim Waschen (am Brunnen) war es, als ob mich Eisnadeln stechen. Aber nun ist das Eis gebrochen. Gott sei Dank!

Zum Schluß herzliche Grüße von uns allen, von Deiner Mutter und Deinem Vater.

Nicht nur Marias Arbeitgeber und dessen Familie wussten die Serviererin zu schätzen, auch bei den Gästen war sie sehr beliebt. Unter ihnen gab es eine ganze Reihe von Leuten, die kamen nur ihretwegen in das Lokal. Nach dem Krieg machten ihr vor allem junge Männer den Hof.

Einer unter ihnen fiel ihr bald besonders auf und nicht nur, weil er sehr häufig kam. Er war groß und schlank und sah mit seinen dunklen Haaren und leuchtend blauen Augen blendend aus. Wenn er seinen Wein bestellte, lächelte er sie immer gewinnend an.

Nachdem das einige Wochen so gegangen war, stellte er sich als Andi vor und fragte, ob sie an ihrem nächsten freien Tag mit ihm spazieren gehen wolle. Sie stimmte zu. Warum auch nicht? Bisher hatte sie alle Verehrer abblitzen lassen. Dieser hier aber gefiel ihr. Nicht nur von seinem Aussehen her, ihr gefiel auch die Art, wie er sich gab und wie er mit ihr redete. Dem Spaziergang folgten weitere, und nach einigen Wochen fragte er sie rundheraus, ob sie seine Frau werden wolle. Und ob sie das wollte!

Nach dem Krieg waren die heiratsfähigen Männer ohnehin rar und so gut aussehende grad gar. Nach dem Verlobungskuss meinte die Braut, nun sei es an der Zeit, dass sie ihn ihren Eltern vorstelle. An einem Samstagmorgen fuhr das Paar gemeinsam nach Lichtenberg zum Haus von Josef und Maria Asper.

Voller Stolz präsentierte Maria ihren Verlobten den Eltern. Der Vater verzog sich gleich, kaum dass er den jungen Mann begrüßt hatte. Aus solchen Sachen hielt er sich raus. Das war Weiberkram. Mutter Maria dagegen unterhielt sich ganze zwei Stunden mit dem Anwärter um die Hand ihrer Jüngsten.

Nachdem er wieder abgereist war – Maria blieb bis Sonntag –, sprach die Mutter ein ernstes Wort mit ihrer Tochter: »Kind, warum willst du so überstürzt heiraten? Du kennst den Mann doch kaum!«

»Weil ich ihn liebe, Mutter. Wir kennen uns seit einem Jahr. Das ist lang genug.«

»Von ein paarmal Spazierengehen kennt man einen Menschen noch nicht.«

»Das reicht aus, um zu spüren, dass er mich liebt, und zu wissen, welche Einstellung er zum Leben hat. Außerdem, in meinem Alter laufen einem nicht mehr viele gut aussehende Männer über den Weg.«

»Auf das Aussehen kommt es nicht an. Bei einem Mann muss man schauen, ob er innere Werte mitbringt.«

»Das hab ich getan«, erwiderte sie trotzig.

»Anscheinend nicht gründlich genug. Kind, lass die Finger von ihm! Du rennst mit offenen Augen in dein Unglück!«

»Mutter, das könnt Ihr nicht beurteilen. Dafür kennt Ihr ihn zu wenig.«

Mutter Maria merkte, dass alles gute Zureden in dieser Hinsicht nichts half. Deshalb schnitt sie ein anderes Thema an, um ihre Jüngste zur Vernunft zu bringen: »Wo wollt ihr denn nach der Hochzeit wohnen? Wie du weißt, ist Wohnraum sehr knapp.«

»Mutter, darüber braucht Ihr Euch keine Gedanken zu machen. Nach dem Tod seiner Eltern hat

Andi die Wohnung übernommen, zu einer annehmbaren Miete.«

»Und was ist mit Möbeln, mit Hausrat, mit Wäsche?«, versuchte die Mutter, sie mit der materiellen Seite zur Vernunft zu bringen. »Zurzeit gibt es ja so gut wie nichts zu kaufen.«

»Ist alles vorhanden«, trumpfte die Tochter auf. »Ich werde mich ins gemachte Nest setzen.«

Der verzweifelten Mutter fielen keine weiteren Argumente ein, deshalb verlegte sie sich direkt aufs Bitten: »Maria, bitte, heirate den Andi nicht! Er wird dich nur unglücklich machen.«

»Wenn ich ihn nicht heirate, bin ich auch unglücklich«, begehrte diese auf.

»Es ist allemal besser, du bist ohne ihn unglücklich als mit ihm.«

»Warum, Mutter? Was habt Ihr an ihm auszusetzen?«

»Er ist ein Großmaul. Davon konnte ich mich innerhalb der kurzen Zeit, die er hier war, überzeugen. Außerdem ist mir zu Ohren gekommen, dass er arbeitsscheu ist und gern einen über den Durst trinkt. Es gibt Leute, die behaupten, er sei ein Alkoholiker.«

»Ach, Mutter, seit wann gebt Ihr etwas auf das Geschwätz anderer Leute? Das Wort Alkoholiker ist entschieden zu hart für ihn. Gewiss, er trinkt sehr gern, aber nur, weil er so unglücklich ist.«

»Wieso ist er unglücklich?«

»Das hab ich ihn auch gefragt. Da hat er mir seine Familiengeschichte erzählt. Sein Onkel Andreas, sein Pate, war Besitzer von Schloss Winkel in Obermais bei Meran. Für den kinderlosen Onkel hat Andi jahrelang auf dem Schloss gearbeitet. Deshalb hat der ihn als seinen Erben eingesetzt. Dann brach der Krieg aus. Den Onkel haben die Faschisten gezwungen, einen Abschiedsbrief zu schreiben, den Wehrlosen dann auf seinen eigenen Dachboden geführt und an einem Balken aufgehängt. Den Neffen Andi aber schickten sie in den Krieg. Als er mit nur leichten Verwundungen zurückkehrte, wollte er sein Erbe antreten, doch die Faschisten hatten alles konfisziert. Das war ein so harter Schlag für den Kriegsheimkehrer, dass er seinen Kummer in Wein zu ertränken versuchte.«

Die Mutter hatte aufmerksam zugehört. »Der Krieg ist seit zwei Jahren aus. So viel ich gehört habe, trinkt Andi noch immer.«

»Ja, auch, was das angeht, habe ich ihn zur Rede gestellt. So einen harten Schicksalsschlag überwindet man nicht von heute auf morgen, sagt er. Außerdem trinkt er, weil er so einsam ist. Er hat ja niemanden! Seine einzige Schwester lebt in London. Andi hat mir in die Hand versprochen, dass er, wenn wir verheiratet sind, sofort mit dem Trinken aufhört. Dann hat er diesen Trost nicht mehr nötig, weil er dann ja zu jemanden gehört! Er hat auch noch gesagt, wenn wir erst Kinder haben, wird er so glücklich sein, dass er den Alkohol nicht mehr braucht.«

»Und du glaubst ihm das alles?«, fragte die Mutter und zog skeptisch die Augenbrauen in die Höhe.

»Natürlich. So allein, wie er auf der Welt ist, braucht er jemanden, der ihm Halt gibt. Diesen Halt will ich ihm geben, dann hört er gewiss mit dem Trinken auf.«

Die Nandl ließ sich nicht beirren: »Glaub doch das nicht! Der macht doch nur Sprüche. Davon kommt er nicht mehr los. Einmal Trinker, immer Trinker.« Um ihre Worte zu bekräftigen, hängte sie noch eines ihrer Sprichwörter an, von denen sie für alle Gelegenheiten ein passendes parat hatte: »Die Katze lässt das Mausen nicht.«

»Ach, Mutter, Ihr immer mit Euren Sprichwörtern! Das hier passt auf den Andi nun wirklich nicht.«

Die Diskussion ging noch eine Weile weiter. Da die Nandl ihre Tochter beim besten Willen nicht von dem Hochzeitsplan abbringen konnte, fiel sie sogar vor Maria auf die Knie nieder und beschwor sie: »Bitte, Madl, bitte, bitte, heirate diesen Mann nicht!«

Diese Geste war der Tochter zwar peinlich, deshalb zog sie die Mutter ganz schnell hoch, ließ sich aber auch durch diesen Kniefall nicht von ihrem Plan abbringen. Im Juni 1947 gab sie ihrem Andi in einer Kirche zu Meran das Jawort, nur mit zwei Trauzeugen, ohne Verwandtschaft und ohne jegliche Feier.

Das böse Erwachen kam schon bald nach der Hochzeit. Die junge Frau hatte geglaubt, nun, da sie verheiratet sei, könne sie ihre Arbeitsstelle kündigen und sich ganz ihrem jungen Haushalt widmen. Doch sie sah sich bitter getäuscht. Nicht sie konnte ihre Arbeit aufgeben, er war es, der sofort aufhörte, zu arbeiten.

Nachdem ihm das Erbe des Onkels verloren gegangen war, hatte er nirgends fest Fuß fassen können, lediglich hier und dort bei Bauern ausgeholfen, um so viel Geld zu verdienen, dass es für seinen immensen Weinbedarf reichte. Jetzt, da er eine Frau hatte, die Geld nach Hause brachte, sah er das Arbeiten als unnötig an, zumal sie noch einiges an Erspartem mit in die Ehe brachte.

Da von Andis Mutter noch Bettwäsche vorhanden war, wollte die junge Ehefrau erst diese aufbrauchen und legte ihre eigne, noch brandneue, die sie sich von ihren Ersparnissen vor dem Krieg nach und nach gekauft hatte, in die Truhe.

Wenn Maria ihren Mann sanft erinnerte, sich nach einer Arbeit umzusehen, gab er zurück: »Warum? Du verdienst doch genug, das reicht für uns beide.« Nun hoffte sie, da sie ihm schon wenige Monate nach der Hochzeit ein süßes Geheimnis anvertrauen konnte, er würde – wie vor der Heirat beteuert – das Trinken aufgeben und sich zur Arbeit motivieren lassen.

Über die Aussicht, bald Vater zu werden, zeigte er sich sehr erfreut, doch die Monate gingen dahin, und nichts von dem, was die werdende Mutter sich erhofft hatte, erfüllte sich. Doch es kam noch schlimmer: In dieser Zeit erfuhr Maria durch Zufall, dass nicht er seine Stelle aufgegeben, sondern dass man ihn gefeuert hatte, weil er immer wieder betrunken zur Arbeit erschienen war.

Wenige Tage vor der Entbindung ermahnte sie ihn erneut, sich doch endlich um eine neue Stelle zu bemühen. Da bekam sie die gleiche Antwort wie bisher: »Das, was du verdienst, reicht leicht für uns beide.«

»Für uns beide, ja. Aber bald sind wir zu dritt. Außerdem kann ich dann nicht mehr zur Arbeit gehen, weil ich mich um das Kind kümmern muss.«

»Lass das Kleine erst mal da sein, dann wird sich das finden.«

Im August 1948 kam Gottlinde zur Welt, und Maria wagte es abermals, ihren Mann an sein Versprechen zu erinnern.

Da meinte er kurz und bündig: »Du hast eine sichere Stelle, die solltest du nicht leichtfertig aufgeben. Um Linda werde ich mich kümmern.«

Nach wenigen Wochen stillte Maria das Baby ab und nahm notgedrungen ihre Arbeit wieder auf. Vorher zeigte und erklärte sie ihrem Andi ganz genau, wie das Kind zu füttern und zu wickeln war.

Doch bereits am ersten Abend erlebte sie die böse Überraschung, dass er auch auf diesem Gebiet versagt hatte. Schreiend vor Hunger und mit übervoller Windel lag die kleine Gottlinde im Bettchen in der elterlichen Schlafkammer, während der Herr Papa auf dem Sofa in der Stube seinen Rausch ausschlief.

In ihrer Verzweiflung wusste die junge Mutter keinen anderen Ausweg, als sich einen freien Tag zu nehmen und mit dem Kind nach Lichtenberg zu fahren. Mit der Kleinen auf dem Arm klopfte sie bei ihrer Mutter reumütig an die Tür.

Hier zeigte sich wieder einmal Nandls Größe. Kein Wort des Vorwurfs, kein »Ich-hab-dich-ja-gewarnt«. Als sei es die selbstverständlichste Sache der

Welt, nahm meine Großmutter ihre kleine Enkelin bei sich auf.

Das war also der Grund, warum wir der Linda immer begegneten, wenn wir in Lichtenberg unsere Ferien verbrachten.

Während meine Tante Maria also weiterhin im »Roten Adler« arbeitete, um die Familie zu ernähren, konnte Andi sein gewohntes Leben fortsetzen, zu Hause jede Menge Wein in sich hineinkippen und anschließend seinen Rausch ausschlafen.

Mit der Zeit kam Maria auch dahinter, dass sich ihr Mann gar nicht mehr um Arbeit zu bemühen brauchte. Im weiten Umkreis hatte sich längst herumgesprochen, dass er gern zur Flasche griff und dadurch sehr unzuverlässig war. Vor der Heirat hatte er sich schon in mehreren Arbeitsstellen »ausprobiert«. An manchen Tagen war er erst gar nicht erschienen oder mit großer Verspätung und wenn er sich überhaupt hatte blicken lassen, dann mit einem Mordsrausch. Allmählich dämmerte es Maria, dass er deshalb auf eine schnelle Heirat gedrängt hatte, um bis ans Ende seiner Tage versorgt zu sein.

Nach zwei Jahren meldete sich das zweite Kind an. Ernst, der Stammhalter, wurde Ende Januar 1952 geboren. Darüber freute sich der junge Vater so sehr, dass Maria die Hoffnung hegte, er würde wenigstens seinen Sohn versorgen.

Aber sie sah sich wieder einmal betrogen. Seiner Freude verlieh der Andi lediglich dadurch Ausdruck, dass er im Gasthaus einige Runden warf und selbst sein bester Gast war.

Wohin also mit dem kleinen Ernst? Bei ihrer Mutter konnte Maria ihn nicht unterbringen. Diese war mittlerweile neunundsiebzig, gesundheitlich stark angeschlagen und hatte mit Enkelin Linda genug zu tun. Für das Söhnchen fand Maria in Meran schnell eine Pflegestelle. Das hatte den Vorteil, dass sie ihn häufiger sehen konnte.

In seiner ersten Familie konnte er leider nicht bleiben, weil die Pflegemutter selbst wieder ein Kind bekam und es ihr zu viel wurde, zusätzlich das fremde Kind zu betreuen. In der nächsten Pflegestelle war dem Buben ebenfalls kein langer Aufenthalt beschieden, weil die Hausfrau ernstlich erkrankte. Selbst die dritte Pflegemutter konnte ihn nicht behalten, weil sie ihre pflegebedürftige Mutter ins Haus nehmen musste. Zum Glück fand Maria innerhalb kurzer Zeit einen vierten Pflegeplatz, diesmal in Lichtenberg.

Ernst war gerade mal vierzehn Monate alt, als sich seine Mutter abermals genötigt sah, eine weitere Pflegefamilie zu finden. Ende März 1952 war Kind Nummer drei angekommen, Josef, genannt Seppl. Diesmal dauerte die Suche nach einem Zuhause für den Säugling etwas länger. Die dreifache Mutter war sehr erleichtert, als man ihr endlich eine Adresse nannte. Eine junge Frau, die gerade selbst ein Kind zur Welt gebracht hatte, erklärte sich bereit, den Buben zu nehmen; sie wollte sich ein bisschen hinzuverdienen.

Nun musste die Serviererin ihre knapp bemessene Freizeit auf drei Pflegeplätze verteilen, weil sie Kontakt zu ihren Kindern halten wollte. Als sie endlich wieder dazu kam, ihren Jüngsten zu besuchen, stellte sie mit Entsetzen fest, dass der kleine Seppl fast verhungert war. Um ihre Verdienstspanne etwas zu vergrößern, hatte die junge Pflegemutter offensichtlich an der Nahrung für das fremde Kind gespart.

Ohne lange Diskussion nahm Maria das Kind sofort mit und setzte sich in den Zug nach Partschins. Dort hoffte sie, den Kleinen bei Verwandten vorläufig unterbringen zu können, bis sie wieder eine geeignete Pflegefamilie gefunden hatte. In dem Abteil hielt sie den leise wimmernden Säugling an sich gedrückt.

Anteilnehmend fragte eine Mitreisende: »Wie alt ist der Bub? Es ist doch ein Bub?«

»Ja«, bestätigte die Dreifachmutter. »Er ist drei Monate alt.« Dass er in Wirklichkeit bereits sechs Monate zählte, wagte sie angesichts seines erbärmlichen Aussehens gar nicht zu sagen.

»Ach«, staunte die Frau. »Ich dachte, es wäre ein Neugeborenes.«

Wenige Tage, nachdem Maria das Kind bei den Verwandten abgegeben hatte, teilten ihr diese in einem Brief mit, sie brauche sich nicht um eine neue Pflegestelle für ihn zu bemühen. Der kleine Seppl sei so gut zu haben, dass sie ihn behalten wollten.

Diese Nachricht beruhigte die berufstätige Mutter für den Moment. Sobald es die Zeit aber erlaubte, besuchte sie ihren Jüngsten, um sich davon zu überzeugen, dass es ihm bei den Verwandten auch wirklich gut ging. Freudig überrascht stellte sie fest, dass sie das halb verhungerte Kerlchen schon gut aufgepäppelt hatten. Deshalb ließ sie ihn unbesorgt dort. Jahre später konnte sie sich sogar eingestehen, dass es ihm von ihren drei Kindern am besten ergangen war.

Obwohl die Kinder ihre Mutter nur wenige Male im Jahr zu sehen bekamen, spürten sie stets deren große Mutterliebe. Da Maria eine tüchtige und zuverlässige Arbeitskraft war, zeigte sich ihr Chef sehr entgegenkommend. Jedes Jahr über Weihnachten gewährte er ihr zwei Wochen Urlaub. Dann konnte Maria ihre Kinder um sich versammeln, und da sich ihr Ehemann in dieser Zeit auch als liebender Vater zeigte, war es für die Kinder immer ein schönes Fest, an das alle heute noch gern zurückdenken. Bevor sie aber die kleinen, bescheidenen Geschenkpackerl öffnen durften, betete die Mutter mit den Kindern einige Vaterunser für die Lebenden und Verstorbenen der Familie. Am Schluss bestand sie darauf, dass immer noch ein Vaterunser für eine eigene glückliche Sterbestunde angehängt wurde.

Damit er über eigene, wenn auch bescheidene Einnahmen verfügen konnte, hatte Andi ein Zimmer untervermietet. Da Maria ein großes Herz hatte, lud sie diesen Untermieter auch immer zum Weihnachtsfest ein, ebenso wie einige ältere Menschen aus der Nachbarschaft, die sonst den Heiligen Abend einsam verbrachten. So war das Weihnachtsfest für alle immer ein schönes Erlebnis, sogar für Vater Andi, denn in diesen Tagen zeigte er sich stets von seiner besten Seite.

Zu den wenigen Freuden, die Maria hatte, gehörte es, Post von ihren Schwestern Hanni und Berta zu bekommen. Noch schöner aber fand sie es, wenn diese sie besuchten, dann vergaß sie alle Sorgen und Kümmernisse. Die drei setzten sich gern in die Stube und sangen aus vollem Herzen die fröhlichen Lieder, die sie von ihrer Mutter gelernt hatten.

In diesen Jahren hoffte Maria immer noch, dass sich ihr Mann zum Guten verändern werde. Da aber gar nichts half – weder Drohungen noch gute Worte, noch der Hinweis darauf, dass er den älter werdenden Kindern ein schlechtes Vorbild sei –, versuchte die verzweifelte Frau, ihm den Geldhahn zuzudrehen.

Doch was erreichte sie damit? Als sie aus der Truhe ihre »neue« Bettwäsche herausnehmen wollte, um die Betten frisch zu beziehen – die alte Wäsche war inzwischen ziemlich verschlissen –, blickte sie in gähnende Leere.

Um sich Nachschub an Alkohol leisten zu können, hatte ihr Mann die Wäsche versetzt. Ein Leichtes, in der Nachkriegszeit dafür Abnehmer zu finden, die einen guten Preis zahlten, da es eine solche Qualität im Geschäft inzwischen nicht mehr zu kaufen gab. Auch das Radio hatte er zu Geld gemacht.

Nach diesen Erlebnissen steckte Maria nichts mehr ins gemeinsame Heim. Ab sofort sparte sie jede Lira, die sie nicht fürs tägliche Leben brauchte, um für sich und die Kinder in Meran ein eigenes Heim zu schaffen. Im Kauf einer kleinen Eigentumswohnung sah sie die einzige Chance, von ihrem krankhaft trinkenden Ehemann wegzukommen.

Dadurch begann für sie jedoch eine noch schlimmere Zeit. Bisher hatte ihr Mann seine Tage damit verbracht, seinen Rausch auszuschlafen und sie, wenn sie nachts todmüde von der Arbeit kam, stundenlang am Schlafen zu hindern, indem er lautstark auf sie einredete.

Nun, da sie ihn finanziell recht knapp hielt und auch nichts mehr zu versetzen war, wurde er aggressiv. Sobald sie die Wohnung betrat, schrie er sie an und wurde sogar gewalttätig. Wenn sie ein blaues Auge davontrug, behauptete sie am nächsten Tag auf der Arbeitsstelle, sie wäre vom Fahrrad gefallen. Die anderen blauen Flecken verstand sie geschickt unter der Kleidung zu verbergen.

Da Tochter Linda sich in der Schule als recht gescheit entpuppte, hatte der Lehrer Maria empfohlen, das Kind nach Schlanders auf die Mittelschule zu schicken. Als die Kleine vierzehn war, meldete die Mutter sie jedoch von dieser Schule wieder ab, da sich die Möglichkeit bot, das Mädchen sofort beim »Roten Adler« unterzubringen. Darin sah sie die einzige Chance, endlich den Traum von der Eigentumswohnung zu verwirklichen. Ihre Ersparnisse reichten nämlich bei Weitem nicht aus. Der Chef lieh ihr großzügig die fehlende Summe, unter der Bedingung, dass Mutter und Tochter diese in den folgenden Jahren bei ihm abarbeiteten.

Auf die berechtigte Frage ihrer Tochter, warum ausgerechnet sie mithelfen müsse, die Schulden zu zahlen, antwortete Maria: »Deine Brüder müssen einen Beruf erlernen, damit sie später mal eine Familie ernähren können.«

Maria ließ ihre beiden Buben tatsächlich ordentliche Handwerke erlernen. Ernst, ihr Ältester, begann mit vierzehn Jahren in Naturns eine Malerlehre, und Seppl machte eine Ausbildung zum Mechaniker. Später wechselte er dann zur Berufsfeuerwehr.

Die brave Linda fügte sich in ihre Aufgabe, obwohl es ihr Traum gewesen wäre, Kindergärtnerin zu werden. Mutter und Chef ermöglichten es ihr jedoch, sich weiterzubilden. Als sie sechzehn war, durfte sie zweimal für drei Monate die Hotelfachschule in Bozen besuchen, wo sie dann im Internat lebte.

Als es Maria endlich gelungen war, eine passende Eigentumswohnung zu kaufen, ging sie ganz optimistisch zum Einwohnermeldeamt, um ihren Wohnsitz umzumelden. Da wurde ihr Plan aber schlecht angenommen: Man untersagte ihr rundweg, ihren Mann zu verlassen. Man wusste Bescheid über seine Lebensgewohnheiten und befürchtete, wenn seine Frau nicht mehr für ihn sorge, werde die Stadt für ihn aufkommen müssen.

Das war natürlich ein harter Schlag für meine Tante. Nun hatte sie das viele Geld in die neue Bleibe gesteckt und konnte sie nicht nutzen. Damit die mühsam erkaufte Wohnung nicht ständig leer stand, ließ sie gelegentlich Verwandte und Freunde dort übernachten, auch uns.

Als meine Mutter im Frühjahr 1965 mit zwei Freundinnen einige Tage Urlaub in Meran machen wollte, holten sie Maria um elf Uhr abends von der Arbeit ab. Statt aber die drei Frauen in ihre Eigentumswohnung zu geleiten, bat Maria sie, mit ihr in die eheliche Wohnung zu gehen, sozusagen als Verstärkung. Sie befürchtete, ihr Mann könne wieder einen Wutausbruch haben.

Den hatte er tatsächlich. Er schrie seine Frau nicht nur an, er gab ihr auch rechts und links so heftige Ohrfeigen, dass Maria nicht mehr wusste, wo ihr der Kopf stand. Als sie flüchten wollte, packte er den schweren Metallaschenbecher mit Löwenfigur und warf ihn nach ihr. Da sie sich blitzschnell bückte, verfehlte das Geschoss ihren Kopf, sonst hätte sie tot sein können.

Fluchtartig verließen die vier Frauen die Wohnung und verbrachten die Nacht in Marias Heim.

Während die Serviererin wie gewohnt um elf am Morgen ihren Dienst antrat, begaben sich Hanni und ihre beiden Freundinnen zur Polizei, um Anzeige zu erstatten. Wäre Marias älteste Schwester allein dort erschienen, hätte es vermutlich nichts genützt. In den zwei fremden Frauen aber erblickten die Polizisten glaubwürdige Zeugen und sahen ein, dass es für Maria unzumutbar war, weiterhin in der ehelichen Wohnung zu verbleiben. Sie musste aber versprechen, und das sogar schriftlich, dass sie sich weiterhin um ihren Ehemann kümmern, die Wohnung in Ordnung halten, seine Wäsche machen, für ihn kochen und ihn finanziell unterstützen würde, damit er der Stadt nicht zur Last fiel.

So konnte meine Tante nach achtzehn Ehejahren, die für sie die Hölle gewesen sein müssen, endlich in Frieden in den eigenen vier Wänden leben. Zu ihrer Erleichterung besaß Andi so viel Anstand, sie dort nicht aufzusuchen.

Nachdem sie etwa anderthalb Jahre von ihm getrennt gelebt und sich, wie es die Behörde verlangte, gewissenhaft um ihn gekümmert hatte, fiel Maria auf, dass er immer weniger Appetit zeigte, zunehmend an Wahnvorstellungen litt und immer schwächer wurde. Deshalb veranlasste sie, dass er ins Spital kam. Dort stellte man sehr schnell eine Leberzirrhose in fortgeschrittenem Stadium fest. Dagegen ließ sich nichts mehr machen, deshalb holte Maria ihn in ihre Wohnung und pflegte ihn aufopfernd, bis er am 20. März 1968 starb, gerade einmal einundfünfzig Jahre alt.

Wenn auch ihre Ehe keine glückliche gewesen war, so hatte ihr der Andi doch wundervolle Kinder hinterlassen. Obwohl sie diese nicht selbst hatte aufziehen dürfen, wie sie sich das einst erträumte, waren die drei trotz der schwierigen Verhältnisse gut geraten und machten ihr viel Freude. Und obschon sie an verschiedenen Pflegestellen aufgewachsen waren, so hatte Maria es doch verstanden, ihnen das Gefühl zu vermitteln, dass sie zusammengehörten und dass sie besser zusammenhielten als so manche Geschwister, die in einer »intakten« Familie aufgewachsen waren.

Von Gottlinde wissen wir ja bereits, dass sie die Mutter beim Abzahlen der Wohnung finanziell unterstützte. Aber sie war ihr auch ein großer seelischer Beistand – selbst zu der Zeit noch, als sie bereits eine eigene Familie hatte. Maria erlebte noch viel Freude mit ihren ersten Enkeln Monika und Florian.

Kurze Zeit, nachdem Ernst seine Gesellenprüfung mit Bravour bestanden hatte, startete er eine »Zusatzkarriere«. Im Alter von achtzehn Jahren begann er eine beachtliche Schmugglerlaufbahn.

Vor dem Zweiten Weltkrieg blühte im Vinschgau eine rege Schmuggeltätigkeit. Viele Familienväter schafften illegal Waren über die Grenze, um mit ihren zahlreichen Kindern über die Runden zu kommen, und lernten ihre Söhne frühzeitig in diesem »Geschäft« an. Damals wurde alles Mögliche geschmuggelt, womit man Geld machen konnte: Kaffee, Saccharin, Tabakwaren, ja sogar lebendige Tiere.

Mit dem Kriegsausbruch im September 1939 kamen die Schmuggelaktivitäten weitgehend zum Erliegen, da viele Männer eingezogen wurden. Vielleicht spielte auch die Tatsache eine Rolle, dass im ersten Kriegsjahr ein Finanzmarschall von einem Schmuggler, der sich gegen seine Festnahme wehrte, in einen Abgrund gestoßen wurde. Der Marschall überlebte den Sturz nicht. Der Täter wurde gefangen genommen und nach Süditalien verbracht. Man hörte nie wieder etwas von ihm. Zum Glück gab es tödliche Auseinandersetzungen in dieser Gegend nur ganz selten.

Nach dem Krieg blühte das »Schmugglerhandwerk« erneut auf, was der großen Not und der Armut der Bevölkerung geschuldet war. Vielen Leuten blieb gar nichts anderes übrig, als zu schmuggeln, um überleben zu können.

Doch gegen Ende der Sechzigerjahre wurde das Leben für alle leichter, deshalb wäre die Schmuggelei nicht mehr notwendig gewesen. Manche junge Männer aber hatte diese Leidenschaft inzwischen so gepackt, dass sie dieses »Gewerbe« weiterhin betrieben, obwohl es mit großer Gefahr verbunden war und es schon einige Todesfälle gegeben hatte. Das Abenteuer reizte auch junge Burschen, in dieses Geschäft einzusteigen, die sich keineswegs in wirtschaftlicher Not befanden. So auch Marias Sohn Ernst. Im Frühjahr 1969 wurde er durch Lois, den Sohn seiner letzten Pflegemutter, der dreizehn Jahre älter war als er, in die entsprechenden Kreise eingeführt.

Fünf bis sechs Mann schienen eine ausreichend große Gruppe zu sein, um einander beistehen zu können, berichtete Ernst. Frauen gab es unter den Schmugglern nicht, sie wären den Strapazen angeblich nicht gewachsen gewesen. Dennoch spielten sie eine bedeutende Rolle bei diesen Unternehmungen: Sie übermittelten die Nachrichten von Haus zu Haus und warnten vor den Finanzern, indem sie zum Beispiel Stalllaternen oder Betttücher aus einem bestimmten Fenster hängten.

Geschmuggelt wurde zu allen Jahreszeiten. Bei schönem Sommerwetter ging die »Arbeit« allerdings wesentlich leichter von der Hand als bei hohem Schnee und großer Kälte.

In der angenehmen Jahreszeit waren leider auch die Grenzposten zahlreicher. Wollte man als Schwarzhändler also erfolgreich sein und nicht Gefahr laufen, geschnappt und eingesperrt zu werden, war es ratsam, seine Aktivitäten vermehrt in den Herbst und in den Winter zu verlegen. Deshalb übten die meisten »Profis« unter ihnen im Sommer einen ehrenwerten Beruf aus, sie ließen sich als Almhirt oder Erntehelfer einstellen.

Gewiss, Schnee, Kälte und Regen waren keine guten Wegbegleiter für die Schmuggler. Das Schlimmste aber war der Nebel. Dieser trat in den Monaten von Oktober bis März im Gebirge relativ häufig auf, er kam ganz plötzlich und war oft sehr dicht. Da ging man dann nur im Kreis herum, man sah ja keine Anhaltspunkte wie Felsen oder markante Bäume. Nur die Erfahrensten konnten sich auch bei dichtem Nebel orientieren und den sicheren Weg finden. Ähnlich schlimm konnte es bei dichtem Schneefall sein.

Schmuggelwege gab es verschiedene, die meisten davon waren leider auch den Grenzpatrouillen bekannt. Die anstrengenden Touren machten aus den jungen Männern durchtrainierte, ausdauernde und fuchsschlaue Geschöpfe. Diese Eigenschaften kamen ihnen auch in späteren Lebenssituationen zugute. Es gab aber auch einige Tote durch Lawinen, durch Muren-Abgänge, durch Erfrieren und Erschöpfung.

Die Rifair Scharte war die meistbegangene Route der Schmuggler. In diesem Gebiet gab es auch die meisten Todesfälle, und zwar zur Winterszeit. So mancher Verunglückte konnte sich aber noch selbst mit einem Beinbruch nach Hause schleppen, oft auf allen Vieren.

Schmuggler hegten grundsätzlich keine Hass- oder Feindgefühle gegen die Grenzpolizisten; diese mussten ja ihre Pflicht erfüllen. Die Schmuggler der frühen Jahre erfüllten aber auch nur ihre »Pflicht«, indem sie die Not ihrer Familien durch diese »zusätzlichen Einnahmen« zu lindern suchten.

Viele Schmuggler konnten während ihrer Tour von den Finanzern eingefangen werden, indem diese ihnen vor die Füße schossen. Für kurze Zeit sperrte man sie ein, bevor man sie zu einer Geldstrafe verdonnerte. Doch sobald sie freigelassen waren, schmuggelten sie erneut. Sie mussten sich ja Geld beschaffen, um ihre Strafe zahlen zu können.

Manchmal ging diesen Händlern auch ihre gesamte Beute verloren. Waren ihnen die Grenzer zu dicht auf den Fersen, entledigten sie sich einfach ihrer schweren Traglast, damit sie schneller flüchten konnten. In der Zeitung konnte man dann lesen, dass es der Finanzpolizei wieder einmal gelungen war, den Schmugglern Ware abzujagen. Interessanterweise war oft die genannte Anzahl von Schmugglersäcken geringer als die, welche die Schmuggler »verloren« hatten. Verständlich – die Grenzbeamten wollten ja auch leben.

Von Lichtenberg bis in die Schweiz benötigte man auf dem direkten Weg eine gute Stunde. Doch weil man wusste, dass die Grenzer den Schmugglern oft auf dem Rückweg auflauerten, sollten diese erst gar nicht mitbekommen, dass man wieder auf Schmuggeltour war. Deshalb nahm man auf dem Hinweg meist einen Umweg von 80 bis 100 Kilometern in Kauf, nur um ungesehen in die Schweiz zu gelangen. Es fand sich immer jemand, der bereit war, die Grenzgänger mit dem Auto zu der Stelle zu bringen, wo die Ware in Empfang genommen wurde. Der Händler hatte die sogenannten »Pinggl« schon vorbereitet: große Jutesäcke, in die tausend Päckchen Zigaretten passten. An die Säcke hatten die Schmuggler eigenhändig breite Ledergurte genäht, denn die Originalgurte waren sehr schmal, die hätten ihnen bei ihrem zehn- bis zwölfstündigen Marsch in die Schulten einschnitten. Diese Schmugglersäcke waren so groß, dass sie ein gutes Stück über die Köpfe ihrer Träger hinausragten.

Wenn die Grenzgänger beim Händler ankamen, tauschten sie die leeren Säcke nur gegen volle um, das ersparte ihnen viel Zeit. Die geforderte Geldsumme legten sie bar auf den Tisch. In der Schweiz verkaufte man ihnen gern die Ware, dort war das, was man anderswo »Schmuggel« nannte, ja legal. Dieser Handel lief unter dem Namen »Export II«.

Doch lassen wir Ernst am besten selbst zu Wort kommen.

Ernst erzählt

Am 15. Dezember 1970, ich hatte bereits eine anderthalbjährige Laufbahn als Schmuggler hinter mir, begaben wir uns wieder mal auf Tour. Wir waren fünf Mann, der Ander, der Lois, der Karl, der Gottfried und ich. Mit neunzehn Jahren war ich der Jüngste in der Gruppe. An einem schönen, aber sehr kalten Winternachmittag, in den Bergen lag der Schnee meterhoch, nahmen wir in einem geschützten Versteck in Santa Maria (Schweiz/Münstertal) unsere circa 40 Kilo schweren Schmuggelsäcke auf den Buckel. Sie enthielten Zigaretten und etwas Proviant.

Mit Sack und Stock wanderten wir in Deckung von Sträuchern und Wald den Berg hinauf. Nach gut zwei Stunden waren wir bereits etwa 2.000 Meter über Meereshöhe. Von dort ging die Abzweigung über die Schweizer Grenzlinie nach Südtirol. Zwei erfahrene Männer, der Karl und der Lois, passierten allein und ohne »Gepäck« die Grenze, um auszukundschaften, ob auf Südtiroler Seite die Luft rein war. Sie gingen, bis sie die Rifair-Alm auf 2.145 Metern sehen konnten.

Nach einer guten Stunde kehrten sie aufgeregt zurück und berichteten uns, dass auf dieser etwas einfacheren Route die italienische Polizei mit fünf oder sechs Mann auf uns lauerte. Sie befürchteten sogar, dass die Finanzer sie bei ihrem »Kontrollgang« entdeckt haben könnten. Deshalb mussten wir uns für eine andere, viel schwerere Route entscheiden, auf der wir aber etwas sichererer vor dem Zugriff der Finanzer waren. Diese Route führte über den 2.764 Meter hohen Grenzberg Piz Chavalatsch. Um aber diese sehr strenge Tour bewältigen zu können, sie dauerte wesentlich länger als die normale, brauchten wir mehr Proviant. Also musste einer von uns nach Lichtenberg zurück, um welchen zu besorgen. Gleichzeitig sollte er auskundschaften, ob uns nicht am Lichtenberger Berg viele Finanzer in Empfang nehmen würden, weil sie ja womöglich unsere Kundschafter auf der Rifair-Alm gesichtet hatten.

Es wurde schon dunkel und spürbar kälter, deshalb machten wir im Schweizer Wald ein Feuer und errichteten daneben ein Lager aus Fichtenzweigen, um am Morgen das Tageslicht abzuwarten. Wir legten uns so nah wie möglich ans Feuer, um in dieser kalten Winternacht in 2.000 Metern Höhe nicht zu erfrieren. Am nächsten Morgen beschlossen wir, dass ich als Jüngster – und weil ich der Grenzpolizei noch unbekannt war – die Lage peilen und Proviant herbeischaffen sollte.

Kaum, dass sich ein blasser Lichtschein am Horizont erhob, machte ich mich auf den Weg. Ich lief nach Santa Maria hinunter und ins nahe gelegene Grenzdorf Müstär. Dort schloss ich mich den Schweizer Milchfrauen an, die täglich in Südtirol in Taufers im Münstertal bei den Bauern ihre Milch holten. Mit ihnen, so hoffte ich, könnte ich unauffällig die Grenze überqueren. Für den Fall, dass mich die italienischen Grenzwächter trotzdem aufhalten und mich befragen sollten, wieso ich aus der Schweiz komme, hatte ich mir schon eine Ausrede zurechtgelegt. Ich hätte ihnen geantwortet, dass ich meine Zeit mit einem Schweizer Mädchen verbracht habe und nun auf dem Heimweg sei.

Bevor ich die Grenze überschritt, hatte ich mir die groben Bergschuhe aus- und ein Paar mitgenommene Halbschuhe angezogen, um keinen Verdacht zu erwecken. So weit ging alles gut, bis ich mich von den Milchfrauen trennen musste, weil sie einen etwas anderen Weg nehmen wollten.

Als ich nach dem Passieren der Grenze allein die Landstraße nach Taufers entlangmarschierte, hörte ich, dass mir ein Fahrzeug langsam nachfuhr. Ich ahnte schon, dass die Finanzer auf mich aufmerksam geworden waren, aber ich konnte mir nicht denken, warum. Um einen völlig harmlosen Eindruck zu machen, stieß ich unbekümmert und tollpatschig einen auf der Straße liegenden Schneeklumpen vor mir her. Nach einigen Minuten überholte mich das Fahrzeug, ein Jeep, endlich und ich konnte erkennen, dass vier Finanzbeamte darin saßen. Zu meiner Erleichterung entfernten sie sich in schneller Fahrt. In das erste Gasthaus, das am Wegesrand lag, kehrte ich ein, weil ich dringend auf die Toilette musste. Bei meinem ersten Blick in den Spiegel erschrak ich vor mir selbst. Mein Gesicht war rußverschmiert, und an meiner Jacke war alles voller Tannennadeln und Schneeresten. Dieser »Schmuck« stammte offensichtlich von unserem Nachtlager so dicht am Feuer. Kein Wunder, dass ich in diesem Aufzug die Grenzer auf mich aufmerksam gemacht hatte! Mich wunderte allerdings, dass sie mich nicht angesprochen hatten.

Ich wusch mir Gesicht und Hände, versuchte, die Tannennadeln so weit wie möglich von meiner Jacke zu entfernen, und trank einen Kaffee. Dann telefonierte ich nach Glurns mit dem alten Schmuggler Edl. Ich bat ihn, mich mit seinem Auto abzuholen, damit ich Proviant für meine Kollegen einkaufen könne. Aber noch wichtiger war der Anruf auf die Lichtenberger Höfe hinauf. Bei der Familie vom Karl erkundigte ich mich, ob die Luft rein sei. Zu meiner großen Beruhigung bekam ich die Antwort, es sei »alles sauber«. Nachdem ich im Dorf Lichtenberg meine Einkäufe getätigt hatte, brachte mich der Edl mit meinem »neuen Wissen« und den Lebensmitteln über den Reschenpass nach Österreich und von dort in die Schweiz nach Schulz und über den Ofenpass wieder nach Santa Maria. Der Edl musste mit mir diesen großen Umweg machen, weil er als alter Schmuggler auf der Liste der Finanzpolizei ziemlich weit oben stand. Vor allem wollte er vermeiden, dass auf mich, den Jungspund, ein Verdacht fiel, wenn man mich mit dem bekannten Schmuggler sah. Noch heute bin ich dem – leider schon vor langer Zeit verstorbenen – Edl dankbar für seine Umsicht und seine Hilfe, für die er nichts verlangte.

In Santa Maria zog ich wieder meine Bergschuhe an. Dann schritt ich im Eiltempo, so weit es das Gewicht meines Proviants – Wein, Käse, Speck und

Brot – zuließ, durch den Schnee hinauf zu meinen Kameraden.

Sie erwarteten mich schon ungeduldig, weil sie einen Bärenhunger hatten und begierig waren, zu erfahren, dass die Luft auf den Berghöfen und in unserem Heimatdorf Lichtenberg sauber schien. Mir selbst war eine kurze Verschnaufpause vergönnt. Kaum gestärkt von unserer Marende, nahmen wir die schweren Säcke mit den Zigaretten und dem verbliebenen Proviant wieder auf den Rücken und stapften auf dem harschen Schnee auf Schweizer Seite in Serpentinen hinauf auf den hohen Piz Chavalatsch.

Nach mehreren Stunden kamen wir total erschöpft oben an, machten Rast und stürzten uns auf unsere Vorratsreste. Sodann erkundeten wir mit bloßem Auge von diesem höchsten Grenzpunkt aus genauestens die vor uns liegende Bergwelt. Schon nach wenigen Metern würden wir auf »gefährlichem Boden«, italienischem Gebiet, sein. Im Gänsemarsch gingen wir den schmalen Grat entlang in Richtung Munwarter, auch Vitéa Spitz genannt, 2.621 Meter über dem Meer. Als Jüngster stapfte ich am Ende der Reihe.

Plötzlich gab es einen Krach, und ich spürte eine Abwärtsbewegung. Ich schrie wie von Sinnen, denn im Bruchteil einer Sekunde wurde ich gewahr, dass ich mit einem »Schneebrett« in die Tiefe sauste. Zum Glück ist es zur Lichtenberger Seite hin abgebrochen, schoss es mir durch den Kopf. *Dann hast du eine Chance!* Nach der anderen Seite hin wäre ich unrettbar verloren gewesen, da ging es über 1.000 Meter in die Tiefe.

Tatsächlich, nach etwa 100 Metern kam das Brett auf einer größeren ebenen Fläche zum Stehen, und ich steckte mitten im Schnee. Wie ein Ertrinkender ruderte ich mit Armen und Beinen um mein Leben. Alles war so schnell gegangen, und ich hatte so zu kämpfen, mit meinem Kopf nicht unter den Pulverschnee zu geraten, dass ich gar nicht zum Nachdenken kam, ob mein letztes Stündlein etwa schon geschlagen haben könnte. Meine Kameraden, die das Schneebrett noch getragen hatte, schauten sich ruckartig um, als sie meinen Schrei vernahmen. Mit Entsetzen hatten sie meinen Absturz beobachtet und erleichtert aufgeatmet, als sie sahen, wie ich landete und wild im Schnee ruderte.

Karl war sofort übers Grat hinabgestiegen und in einer Viertelstunde bei mir, um mich aus meiner bedrohlichen Schneehülle zu befreien. Zu meiner eigenen Überraschung war ich unversehrt geblieben und wanderte bald, als ob nichts gewesen wäre, mit den anderen in dem tiefen Schnee quer durch die Bergseite Richtung »Goaswald« hinüber, von dort das Vitéa-Tal hinunter bis zu den Lichtenberger Höfen und weiter im Schutze des Waldes. Voller Aufmerksamkeit und Anspannung erreichten wir am Abend das Tal außerhalb des Dorfes, wo wir an unserem üblichen Platz das Schmuggelgut sorgfältig versteckten. Von dort würde die Ware wie immer bei günstiger Gelegenheit von einem Lieferwagen abgeholt und an unsere Abnehmer verteilt werden, die sich in Mailand und in Rom befanden. Gott sei Dank! Diesmal waren wir der Finanzpatrouille entgangen und alle gesund und ohne größere Verletzungen heimgekommen. Diesmal hatten wir Träger die 15.000 Lire, für jeden von uns, wirklich verdient!

Nach diesem Abenteuer aß ich die beste Suppe meines Lebens. Die hatte meine Pflegemutter eigens für ihren Sohn und mich gekocht. Das Schönste, als wir unsere Ware endlich in Sicherheit wussten, war, dass ich mich nach dem stundenlangen Gehen mit der schweren Last frei fühlte wie ein Vogel und sogar eine Weile zu schweben glaubte.

Wer jetzt denkt, nach dieser für mich lebensgefährlichen Tour hätte ich das Schmuggeln aufgegeben, der irrt. Zunächst leistete ich meinen Wehrdienst ab und danach schloss ich mich wieder meiner Schmugglergruppe an, zu der auch einer meiner Cousins gehörte.

Bisher war es mir stets gelungen, dieses Doppelleben vor meiner Mutter geheim zu halten. Es genügte, dass sich meine Pflegemutter aufregte, wenn ihr Sohn und ich unterwegs waren. Meiner Mutter wollte ich in dieser Hinsicht tunlichst jede Aufregung ersparen, sie hatte es ohnehin in ihrem Leben schwer genug.

Mitte April 1972 kehrte ich mit Lois erfolgreich von einer Schmuggeltour zurück. Wen traf ich da in der Küche meiner Pflegemutter an? – Maria, meine leibliche Mutter, die ihrem Sohn einen Besuch abstatten wollte. Nun ließ sich vor ihr mein illegales Handwerk nicht mehr verbergen. Ihre entsetzte Reaktion und ihr trauriger Blick gingen mir so nahe, dass ich von Stund' an der Schmuggelei abschwor. Nun wollte ich ihr beweisen, dass ich auch auf ehrlichem Wege etwas zu leisten vermochte.

Schon bald meldete ich mich bei der Meisterschule in Baden bei Wien an. Das ist in Österreich *die* Meisterschule für Maler. Dort lernte ich sehr fleißig, legte eine gute Prüfung ab und verdiente bald als selbstständiger Malermeister den Lebensunterhalt für mich und meine Familie.

Im Jahre 1973 war es dann mit der Schmuggelei eh vorbei. Der Wechselkurs zwischen dem Schweizer Franken und der Italienischen Lira hatte sich so verschlechtert, dass für den Schmuggler keine Gewinnspanne mehr blieb.

Für alle Toten, die es beim Schmuggeln gegeben hatte, und auch für die noch lebenden ehemaligen Schmuggler habe ich im Jahre 2013 am Rifair Schartl – einer kleinen Höhle, dem sogenannten Schmuggler- oder Finanzerloch – auf 2.455 Metern über dem Meeresspiegel, wo es vielfach zu unangenehmen Begegnungen zwischen Schmugglern und Finanzern gekommen war, eine Gedenktafel anbringen lassen. Um die Erinnerung an diese Zeit wachzuhalten, wurde drei Jahre später an dieser Stelle zusätzlich ein Gedenkkreuz errichtet – als Hoffnungszeichen zum Schutz und Segen für alle Bergwanderer und Hirten.

Nachdem meine Mutter Maria über fünfundvierzig Jahre lang in ihrem Beruf gearbeitet hatte, trat sie in den wohlverdienten Ruhestand. Leider konnte sie diesen nicht lange genießen, denn schon bald nach ihrer Pensionierung litt sie an Rückenschmerzen und immer stärker werdendem Husten. Die Ärzte stellten bei ihr eine Raucherlunge fest, dabei hatte sie in ihrem ganzen Leben keine einzige Zigarette geraucht. Ihr Leiden rührte daher, dass sie ihr ganzes Arbeitsleben lang in den verräucherten Gaststuben gearbeitet hatte.

Mit Humor, Geduld, Gottvertrauen und ihrem angeborenen Optimismus ertrug sie ihre Krankheit ohne Jammern. Sie starb am 26. Februar 1980 an Lungenkrebs, erst siebenundsechzig Jahre alt.

Mizzi erzählt wieder: Kassian, Hannis »kleiner« Bruder

In meinem dritten Besuchsjahr bei der Großmutter kam täglich für ein paar Stunden eine Frau ins Haus, die Mena. Sie war nicht mehr ganz jung, schon über dreißig. Laut Aussage meiner Nandl stammte sie aus einem Nachbarort und war ein »armes Ding«. Sie hatte ihre Eltern früh verloren und war im Leben nur herumgeschubst worden. Endlich hatte sie bei Verwandten in Lichtenberg ein Zuhause gefunden, wurde aber auch dort nur geduldet. Deshalb war sie froh, sich im Haus meiner Großeltern wenigstens ihr Essen verdienen zu können.

Da Großmutter zusehends gebrechlicher wurde, übernahm Mena die Arbeiten, die Nandl nicht mehr verrichten konnte: Fensterputzen, Wasser ins Haus tragen und vor allem das Wäschewaschen. Gekocht wurde diese zwar in der Waschküche, aber geschwenkt am Dorfbrunnen. Die Wanne mit der nassen Wäsche dorthin zu tragen, war ganz schön schwer. Der Brunnen bestand aus zwei Trögen. In den oberen, der allen Tieren im Dorf als Tränke diente, floss ständig Wasser vom Berg nach. Von dort ergoss sich das Wasser in den unteren Trog, in dem die Dorfbewohner ihre Wäsche spülten.

Nandls jüngsten Sohn, den Kassian, der mein Lieblingsonkel werden sollte, lernte ich erst kennen, als ich fast zwölf war. Er hatte bereits 1939, im Alter von dreiundzwanzig Jahren, in den furchtbaren Krieg ziehen müssen. 1944 geriet er in russische Kriegsgefangenschaft und war zunächst in einem Lager in Russland untergebracht. Nachdem die US-Truppen aber das Konzentrationslager Buchenwald geräumt hatten, zog die sowjetische Besatzungsmacht dort ein und nutzte es als »Spezial-Lager Nr. 2«. Das war die Umschreibung für ein Gefängnis, wie man es sich schlimmer nicht vorstellen kann.

Kassi gehörte zu den Häftlingen, die man dort eingesperrt hatte. Jeder einzelne Gefangene war streng isoliert. Sie durften niemanden sehen, mit niemandem reden und waren absolut beschäftigungslos. Niemand durfte an seine Angehörigen schreiben, niemand bekam Briefe. Man hatte also keine Ahnung, wo die Verwandten waren und ob sie überhaupt noch lebten. Das alles bedeutete eine ungeheure psychische Belastung für die Inhaftierten. Abgesehen von der Unterbringung in feuchten, kalten Räumen und dem äußerst kargen Essen, trug diese Behandlung dazu bei, dass die Gefangenen sehr krankheitsanfällig waren. Ruhr, Tuberkulose und Typhus wüteten im Lager. Bis 1950 starben dort über 7.000 Menschen.

Nach seiner Heimkehr brachte es mein Onkel nicht fertig, über diese schreckliche Zeit zu reden. Aber man sah ihm an, dass er eine furchtbare Leidenszeit durchgemacht haben musste. Erst als ich erwachsen war, erzählte er mir aus seiner Zeit als Kriegsgefangener.

Kurz vor unserem Sommerurlaub im Jahre 1950 war er nach fast sechsjähriger Gefangenschaft nach Hause gekommen. Obwohl er unförmig dick war, seine Finger wie pralle Würste aussahen und sein Kopf einem Ballon glich, war er total unterernährt. Er litt an Wassersucht. Als wir ihn ein Jahr später sahen, erkannten wir ihn nicht wieder. Seine Mutter hatte das Wunder vollbracht, ihn durch sorgsame Ernährung und liebevolle Pflege wieder zu einem normal aussehenden Menschen zu machen. Von der Wassersucht war nichts mehr zu erkennen. Ja, jetzt war er sogar ausgesprochen dürr. Nun konnte die Nandl daran gehen, ihm etwas Fett auf die Rippen zu füttern.

Bevor er eingezogen worden war, hatte er den Beruf des Bäckers ausgeübt. Als solcher fand er, nachdem seine Mutter ihn aufgepäppelt hatte, eine Stelle in einer Großbäckerei in Meran. An den Wochenenden kam er immer nach Hause. Während der Woche aber wohnte er wie die anderen Bäckergesellen und Lehrlinge auf dem Dachboden der Bäckerei. Dieser war zwar nicht ausgebaut, bot aber genügend Raum, sodass für jeden ein Bett und ein Spind Platz fanden, in dem jeder seine persönlichen Sachen aufbewahren konnte. Durch ein Dachfenster fiel am Tag etwas Licht. Im Sommer wurde es natürlich recht heiß unterm Dach, zumal am Tag, wenn für die jungen Bäcker die Hauptschlafenszeit war. Sie mussten ja immer schon um zwei Uhr in der Nacht in der Backstube stehen. Im Winter dagegen mussten die Burschen ganz schön frieren, da halfen auch zusätzliche Decken nicht viel.

Wenige Tage, nachdem Kassi in diese Gemeinschaft eingetreten war, versetzte er seine Mitarbeiter eines Nachts in Angst und Schrecken. Von einem ungewohnten Geräusch geweckt, beobachteten Kassis Kameraden eine ungewöhnliche Erscheinung. Vermutlich waren sie vom Knarren des Dachfensters geweckt worden, durch welches der Vollmond in seiner ganzen Schönheit hereinschaute. In seinem Licht konnten sie leicht erkennen, dass Kassi durch die Luke aufs Dach stieg, dort hin- und hertappte und mit einem Pantoffel sein Kopfkissen ausklopfte. Dann kletterte er wieder durch die Fensteröffnung, legte sich in sein Bett zurück und schlief weiter, als ob nichts gewesen wäre. Mit der Zeit gewöhnten sich die jungen Bäcker an diese nächtlichen Erscheinungen. Denn jedes Mal bei Vollmond konnten sie Ihren Kollegen beim Schlafwandeln beobachteten. Er selbst wusste nichts davon. Es war sein Glück, dass die jungen Männer alle schon einmal davon gehört hatten, dass man einen »Mondsüchtigen«, wie man Schlafwandler auch nennt, nicht ansprechen durfte. Vor Schreck wäre er womöglich vom Dach gefallen. Vermutlich war dieses Leiden ein Überbleibsel aus der schrecklichen Zeit in Buchenwald, die ihn traumatisiert hatte. Zum Glück verlor es sich wieder.

Wie wir wissen, arbeitete seine Schwester Maria im »Roten Adler« zu Meran. An seinen freien Nachmittagen besuchte er sie hin und wieder. In diesem Gasthaus arbeitete auch Anna, ein nettes Mädchen aus Eyrs. Sie hatte in der Küche zu tun, betätigte sich als Stubenmädel und half bedienen, wenn Not am Mann war. Maria arbeitete gern mit ihr zusammen, weil Anna freundlich, willig und geschickt war. Eines Nachmittags, als Kassi wieder seine Schwester besuchte, sah er Anna zum ersten Mal. Ein Blick genügte, und schon war es um die beiden geschehen.

An ihrem ersten freien Nachmittag machten sie einen ausgedehnten Spaziergang durch den nahe gelegenen Wald. Sie verstanden sich so gut, wie sich zwei Liebende nur verstehen können. In der Folgezeit besuchte Kassi seine Schwester noch viel häufiger als zuvor, nur um Anna sehen zu können. Und immer wenn sie frei hatte, gingen sie stundenlang spazieren. Der Bäckergeselle konnte sich ein Leben ohne Anna nicht mehr vorstellen, deshalb machte er ihr schon bald einen Heiratsantrag.

Das Madl strahlte vor Glück, doch wenige Sekunden später legte sich ein Schatten über ihr Gesicht.

»Was ist los?«, fragte der junge Mann besorgt. »Magst du mich nicht?«

»Oh doch, ich mag dich sogar sehr. Aber ehe ich Ja sage, muss ich dir ein Geständnis machen.«

»Du liebst noch einen andern?«, mutmaßte er erschrocken.

»Nein, nein, ich lieb nur dich. Aber ich … ich habe eine vierjährige Tochter.« Bei dieser Aussage beobachtete sie gespannt sein Gesicht.

Zu ihrer Freude reagierte er völlig anders, als sie befürchtet hatte: »Das stört mich überhaupt nicht! Im Gegenteil, ich freu mich, wenn du das Kind mit in die Ehe bringst. Ich fürchte nämlich, dass ich wegen einer Kriegsverletzung keine Kinder bekommen kann.«

Als die beiden Liebenden an diesem Tag auseinandergingen, waren sie die glücklichsten Menschen auf der Welt.

Doch als Kassi seine Liebste das nächste Mal traf, wirkte sie sehr niedergeschlagen. »Anna, was ist los? Ist was passiert?«

Nun erzählte sie ihm, dass ihr Kind bei den Eltern des Kindsvaters lebte, weil sie es wegen ihrer Berufstätigkeit nicht bei sich haben konnte. Voller Freude hatte sie diesen Leuten mitgeteilt, dass sie bald zu heiraten gedenke und dass sie ihre Hildegard dann zu sich nehmen werde. Doch anstatt sich über diese Nachricht zu freuen, statt froh darüber zu sein, dass sie die Verantwortung für das Kind endlich loswürden, hatten sie Anna eine Szene gemacht. Wenn sie einen anderen heiraten würde, wollten sie das Madl nicht rausrücken. Mehr noch, sie setzten die junge Mutter sogar unter Druck: Wenn sie Franz, den Kindsvater, nicht heiraten würde, wollten sie ihr sogar die Besuche bei ihrem Töchterchen untersagen.

Über diese Entwicklung der Dinge war der junge Bäcker mehr als erschüttert. Das Liebespaar stand vor einer schweren Gewissensentscheidung.

Nach Meinung der Liebenden bedeutete es, dass Anna entweder Kassi heiraten und auf die Tochter verzichten oder ihrem Schatz Ade sagen müsse, damit sie ihre Tochter behalten könne.

Nach langem schmerzhaften Ringen sagte der Bäckergeselle schließlich zu seiner »Braut«: »Anna, es ist deine Entscheidung, ob du bei deinem Kind bleiben willst oder bei mir. Ich will dich nicht unglücklich machen. Wenn du dich für mich entscheidest, würde ich mich freuen. Aber wirklich glücklich wäre ich auch nicht, wenn du immer deinem Kind nachtrauerst.«

Was die beiden Liebenden zu dem Zeitpunkt nicht wussten: Das Recht stand auf ihrer Seite. Anna als leibliche Mutter hätte jederzeit die Herausgabe ihrer Tochter einklagen können. Das erfuhren sie aber erst, als es bereits zu spät war.

In seiner Herzensnot hatte der enttäuschte Mann in aller Eile seine Sachen zusammengepackt und war über Nacht verschwunden, ohne jemandem auch nur ein Sterbenswörtchen zu verraten. Er wechselte in eine andere Bäckerei ins Martelltal. Dies liegt zwischen Meran und Spondinig. Wenn er nach Hause fahren wollte, musste er am Bahnhof in Goldrain in den Zug umsteigen, der von Meran kam.

Nachdem sein Nebenbuhler verschwunden war, drängten der Franz und seine Eltern Anna recht bald zur Heirat. Man hat sicher selten eine traurigere Braut gesehen, als Anna eine war. Unter Tränen gab sie dem Vater ihres Kindes am Altar das Jawort. Auf eine Hochzeitsfeier wurde verzichtet, ein Hochzeitsfoto aber war Pflicht.

Also fuhr man gleich nach der Trauung mit dem Zug nach Meran zum Fotografen. Wie es das Schicksal wollte, stieg Kassi, der auf dem Weg nach Hause war, in Goldrain genau in den Waggon ein, in dem auch das junge Ehepaar auf der Rückfahrt nach Eyrs saß.

Mit versteinertem Gesicht stellte die Anna ihm ihren frisch angetrauten Ehemann vor. Dem Kassi brach es fast das Herz, aber er ließ es sich nicht anmerken. Erst zu Hause bei seiner Mutter weinte er sich aus und erzählte ihr die ganze unglückliche Geschichte.

Die kluge Blasi-Maria sagte zunächst nichts, obwohl es ihr selbst fast das Herz zerriss, ihren Jüngsten so traurig zu sehen. Sie hoffte, dass auch hier die Zeit die Wunde heilen und ihm bald ein anderes Madl über den Weg laufen würde, das ihn seine unglückliche Liebesgeschichte vergessen lasse.

Da ihr Sohn so gar nicht aus seiner Trauer herausfand, sah sie sich nach einigen Wochen doch genötigt, ihm einen Vorschlag zu machen: »Heirat halt die Mena. Dann bist du versorgt, und wir sind es auch.«

Da platzte es aber aus ihm heraus: »Wie kann ich die Mena heiraten, wenn ich doch die Anna liebe! Ich würde mit ihr doch nur unglücklich sein.«

»Unglücklich bist du so und so. Es ist doch egal, ob du mit Mena unglücklich bist oder ohne sie. Uns wäre aber geholfen. Sie kennt unser Hauswesen und ist eine tüchtige Person.« Dazu gab er keinen Kommentar. Wie ein waidwundes Reh zog er sich in seine Kammer zurück.

Nach diesem emotionalen Ausbruch ihres Sohnes schnitt Maria das Thema monatelang nicht mehr an – erst im Jahr darauf, im Mai 1952, Kassi rührte wie immer schweigend in seiner Suppe herum, die Mena gekocht hatte, und trauerte seiner verlorenen Liebe nach.

Da seine Mutter das nicht mehr länger mitansehen konnte, ergriff sie das Wort: »Kassi, alles Jammern hilft nichts. Die Anna ist für dich verloren. Wir zwei alten Leut' derpacken das nimmer. Jetzt heirat' doch endlich. Tu es uns zulieb. A junge Frau gehört ins Haus. Heirat halt die Mena, die ist a gut's Weiberleut.«

Da warf der Kassi den Löffel hin, sprang auf und rief: »Ja, wenn Ihr gar keine Ruhe gebt, dann gehen ma halt morgen auf den Pfarrhof.« Und schon war er zur Tür hinaus.

Die Mena weinte über diesen lieblosen Heiratsantrag, ging am nächsten Tag aber brav mit dem Kassi zum Herrn Pfarrer, um das Aufgebot zu bestellen. Drei Wochen später fand die Hochzeit statt, ganz einfach, ganz bescheiden, nur mit dem Messner und Kassis Vater als Trauzeugen.

Sohn Kassian hatte sich regelrecht für seine Eltern geopfert. Er hatte nur geheiratet, damit die beiden Alten versorgt waren. Geliebt hat er die Mena nicht, sie ihn aber schon. Außerdem war sie froh, endlich ein Zuhause zu haben, zu wissen, wohin sie gehörte.

Obwohl es also vonseiten des Bräutigams eine Vernunftheirat war und es nach der Trauung kein Festmahl gab, fuhren die frisch Vermählten nach Meran, um beim Fotografen das obligatorische Hochzeitsfoto machen zu lassen. Die Braut hatte an diesem Tag nur einen Wunsch: Wenn es schon keine Hochzeitsfeier gegeben hatte und wenn sie schon einmal in Meran waren, wollte sie einen gebackenen Kalbskopf essen. Ehe Kassi aber mit ihr in ein

Gasthaus einkehrte, wollte er noch kurz in Partschins einen Verwandtenbesuch machen.

Nett, wie die Verwandten waren, ließen sie ihre Gäste an ihrem eigenen Mittagsmahl teilnehmen, Polenta mit Bratkartoffeln. Dem Kassi war das gut genug. Nachdem er sich satt gegessen hatte, verzichtete er darauf, seine Braut in ein Gasthaus zu führen. Diesem entgangenen Kalbskopf trauerte die Philomena, wie sie mit vollem Namen hieß, ein Leben lang nach.

Kaum waren sie von der »Hochzeitsreise« zurück, übergab der Bräutigam die Mena seiner Mutter mit den Worten: »Da hast jetzt deine Hilfe für das Alter.« Dann packte er seinen Rucksack und verschwand für die nächsten sechs Wochen wieder ins Martelltal zu seiner Bäckerei.

Zu einem späteren Zeitpunkt wechselte er über in eine Bäckerei in Kastelbell. Von dort fuhr er täglich mit seinem Moped nach Hause. Dabei kam er nachmittags durch Eyrs, den Ort, in dem seine unglückliche Liebe wohnte.

Ihr Mann, der Franz, war ein Fleißiger. Von seinen Eltern hatte er eine kleine Landwirtschaft übernommen, in der Anna fleißig mithalf. Um das Familienbudget aufzubessern, arbeitete er noch in einem nahe gelegenen Marmorbruch. Anna hatte eigentlich nichts gegen ihn, allein ihr Herz gehörte einem anderen. Mit Herzklopfen stand sie jeden Tag an ihrem Schlafzimmerfenster, wenn der Kassi vorbeifuhr. Selbst wenn sie auf dem Acker arbeitete, eilte sie heim, um rechtzeitig auf ihrem Posten zu sein. Der Kassi aber hatte nicht die geringste

Ahnung davon, dass sie ihm sehnsüchtige Blicke nachsandte.

Ein halbes Jahr nach der Hochzeit ihres Sohnes starb seine Mutter, also meine Nandl, wie wir wissen. Nun erwies es sich als sehr gut, dass eine Frau im Haus war. Sie übernahm nicht nur alle erforderlichen Schritte für die Beisetzung, sondern kümmerte sich fortan auch um ihren Schwiegervater und die kleine Linda, die beim Tod der Großmutter erst vier Jahre alt war. Philomena war ihr eine gute Ersatzmutter, bis das Kind mit vierzehn Jahren in die Obhut seiner leiblichen Mutter überwechselte.

Annas Bruder Karl, der ebenfalls Bäcker war und später mein Mann werden sollte, pflegte schon seit langer Zeit eine Freundschaft mit Kassi, der keine Gelegenheit ausließ, ihn nach der Anna zu fragen und ihm Grüße für sie mitzugeben. Damals war also genau von dieser Anna die Rede gewesen, als ich Karl kennenlernte und mir am Tisch der beiden Herren so überflüssig vorkam.

Anna sollte ich erst bei meiner Hochzeit kennenlernen. Dabei vertraute sie mir ihre unglückliche Liebesgeschichte an. Seufzend fügte sie hinzu: »Ich bin froh, dass es dem Karl vergönnt ist, in die Asper-Familie zu heiraten, wenn's mir schon nicht vergönnt war.«

Obwohl die Verbindung von Anna und Franz keine Liebesheirat war, schenkten sie drei weiteren wunderbaren Kindern das Leben: Karl wurde 1953 geboren, Angelika 1959 und Manfred 1963.

Im Mai 1972 kam Franz auf die Idee, er müsse ein Motorrad besitzen. Mit der Bahn fuhr er nach

Schluderns und schaute sich in einem Motorradladen verschiedene Modelle an. Als er glaubte, das Richtige gefunden zu haben, schlug er aber nicht gleich zu, erst wollte er eine Probefahrt machen. Dem Händler war das recht. Franz schwang sich auf das Rad und düste los, in Richtung Eyrs.

Wie es dann genau passiert ist, hat man nie erfahren, denn es gab keine Augenzeugen. Ein Traktorfahrer, der gerade durchs Dorf tuckerte, wurde plötzlich von einem Motorrad überholt. Er erschrak gewaltig, als er sah, dass auf dem Zweirad niemand saß. Sofort trat er auf die Bremse und beobachtete, wie das Geisterfahrzeug nach etwa 20 oder 30 Metern umkippte. Als sich der Bauer vom ersten Schreck erholt hatte, ging er der Sache nach. Er lenkte seine Schritte in die Richtung, aus der das Motorrad gekommen war. Wenig später fand er den Franz am Straßenrand liegend, mit dem Kopf auf den Randstein aufgeschlagen. Er rührte sich nicht mehr. Die herbeigerufene Polizei und der Arzt konnten nur noch seinen Tod feststellen. Man vermutete, dass er zu schnell in die Kurve gefahren sei, den Bordstein gerammt habe und von seinem Sitz geschleudert worden war.

Franz ist nicht ganz fünfzig Jahre alt geworden. Seinem Sarg folgte ein großer Trauerzug, er war ja bekannt und beliebt gewesen. Leider konnten wir an der Beerdigung nicht teilnehmen, weil Karl nicht so spontan Urlaub bekam.

Einige Wochen später statteten wir der Witwe einen Kondolenzbesuch ab. Bei dieser Gelegenheit ließ die Anna ihrer Enttäuschung freien Lauf: »So viele Leute sind zum Kondolieren gekommen oder haben mir geschrieben. Nur der eine, auf den ich so sehnsüchtig gewartet habe, hat sich weder blicken lassen noch hat er sich mit einer einzigen Zeile gemeldet.«

Ich wusste nicht, was ich darauf antworten sollte. Dem Kassi erzählte ich davon aber auch nichts.

Es gingen einige Jahre ins Land, in denen die Mena stets kränkelte. Dem maß ihr Mann aber keine Bedeutung bei. Ihr Magen war es, der ihr wiederholt zu schaffen machte, daher war sie spindeldürr. Immer wieder musste sie einige Wochen im Spital verbringen. Meiner Meinung nach war es die lieblose Behandlung durch ihren Ehemann, die ihr auf den Magen schlug. Sechs Jahre nach Franz' Tod, im Jahre 1978, erkrankte Philomena so ernstlich, dass Kassi um ihr Leben fürchten musste.

Da endlich raffte er sich auf, um seine unglückliche Liebe zu besuchen. Mit wenigen Worten schilderte er der Anna, wie es um seine Frau stand. Dann stellte er die entscheidende Frage: »Anna, würdest du zu mir raufkommen, wenn der Mena was passiert?«

»Aber ja, Kassi, aber ja!«, lautete ihre Antwort.

Drei Wochen später, am 4. September, verbrachte der Kassi, der mittlerweile in Mals arbeitete, wie jeden Tag seine Mittagspause auf dem Hof der Bäckerei, um eine zu rauchen. Gerade als er sich die Zigarette angezündet hatte, brach er zusammen. Der herbeigerufene Arzt konnte nur noch den Tod feststellen: Herzinfarkt. Mein Onkel war gerade einmal zweiundsechzig Jahre alt.

Mena, seine Ehefrau, erholte sich bald wieder und überlebte ihn um fünf Jahre. Meine Schwägerin Anna aber trauerte ihrer verlorenen Liebe nach, bis zu ihrem Lebensende im Jahre 2006.

Das Leben geht weiter

Nach der Beerdigung meiner Mutter gab es noch so viel zu regeln und zu ordnen, dass ich gar nicht dazu kam, in ein Loch der Trauer zu fallen. Unter anderem galt es, die 2.000 DM abzuheben, die meine Mutter für Rudi zusammengespart hatte.

Da die Mutter ihn an ihrem Sterbebett davon überzeugt hatte, dass Theologie nicht das Richtige für ihn sei, musste er sich umorientieren. Nun, wofür er sich auch immer entscheiden würde, wir wollten das Geld abholen, damit er es in irgendein Studium oder in etwas anderes investieren könne.

Bei der Bank sahen wir aber alt aus. Man könne uns das Geld nicht auszahlen, hieß es, weil unser Vater der Haupterbe sei.

»Soll das ein Witz sein?«, fragte ich unverblümt. »Unser Vater ist seit dreiundzwanzig Jahren vermisst. Es ist höchst unwahrscheinlich, dass er jetzt noch zurückkehrt, um sein Erbe anzutreten!«

»Das sehen wir auch so«, erklärte uns der nette Bankangestellte. »Aber uns sind die Hände nun einmal gebunden.«

»Und was wird nun aus dem Geld?«, erkundigte sich mein Bruder. »Bleibt das auf der Bank liegen, bis es verrottet?«

»Nein, in dieser Hinsicht brauchen Sie keine Angst zu haben. Lassen Sie Ihren Vater für tot erklären, dann gibt es mit dem Auszahlen kein Problem.« Freundlicherweise gab er uns noch ein paar Hinweise, wie das zu bewerkstelligen sei.

Diese befolgten wir, und innerhalb kurzer Zeit hatte mein Bruder das Geld. Er begann jedoch kein Studium damit, sondern begab sich auf dem kürzesten Weg zur Marei und hielt um ihre Hand an, wie ihm die Mutter das geraten hatte.

Schon wenige Monate nach dem Todestag der Mama erreichte uns eine Einladung zur Hochzeit. Bei der Hochzeitsfeier erfuhren wir, dass Rudi seine Marei bei seinem Heiratsantrag gefragt hatte, ob sie bereit wäre, seinetwegen ihr Heimatdorf zu verlassen.

Glückstrahlend hatte die Braut geantwortet: »Mit dir gehe ich bis ans Ende der Welt.«

Dass er dies wörtlich nehmen würde, sollte sie schon bald erfahren. Die Trauung fand Ende September 1967 statt, und genau vierzehn Tage später stach das Schiff in See, das sie nach Südamerika bringen sollte. Mit ihnen waren einige ungewöhnliche Passagiere an Bord: Wildtiere. Rudi hatte den Auftrag, in Argentinien einen Nationalpark zu gründen und zu leiten.

Nach Rudis Hochzeit kamen mein Mann und ich endlich dazu, uns auf uns selbst zu besinnen. Dass sich bei Karl und mir bisher noch kein Kindersegen eingestellt hatte, beunruhigte uns keineswegs. Wir wussten ja, dass es bei meiner Großmutter und bei meiner Mutter Jahre gedauert hatte, bis endlich ein Kind in der Wiege lag. Ich sah es sogar als Vorteil an, dass ich in den Monaten, in denen meine schwer kranke Mutter mich brauchte, kein Kleinkind zu versorgen hatte und damals nicht schwanger war. So habe ich mich mit ganzer Kraft meiner Mutter widmen können.

Da sich aber nach reichlich vier Jahren noch immer nichts in dieser Richtung tat, hielt ich es doch für angebracht, einen Gynäkologen aufzusuchen. Schon als der mich erblickte, fiel ihm meine verbogene Wirbelsäule auf, und er hörte sich meinen ganzen Leidensweg an. Danach kam er zu folgender Erkenntnis: »Die Sache ist ganz klar. In Ihrem Fall erübrigen sich aufwendige Untersuchungen. Infolge der außerordentlich hohen Strahlenbelastung, der sie durch die vielen Röntgenaufnahmen ausgesetzt waren, sind Sie unfruchtbar geworden.«

Diese Diagnose war zunächst ein Schock für uns, zumal wir beide sehr kinderlieb sind. Karl schaffte es, mich aus dem seelischen Tief herauszuholen. Er erinnerte mich daran, dass ich früher so gern in die Berge gegangen war. Und weil er selbst von Jugend an ein begeisterter Bergsteiger war, holten wir nun alles nach, was wir in den letzten Jahren versäumt hatten.

Unsere Liebe zu Kindern lebten wir dennoch aus, indem wir uns in allen Schulferien Kinder ins Haus holten: unsere Nichten und Neffen – die Kinder von Karls Geschwistern und die meines Bruders. Der hatte es innerhalb von zwölf Jahren auf vier Kinder gebracht, die immer wieder gern ihren Urlaub bei uns verlebten. So entstand ein herzliches Verhältnis zwischen uns.

In der Zwischenzeit fragte man bei mir an, ob ich nicht wieder im »Konsum« arbeiten wolle. Nein, mir schwebte etwas anderes vor. Ich wollte gern

Krankenschwester werden, wie das schon in der Jugend mein Traum gewesen war. Das hatte ich aber nicht realisieren können, weil man eine solche Ausbildung erst antreten kann, wenn man achtzehn Jahre alt ist. Deshalb dachte ich damals: *Wirst erst mal Lebensmittelverkäuferin. Falls wieder ein Krieg kommen sollte, bist du gleich an der richtigen Stelle.* Als ich jedoch endlich achtzehn Lenze zählte, war ich selbst Patientin und an eine neue Ausbildung nicht zu denken. Und nun, da ich am Scheideweg stand, mein Leben neu zu ordnen, stellte sich zu meinem großen Bedauern heraus, dass mir der Weg zu meinem Traumberuf aufgrund meiner angeschlagenen Wirbelsäule endgültig verbaut war.

Noch ehe ich aber lange darüber jammern und mir etwas anderes einfallen lassen konnte, erkrankte ich Anfang September 1971 sehr schwer. Im Traunsteiner Krankenhaus konnte man mir nicht helfen. So verlegte man mich Ende des Monats nach Salzburg. Dort stellte man fest: beide Eierstöcke vereitert, drei Magengeschwüre und ein Loch im Zwölffingerdarm. Das Schlimmste aber war eine Bauchspeicheldrüsenentzündung.

In diesem Spital gab es einen jungen Arzt, der mir Bücher von Bircher-Benner und Are Waerland lieh, Bücher über gesunde Ernährung. Dazu erklärte der Mediziner: »Junge Frau, mit Ihrer schwachen Gesundheit müssen Sie ganz aus dem Reformhaus leben, dann werden Sie sicher noch einige schöne Jahre vor sich haben.«

Mit Begeisterung habe ich diese Bücher gelesen und mich mit dem Arzt darüber unterhalten, so weit das seine Zeit zuließ. Fest davon überzeugt, dass eine Ernährungsumstellung der richtige Weg für mich sei, verließ ich am letzten Tag des Jahres 1971 das Krankenhaus. Gleich Anfang Januar kaufte ich eine Menge Nahrungsmittel im Reformhaus ein.

Heute bin ich überzeugt davon, dass mir jener Arzt das Leben gerettet hat, indem er mich auf den richtigen Weg führte. Fortan ernährte ich mich anders und wurde zusehends gesünder. Zusätzlich förderte ich meine Gesundheit durch tägliche Spaziergänge und regelmäßiges Schwimmen. Nach einem guten halben Jahr ergab es sich sogar, dass ich »mein« Reformhaus kaufen konnte.

Nach einer entsprechenden Ausbildung übernahm ich es und lebte von da an nicht nur für meine Gesunderhaltung, sondern auch für die anderer Menschen. Durch ungeheuren Fleiß und Energie brachten Karl und ich das vorher bescheiden laufende Reformhaus zur Blüte.

Ja, und dann kam die Zeit, wo wir uns ins Rentnerdasein zurückziehen wollten, schneller als gedacht. Was aber sollte nun aus unserem Reformhaus werden? Es hat einige Interessenten gegeben, die es gern gekauft hätten. Aber das, was wir mit so viel Mühe und Liebe aufgebaut hatten, wollten wir am liebsten in der Familie behalten. Deshalb fragten wir bei den Kindern meines Bruders an. Tochter Christl zeigte sich nach einigem Nachdenken bereit, mit ihrem Mann Peter unser Werk fortzusetzen.

Zu unserer großen Freude tun sie das seitdem mit ebenso viel Begeisterung und Tatkraft wie wir dereinst.

Im Nachhinein bin ich dem Herrgott sehr dankbar für all das, was ich trotz meines schwachen »Kriegskind-Körpers« erreicht habe. Das Reformhaus hatte meinem Mann und mir die beste und schönste Lebensexistenz und Erfüllung bedeutet, sodass wir jetzt rückblickend auf unser Werk unseren Ruhestand genießen können.

Von meinen Bruder wäre noch zu berichten, dass er schon seit langer Zeit wieder aus Argentinien zurück ist. Was ihn betrifft, so hat meine Mutter stets die richtigen Entscheidungen getroffen. Schon, dass sie damals nicht auf den Arzt gehört und dieses Kind entgegen seinem Rat ausgetragen hat, sollte für unsere ganze Familie zum Segen werden. Und auch, dass sie ihm abgeraten hat, Priester zu werden, zeigte sich als weise Entscheidung. Nur durch ihn hat sie es zu Nachkommen gebracht, da mir Kinder ja leider versagt geblieben sind. Sie hat es zwar nicht mehr erlebt, aber ich bin mir sicher, dass Hanni, unsere liebe Mutter, vom Himmel aus auf Rudis stattliche Familie herabschaut. Er hat ihr nicht nur vier Enkel beschert, sondern bereits acht Urenkel. Und ich selbst profitiere auch davon, nicht nur, dass wir in Christl eine würdige Nachfolgerin für unser Geschäft gefunden haben, zu Rudis Nachkommen besteht ein so inniges Verhältnis, wie es zu leiblichen Kindern nicht besser sein könnte.

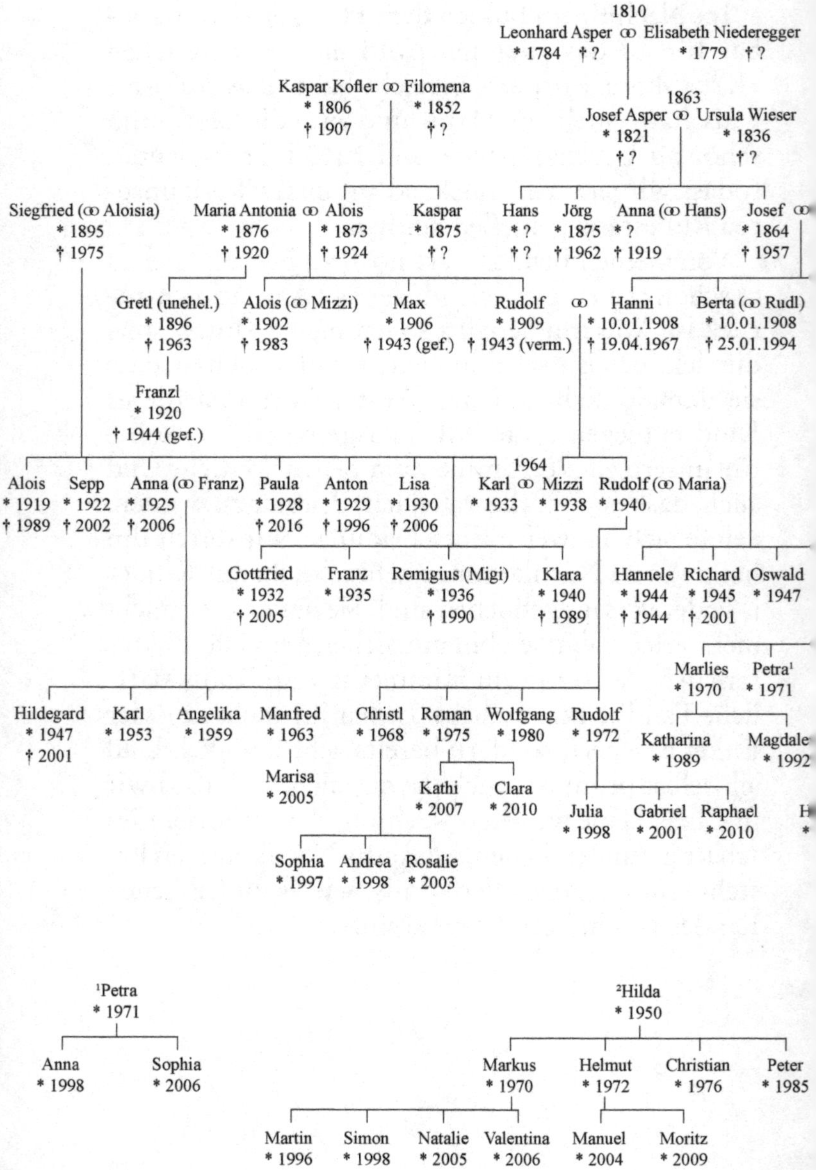

1810
Leonhard Asper ⚭ Elisabeth Niederegger
* 1784 † ?
* 1779 † ?
Kaspar Kofler ⚭ Filomena
* 1806 † 1907
* 1852 † ?
1863
Josef Asper ⚭ Ursula Wieser
* 1821 † ?
* 1836 † ?
Siegfried (⚭ Aloisia)
* 1895 † 1975
Maria Antonia ⚭ Alois
* 1876 † 1920
* 1873 † 1924
Kaspar
* 1875 † ?
Hans
* ? † ?
Jörg
* 1875 † 1962
Anna (⚭ Hans)
* ? † 1919
Josef ⚭
* 1864 † 1957
Gretl (unehel.)
* 1896 † 1963
Alois (⚭ Mizzi)
* 1902 † 1983
Max
* 1906 † 1943 (gef.)
Rudolf ⚭ Hanni
* 1909 † 1943 (verm.)
* 10.01.1908 † 19.04.1967
Berta (⚭ Rudl)
* 10.01.1908 † 25.01.1994
Franzl
* 1920 † 1944 (gef.)
Alois
* 1919 † 1989
Sepp
* 1922 † 2002
Anna (⚭ Franz)
* 1925 † 2006
Paula
* 1928 † 2016
Anton
* 1929 † 1996
Lisa
* 1930 † 2006
1964
Karl ⚭ Mizzi
* 1933
* 1938
Rudolf (⚭ Maria)
* 1940
Gottfried
* 1932 † 2005
Franz
* 1935
Remigius (Migi)
* 1936 † 1990
Klara
* 1940 † 1989
Hannele
* 1944 † 1944
Richard
* 1945 † 2001
Oswald
* 1947
Marlies
* 1970
Petra[1]
* 1971
Hildegard
* 1947 † 2001
Karl
* 1953
Angelika
* 1959
Manfred
* 1963
Marisa
* 2005
Christl
* 1968
Roman
* 1975
Wolfgang
* 1980
Rudolf
* 1972
Katharina
* 1989
Magdale
* 1992
Kathi
* 2007
Clara
* 2010
Julia
* 1998
Gabriel
* 2001
Raphael
* 2010
Sophia
* 1997
Andrea
* 1998
Rosalie
* 2003
[1]Petra
* 1971
Anna
* 1998
Sophia
* 2006
[2]Hilda
* 1950
Markus
* 1970
Helmut
* 1972
Christian
* 1976
Peter
* 1985
Martin
* 1996
Simon
* 1998
Natalie
* 2005
Valentina
* 2006
Manuel
* 2004
Moritz
* 2009

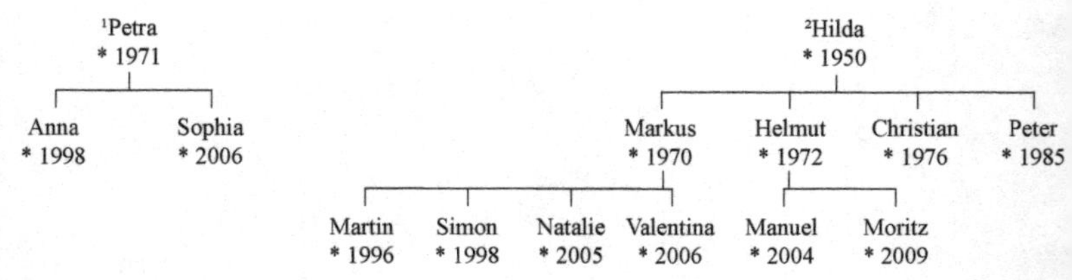

1835
Blasius Rainer ⚭ Anna Türk
* 1813 † ? | * 1806 † ?

1871
Blasius Angerer ⚭ Amalia Rainer
* 1840 † 1921 | * 1849 † 1886

a / 4 / 0
Johanna * 1875 † 1875
Johanna * 1876 † 1935
Paula * 1877 † 1898
Resi * 1878 † 1880
Martha * 1879 † 1879
Rosa * 1880 † 1880
Sophia * 1881 † 1931
Amalia * 1882 † 1960
Berta * 1883 † 1944
Mathilda * 1884 † 1969
Kassian * 1886 † 1954

a (⚭ Andi) / 3 / 0
Kassi ⚭ Mena
* 1916 * 1913
† 1978 † 1983
Hanny * 1914 † 1971
Hermann * 1920 † 1989
Alois * 1921 † 1995
Oswald * 1924 † 2002
Flora * 1927 † 1927
Ernst * 1929 † 2002
Maria * 1931
Berta * 1932

Hanna * 1913 † 1982
Mathilde * 1917 † 2002
Liesl * 1918 † 1955
Hedwig * 1920 † 2007

Linda * 1948
Ernst * 1951
Seppl * 1952
Herbert * 1950
Monika * 1952

a² / 50

ka / 69
Florian * 1971
Christoph * 1981
Gabriel * 1985
Manfred * 1980
Andreas * 1980
Rudolf * 1982

has / 87
Philip * 2000
Sebastian * 2013
Jakob * 2012
Rosa * 2015

a / 09
Sophie * 2010
Anna * 2013
Raphael * 2017

1950
[3]Seppl ⚭ Aloisa
* 1910 * 1921
† 1987 † 1996

Karl (unehel.) * 1944
Rosa * 1953
Bernarda * 1951

Martin * 1985
Renate * 1971
Markus * 1974
Helmut * 1982

Valentin * 2001
Johannes * 2006
Peter * 2008
Georg * 2011
Greta * 2016

Von Roswitha Gruber bereits erschienen

Das böse Weib vom Weiherhof
272 Seiten
ISBN 978-3-475-54837-6

Die kleine Vroni lebt auf einem Bauernhof, den ihr Vater aus einer Notlage heraus von einer alten Frau auf Rentenbasis erworben hat. Noch bekommt sie nicht mit, dass diese Frau ihren Eltern das Leben zur Hölle macht. Als Vroni fünf Jahre alt ist, greift das Schicksal nach der Familie. Durch einen landwirtschaftlichen Unfall wird der Vater querschnittsgelähmt, und wenig später stirbt die Mutter nach einem Autounfall. Nun kümmert sich die alte Frau liebevoll um die Halbwaisen. Erst Jahre später erfährt Vroni, dass diese Frau ursächlich am Tod der Mutter schuld ist.

Unglaubliches Schicksal einer Nonne
256 Seiten
ISBN 978-3-475-54853-6

Als Mitte des 19. Jahrhunderts die vier Kinder des Ehepaares Waldheim sterben, geben diese auf Anraten ihres Pfarrers das Versprechen ab, ihre nächsten Kinder in den Dienst der Kirche zu stellen. Anna, die sich auch nach sechs Jahren immer noch nicht mit ihrem Leben im Kloster abgefunden hat, lernt einen jungen Adeligen kennen. Sie verlieben sich ineinander, doch eines Nachts entführt er sie…

Der Fluch der Altbäuerin
272 Seiten
ISBN 978-3-475-54804-8

Marianne hat keine leichte Kindheit. Sie muss als älteste Tochter auf dem von Armut geprägten Bauernhof in einem Seitental des Inns schwer mit anpacken. Als ihre Mutter alle privaten Schlafzimmer an Feriengäste vermietet, wird Mariannes Leben noch härter. Deshalb schwört sich das Mädchen eines: Sollte sie jemals heiraten, dann auf keinen Fall einen Bauern. Alle Vorsätze sind jedoch vergessen, als ihr die große Liebe begegnet: Paul ist ein wunderbarer Mann und er ist Bergbauer. Doch seine Mutter, die Altbäuerin, bereitet Marianne die Hölle auf Erden …

Großmütter erinnern sich
304 Seiten
ISBN 978-3-475-54825-3

Erneut widmet sich Roswitha Gruber den bewegenden Geschichten und Schicksalen unserer Großmütter und Urgroßmütter. Einfühlsam schildert sie, wie diese Frauen, trotz Entbehrungen und Armut, den Lebensmut nie verloren, sondern ihr Schicksal mutig selbst in die Hand nahmen und gestalteten. Es wird von ersten Tanzvergnügungen nach dem schrecklichen Krieg und von der ersten zarten Liebe berichtet. Und davon, wie man – auch ohne Strom, fließendes Wasser und technische Hilfsmittel –, Glück und Zufriedenheit finden kann.

Hanni – Eine Schweizer Bergbäuerin
256 Seiten
ISBN 978-3-475-54047-9

Hanni, eine Magd aus dem Kanton Uri, heiratet den Witwer ihrer Schwester Maria, denn der Bergbauer braucht eine Mutter für sein Kind und eine Bäuerin für seinen Hof. Aus dieser anfänglichen Zweckgemeinschaft entwickelt sich eine tiefe Liebe, aus der im Laufe der Jahre zwölf Kinder hervorgehen, darunter vier Zwillingspaare. Das Leben der Familie ist von großer Armut, harter Arbeit und vielen Schicksalsschlägen geprägt. Doch unerschütterliches Gottvertrauen und die tiefe Zuneigung der Eheleute lassen sie alle Schwierigkeiten meistern.